经济刑法专论

Monograph on Economic Criminal Law

李 睿 ◎ 著

上海社会科学院出版社

目 录

第一章　经济刑法的研究历程与展望　　1
　　第一节　经济犯罪的概念与范围　　1
　　第二节　经济刑法基础理论研究的历史回顾　　7

第二章　经济刑法的立法原则与立法技术　　13
　　第一节　经济刑法立法的指导原则　　13
　　第二节　经济刑法的立法技术　　21

第三章　经济刑法的法益　　39
　　第一节　中国经济刑法法益的学术争议与评析　　39
　　第二节　经济刑法法益的本体重塑与功能展开　　45
　　第三节　经济刑法法益的反思与建构　　53

第四章　经济犯罪的刑事政策　　63
　　第一节　风险社会下经济犯罪刑事政策价值目标之定位　　63
　　第二节　中国经济犯罪刑事立法政策之审视　　67
　　第三节　中国经济犯罪刑事政策之重构　　72

第五章　经济刑法的规范特性　　77
　　第一节　经济刑法规范的从属性　　78

第二节　经济刑法规范的独立性　90

第六章　经济犯罪中的违法性认识与解释规则　101
　　第一节　经济刑法中的违法性认识　101
　　第二节　经济犯罪行政违法的解释规则　112

第七章　经济刑法中的单位犯罪　131
　　第一节　单位经济犯罪的构成要件　131
　　第二节　单位经济犯罪的认定　144
　　第三节　单位经济犯罪的刑事责任　158

第八章　经济犯罪的罪量　162
　　第一节　经济犯罪罪量的种类与计算　163
　　第二节　经济犯罪罪量与定罪量刑　178

第九章　经济犯罪的出罪事由　185
　　第一节　经济犯罪出罪事由的概念界定　186
　　第二节　经济犯罪出罪事由的类型划分　191
　　第三节　经济犯罪出罪事由的特征阐释　196
　　第四节　经济犯罪出罪事由的适用评析　199

第十章　经济犯罪的刑罚配置　203
　　第一节　经济犯罪刑罚配置的法经济学分析　204
　　第二节　经济犯罪刑罚配置现状之反思　207
　　第三节　经济犯罪刑罚配置之重构　213

参考文献　220

第一章
经济刑法的研究历程与展望

第一节 经济犯罪的概念与范围

一、经济犯罪的概念及其演变

一般认为,在我国经济犯罪概念的普遍使用,肇始于1982年五届人大常委会通过的《关于严惩严重破坏经济的罪犯的决定》(以下简称"《严惩决定》")的颁布。《严惩决定》的出台引起了学界的普遍关注,并引发了经济犯罪概念的争论。

对经济犯罪概念的探究贯穿于改革开放40多年来我国学界对经济犯罪研究的始终。学界在经济犯罪的内涵与外延上观点聚讼,莫衷一是。经济犯罪的概念达几十种之多。对经济犯罪概念的界定,一度成为经济犯罪研究领域的"哥德巴赫猜想"。

已有研究提出的经济犯罪的概念,举其要者,包括以下几类:

(一)以概念外延的大小为标准来界定经济犯罪

关于以外延为标准的经济犯罪概念分类,学界也存在不同的主张,分别是:狭义的经济犯罪、广义的经济犯罪[1];狭义的经济犯罪、广义的经济犯

---

[1] 高铭暄:《经济犯罪和人身权利犯罪研究》,中国公安大学出版社1995年版,第36—37页。

罪、折衷的经济犯罪①；宏观经济犯罪概念、中观经济犯罪概念、微观经济犯罪概念②；小经济犯罪概念、中经济犯罪概念、大经济犯罪概念、超大经济犯罪概念③；最广义的经济犯罪、广义的经济犯罪、狭义的经济犯罪、最狭义的经济犯罪④；等等。本文归纳为5类：

1. 最广义的经济犯罪概念

该观点主张：经济犯罪是指违反国家工业、农业、财政、金融、税收、价格、海关、工商、森林、水产、矿山等经济管理法规，或者盗窃、侵吞、骗取、哄抢、非法占有公共财物和公民的合法财物，破坏社会主义经济秩序和经济建设，使国家、集体和人民的利益受到严重损失，依法应受刑罚处罚的行为。该概念的外延涉及几乎所有经济活动的行为，包括赌博罪、招摇撞骗罪等。

2. 较广义的经济犯罪的概念

该观点主张："经济犯罪是指在市场经济运行领域中或者在实施组织、领导、管理、监督职务活动中，从牟取不法经济利益出发，违反国家法律规定，破坏经济秩序和廉政制度，依照刑法应负刑事责任的行为。"该概念的外延包括《刑法》分则第3章、第5章以及第8章贪污贿赂罪中国家工作人员利用职务之便，在经济管理过程中实施的犯罪、破坏环境资源保护罪。

3. 广义的经济犯罪概念

该观点主张："经济犯罪是指在商品经济的运行领域中，为谋取不法利益，违反国家法律规定，严重侵犯国家管理制度，破坏社会经济秩序，依照刑法应当受刑罚处罚的行为。"其外延包括，破坏社会主义经济运行秩序的犯罪、在经济行政管理中发生的渎职型经济犯罪（如发生在经济管理活动中的受贿罪、贪污罪、玩忽职守罪、滥用职权罪）、破坏自然资源、危害环境犯罪。

---

① 陈泽宪：《经济刑法新论》，群众出版社2001年版，第12—13页。
② 张天虹：《经济犯罪新论》，法律出版社2004年版，第4—5页。
③ 徐武生：《经济犯罪与经济纠纷》，法律出版社1998年版，第15—17页。
④ 杜宇：《再论经济犯罪的概念》，《学术交流》2003年第10期。

4. 狭义的经济犯罪概念

该观点主张：经济犯罪是侵害一定范围的经济关系的犯罪，包括经济管理关系和经济协调关系。其外延是《刑法》分则破坏社会主义市场经济秩序罪和有关经济管理的渎职犯罪。

5. 最狭义的经济犯罪概念

该观点认为，目前的经济犯罪是与市场经济活动相联系，本质上是一种存在于市场经济的财产流转过程中，故意违反国家经济管理法规，严重破坏社会主义市场经济秩序的行为。其外延仅包括我国《刑法》分则第3章规定的破坏社会主义市场经济秩序的犯罪。

(二) 以经济犯罪的某方面特征为标准来界定经济犯罪概念

1. "经济领域说"

"经济领域说"认为经济犯罪就是经济方面的犯罪或者经济领域里的犯罪。

2. "经济法规说"

"经济法规说"认为经济犯罪就是指一切违反我国刑事法规、经济法规，破坏社会主义经济秩序，危害我国经济制度及公共财产关系，情节严重，依法应追究刑事责任的行为。

3. "主体行为方式说"

"主体行为方式说"认为经济犯罪是指行为人为了谋取不法利益，滥用经济交易所允许的经济活动方式，违反所有直接与间接规定的经济活动的有关法规、足以危害正常的社会主义商品经济活动与干扰经济生活秩序的行为。

4. "主观图利说"

"主观图利说"认为经济犯罪是以利为目的、破坏国家经济管理活动，侵犯公私财产所有权、妨害国家机关正常职能或社会管理秩序应受刑罚处罚的行为。

5."经济关系说"

"经济关系说"认为经济犯罪是侵犯我国社会主义经济关系,依照法律应当受到刑罚处罚的行为。

6."经济领域与犯罪客体混合说"

"经济领域与犯罪客体混合说"认为经济犯罪是指在经济领域中破坏社会主义经济,实施侵害我国《刑法》所保护的社会关系的行为。

细观四十年来经济犯罪概念及外延的演变,经济犯罪的概念是一个不断回归经济犯罪轻罪本质的过程[①],也是一个其外延不断缩小的过程。

二、经济犯罪范畴的界定

刑法是法律体系的重要组成部分,其调整的对象是所有受到犯罪侵害的社会关系,它是其他部门法的保护法。因此,在法律体系中刑法与其他部门法之间的衔接与协调问题便显得尤为重要。其中,刑法与经济法之间的关系更值得予以关注。所谓刑法与经济法之间衔接的基础,也就是两个部门法建立起联系的纽带。将两部门法置于法律体系中来看,刑法是经济法的保障法,是保护经济秩序的第二道防线;只有破坏经济秩序的行为已经超越了经济法可以规制的范围,达到了犯罪的程度,才需要动用刑法来加以规制。因此,经济犯罪便是刑法与经济法之间衔接的基础。

德国刑法学者林德曼在从刑法学角度对经济犯罪进行界定时,强调经济犯罪是对社会生活中超个人的法益的侵害,以把经济犯罪同侵害个人财产为主的传统财产犯罪加以区别。据此,经济犯罪的本质在于对超个人的法益即社会经济秩序的侵害。尽管西原春夫教授认为,此种定义产生于战时经济统制法之下,更重视国家的经济制度、经济秩序这种抽象的利益,而不是消费者、企业的具体经济利益,但是,立足于我国经济法及刑法来看,将

---

① 顾肖荣等:《经济刑法总论比较研究》,上海社会科学院出版社2008年版,第5—7页。

经济犯罪的本质限定为对社会经济秩序的侵害，并无不妥。一方面，《刑法》中破坏经济秩序的犯罪一章虽然主要保护的是市场经济秩序，但并不是置消费者及单位的具体经济利益而不顾。例如，金融诈骗罪一节所规定的经济犯罪，既体现了对金融管理秩序的保护，也体现了对公私财产权的保护。另一方面，不同部门法调整的对象即社会关系并不相同，经济法所调整的对象是国家直接参与的社会关系，这种关系以国家（它的代表者）为一方主体，是有关国家经济调节与被调节、管理与被管理的关系。既然经济犯罪是连接经济法和刑法的纽带，其所侵犯的社会关系便应该是社会经济秩序，而侵犯公民个人或单位具体利益的行为则由民法、商法等部门法进行调整。与之衔接，《刑法》中侵犯财产罪等章节则是专门规制此类犯罪的规范，因此，将经济犯罪界定为侵犯经济秩序的行为，并不意味着《刑法》重视国家、市场经济的整体利益，而忽略了个体利益。《刑法》对两类利益的保护并不在一个集合内，二者并不具有此消彼长的关系。

通过以上分析可以看出，经济犯罪的本质在于对市场经济秩序的侵犯。因此，经济犯罪的范围应限定为《刑法》分则第3章所规定的破坏社会主义市场经济秩序罪。

三、经济违法行为与经济犯罪之间的界限

经济犯罪是刑法与经济法之间衔接的基础。经济违法行为和经济犯罪只有度的区别，由于超过了一定的度，行为才发生了质变，并因此受到不同法律的调整。因此，对于这种"度"的把握即经济违法行为与经济犯罪之间界限的把握是非常重要的，其也是保障刑法与经济法之间衔接紧密、协调统一的关键所在。

首先，准确把握经济违法行为与经济犯罪之间的界限具有重要意义。一方面，把握二者之间界限影响国家不同权力的行使范围。经济违法行为，一般由行政机关给予行政处罚，这属于行政权的行使领域；而对于经济犯罪

行为,则须动用司法权予以定罪处刑,这属于司法权的行使领域。因此,无论是在立法还是司法上,如果把本应定性为经济违法的行为定性为经济犯罪,其本质上便是扩张了司法权,侵犯了行政权;反之,则是扩张了行政权,侵犯了司法权。不同权力各司其职,才会保障国家整体权力的有效运行和社会秩序的稳定。所以,对于经济违法行为和经济犯罪之间的界分需要谨慎。另一方面,影响行为人的权利。这具体包括两点:一是行为的定性对行为人的影响。如果将违法行为定性为犯罪,则意味着行为人具有了前科,无论是基于标签效应对其今后生活的不良影响还是在累犯以及人身危险性等方面的认定上,无不与行为人的权利具有重大关系。二是制裁方式对行为人的影响。如果将违法行为定性为经济违法行为,行为人需要承担的是行政、民事责任,主要是对其进行经济上的制裁;而定性为犯罪,则不仅涉及对行为人予以经济上的制裁,最主要的是会剥夺行为人的自由乃至生命。

其次,经济违法行为与经济犯罪之间的"度"应当由《刑法》予以界定。具体而言,界定二者之间的"度"应由《刑法》总则第13条"但书"部分再加上分则的"定量"规定进行限定。之所以由《刑法》界定二者之间的界限,一方面是由于《刑法》是关于罪与罚的规范,其立法主体和程序更为严格。我国《立法法》第10条规定:"全国人民代表大会制定和修改刑事、民事、国家机构的和其他的基本法律。"第11条规定,"犯罪和刑罚;对公民政治权利的剥夺、限制人身自由的强制措施和处罚"只能制定法律。从立法上严格把关,有利于更好地保障行为人的基本权利。另一方面,在经济法中的刑事罚则部分并没有关于犯罪构成的描述,一般只用"构成犯罪的,依法追究刑事责任"的方式进行规定,故经济法在立法之时便把"入罪"的标准问题交给了《刑法》。由于经济违法行为发展为经济犯罪是由量变引起的质变,二者在行为构成方面非常相似,所以,尽管我国对于犯罪的认定采取的是立法定性加立法定量的模式,但对于经济违法行为与经济犯罪行为之间的界分,只有通过《刑法》第13条但书和《刑法》分则部分关于"数额""情节"等的规定从

"量"的角度进行综合考虑,才能对经济犯罪进行准确定"性"。

最后,关于"度"的把握,其核心和关键是对社会危害程度的判断。所谓经济违法行为发展为经济犯罪是由于发生了质变,其本质是社会危害性超过了一定的程度,进而导致行为的性质或者说立法机关对行为的评价发生了变化。那么,对于"社会危害性"的程度又应当如何判断呢?也就是说,如何确定某类经济违法行为的社会危害性达到了立法上入罪的标准?"社会危害性"本身是相对抽象的概念,尤其对于经济行为而言,"社会危害性"具有相对不确定性的特点,与社会发展程度和人们观念的变化具有很大的关系,并且不同经济行为之社会危害性的判断标准也不相同。因此,在"社会危害性"程度判断的问题上,无法提出具体、量化的标准。应设定一个逆向推定的标准,符合这一标准的,便可以认为该行为的社会危害性达到了入罪的程度。

第二节　经济刑法基础理论研究的历史回顾

经济刑法研究即将走过40余年(1978年至今)。40余年来,经济刑法作为刑法学研究的重点,形成了丰富的理论研究成果,不但回应了波澜壮阔的经济改革大潮,而且经济刑法学自身也已经发展成为刑法学最重要的分支领域。

我国学者将经济刑法的研究分为从1982年《关于严惩严重破坏经济的罪犯的决定》到1992年提出建设社会主义市场经济之前、从开始建设社会主义市场经济到1997年《刑法》修改、1997年《刑法》修改之后三个阶段。[①] 这种分类大致反映了经济刑法的发展历程。不过,从基础理论研究的角度,

---

① 涂龙科:《改革开放三十年来经济犯罪基础理论研究综述》,《河北法学》2008年第11期。

可以将经济刑法的研究分为以下三个阶段。

一、起步阶段(1982—1997年)

1979年制定的新中国第一部刑法典,虽然专章规定了经济刑法的内容,但由于经济体制改革刚刚启动,市场经济还没有得到肯定,在此社会背景下的所谓经济刑法,维护的是计划经济体制,并非现代意义上的经济刑法。20世纪80年代初,改革开放使经济得到迅猛发展,国家对经济的统管(统制)转变为国家对经济的调节。原来计划经济体制下稳定的社会结构形态发生变革,市场经济主体的活动渐趋活跃,大量新型经济关系的出现,社会经济关系日趋复杂,经济领域中的各种违法犯罪现象也随之呈高速增长蔓延趋势,[1]严重威胁到经济体制改革的健康有序发展。因此,改革开放先驱邓小平同志在1982年就强调:"所以,我们要有两手,一手就是坚持对外开放和对内搞活经济的政策,一手就是坚决打击经济犯罪活动。"[2]1982年,全国人大常委会颁行了《关于严惩严重破坏经济的罪犯的决定》,标志着新时期我国经济刑法的立法得到了加强。随之,经济犯罪以及经济刑法的概念逐渐得到了理论界的肯定和重视,围绕着经济犯罪和经济刑法的立法,短短数年间,就形成了不少重要的研究成果。例如,刘白笔、刘用生著的《经济刑法学》(群众出版社1989年版)、孙国祥主编的《中国经济刑法学》(中国矿业大学出版社1989年版)、陈兴良主编的《经济刑法学(总论)》(中国社会科学出版社1990年版)、赵长青主编的《经济刑法学》(重庆出版社1991年版)

---

[1] 据统计,1982年,全国法院受理经济犯罪案件21 320件,审结18 992件,判处犯罪分子18 416人;1992年,全国法院受理经济犯罪案件37 825件,审结38 446件,判处犯罪分子33 280人;2001年,全国法院受理经济犯罪案件43 194件,审结42 721件,判处犯罪分子45 516人。2001年与1982相比,受案年均递增3.78%,结案年均递增4.39%,判处犯罪分子年均递增4.88%。20年间,人民法院年均受理的经济犯罪案件数翻了一番,每年判处的经济罪犯的总数增加了3倍。参见刘家琛:《在全国法院审理经济犯罪案件工作座谈会上的讲话》,最高人民法院刑事审判第二庭编:《经济犯罪审判指导与参考》,法律出版社2003年版,第1卷第114页。
[2] 《邓小平文选(第二卷)》,人民出版社1993年版,第404页。

等,这些著作中对经济刑法学的基础理论都有一些尝试性的研究。不少学校还在本科开设了经济刑法学的课程,一些学校开始招收经济刑法学方向的硕士研究生。

客观地讲,这一阶段是经济刑法研究的酝酿和启蒙阶段。经济刑法的研究,归因于国门的开放,促成了经济刑法理念和理论的引进。但当时并没有来得及进行消化,所以,无论是概念、体系还是方法,都是在借鉴、吸收境外的研究成果基础上直接形成的,有的甚至直接生搬硬套。且受制于学者当时外语水平,大都参考的是我国台湾地区学者的二手资料。①因此,这一时期的研究成果,并未形成有长远影响力的理论。

二、繁荣阶段(1992—2008年)

20世纪90年代初,邓小平南方谈话和中共十四届三中全会通过的《中共中央关于建立社会主义市场经济体制若干问题的决定》后,国家确定了社会主义市场经济的发展方向,催生了经济刑法研究的问题意识,也为经济刑法带来了重要的发展契机,与市场经济相适应的经济刑法建构就成为学界关注的重点。1993年,全国刑法学研究会以"市场经济与刑法"为题,就市场经济与刑法观念的转变进行了研讨,一些学者提出了市场经济条件下的刑法观念的更新和转变,并提出了经济犯罪的定罪标准问题。②1995年,全国刑法学研究会以"当前经济犯罪问题"为中心议题,围绕着经济活动中罪与非罪的宏观界限、新型经济犯罪等问题进行了深入的学术研讨。这一时期,也出版了不少经济刑法的著作。例如,王作富主编的《经济活动中罪与

---

① 如林山田的《经济犯罪与经济刑法》(三民书局1981年版)、林东茂的《经济犯罪之研究》(中国台湾地区"中央警官学校"犯罪防治学系1986年印行),都是20世纪80年代经济《刑法》学研究的主要参考书。
② 赵秉志、游伟:《中国法学会刑法学研究会1993年年会综述》,《中国法学》1994年第1期。宣炳昭、李麒:《经济犯罪与刑法完善——1995年刑法学研究会学术研讨会综述》,《法律科学》1996年第1期。

非罪的界限》(中国政法大学出版社1993年版)、孙国祥出版了《经济刑法原理和适用》(南京大学出版社1995年版)。

1997年,国家修订了刑法典,刑法典修订的一个主要内容,就是突出了对市场经济秩序的保护,将改革开放以来制定的一些惩治经济犯罪的单行刑事法律吸收到刑法典中,而且新增了一批经济犯罪的罪名。新刑法典颁行以后经济刑法的研究也随之成为刑法学研究的重点。这期间,出版了一些重要著作,例如,马克昌教授主编了《经济犯罪新论》(武汉大学出版社1998年版)、黄京平教授主编了《破坏市场经济秩序罪研究》(中国人民大学出版社1999年版)、高铭暄教授主编了《新型经济犯罪研究》(中国方正出版社2000年版)、陈泽宪教授出版了《经济刑法新论》(群众出版社2001年版)、刘生荣与但伟主编了《破坏市场经济秩序犯罪的理论与实践》(中国方正出版社2001年版)、宫厚军出版的《经济犯罪与经济刑法研究》(中国方正出版社2003年版)、张天虹教授出版的《经济犯罪新论》(法律出版社2004年版)、孙国祥与魏昌东合著的《经济刑法研究》(法律出版社2005年版),以及顾肖荣教授等编著的《经济刑法总论比较研究》(上海社会科学院出版社2008年版)。

可见,这一时期经济刑法研究空前活跃,源于两个历史性机遇推动:一是20世纪90年代初改革开放大潮及新一轮的思想解放,学界开始注重研究改革开放进程中经济刑法的特殊问题,对传统的经济犯罪定罪标准进行反思和批判,提出了更新观念,建构新标准,经济刑法的研究队伍不断扩大,经济刑法的研究成果超越法学界而引起了全社会的关注(如能人犯罪问题等),二是1997年刑法典的修订。1997年新刑法典的施行,客观上需要修订后的经济刑法规范进行系统的解读,由此形成了经济刑法研究的一度繁荣。经济刑法这一时期的发展初步奠定了其学科独立性的地位。

三、专题深入阶段(2009年至今)

随着21世纪初开始的大规模企业改制告一段落,现代市场经济体制逐渐完善。但随着2008年全球性的金融危机的爆发,经济犯罪的巨大危害再次受到关注。在我国,涉众型的金融犯罪案件增多,刑法通过修正案以积极应对。近十年来,配合《刑法修正案》对经济刑法的修正,学界对具体经济犯罪的研究仍有不少关注,但经济刑法基础理论研究的热度已经有所降低。刑法教义学的兴起,经济刑法学基础理论的研究也有所转向,教材式、系统性的研究转为专题式的研究,这当然是一个更高层次的研究目标。这期间出版了不少专题性的研究成果,但大都是博士学位论文通过答辩以后修改出版的研究成果。例如,张勇的《经济犯罪定量化研究》(法律出版社2008年版)、万国海的《经济犯罪的刑事政策研究》(黑龙江出版社2008年版)、胡启忠的《经济刑法立法与经济犯罪处罚》(法律出版社2010年版)、涂龙科的《经济刑法规范特性研究》(上海社会科学院出版社2012年版)、刘伟的《经济刑法规范适用原论》(法律出版社2012年版)、吴允峰的《经济犯罪规范解释的基本原理》(上海人民出版社2013年版)、王海桥的《经济刑法解释原理的建构及其适用》(中国政法大学出版社2015年版)、龙兴盛的《经济违法行为刑事制裁介入度研究》(法律出版社2015年版)。此外,围绕着吴英集资诈骗案的定罪量刑,这一时期,对集资类涉众型金融犯罪的研究成为热门。

综观这一阶段的经济刑法研究,研究主题不断聚焦,研究内容日趋深入,不断有专著产出。但相对于20世纪90年代和21世纪初经济刑法学关注热度、经济刑法学理论研究的活跃度有所降低,研究队伍也没有显著增加的迹象。这是因为,经济刑法研究达到一定高度后,开拓学术空间的难度增加了。

综上,近40多年的刑事立法进程里,经济刑法的完善始终是其重点。经济刑法的理论借助于立法也经历了初步确立到繁荣的阶段。但由于理论研究准备不足,以及经济改革与规范经济秩序的矛盾,经济活动中罪与非罪的界限十分模糊。这就引起了理论界和社会各界的关注,刑法学界对经济刑法与经济犯罪的研究渐趋活跃,我国经济刑法领域的研究成果不但为数可观,成为刑法学研究的新的增长点,而且渐趋深入,带动了刑法理论本身的发展。

思考题

1. 如何理解经济犯罪的概念及范畴?
2. 如何界定经济违法与经济犯罪的边界?
3. 经济刑法的研究对象是什么?

第二章
经济刑法的立法原则与立法技术

第一节 经济刑法立法的指导原则

一、经济犯罪特点与经济刑法立法技术

经济犯罪,是指市场经济主体在经济运行过程中实施的危害市场经济交易秩序和国家经济管理秩序的、应当受刑罚处罚的行为。[1]其基本特征有:

其一,发生领域的特定性。经济犯罪发生在特定的经济生活领域之中。经济犯罪与其他刑事犯罪不同,它始终与一国的经济活动或经济生活以及经济制度如影随形地保持密切联系。各种经济成分并存,利益主体多元化,新的经济关系不断产生,社会关系日益复杂。经济犯罪正是在这种环境下发生、蔓延的。而这一特点在经济刑法立法中提出了我们如何处理集中与分散的关系。

其二,复杂性。这是由经济活动的复杂性决定的。经济犯罪是伴随着自由竞争的市场经济而产生的一种犯罪形态,与自然经济、简单商品经济甚至国家统治经济时期的犯罪相比较,其犯罪结构具有复杂性。这一特点导

---

[1] 张国轩:《经济犯罪、商业犯罪、财产犯罪的罪刑关系研究》,《政治与法律》2003年第2期。

致经济刑法规范之间的交叉重合现象严重,对于区分此罪与彼罪十分困难。如何确定它们之间的界限成为我们思考的问题。

其三,隐蔽性。这是由经济犯罪多主体、多环节、高专业性的特点决定的。经济犯罪主体高智商,往往熟知法律规定和制度纰漏,能够巧妙地实施犯罪和湮灭证据,巧妙地规避法律的制裁。同时,这也是由经济犯罪法定犯的特点决定的,法定犯的特点导致对经济犯罪的追究,国外多采用抽象的危险犯、行为犯的方式,以便于司法的证明。

其四,社会危害的巨大性。市场经济是平等经济、自由经济、契约经济、竞争经济。市场对资源进行配置要求经济主体诚实信用,唯有在良好的经济秩序下市场经济才会沿着正常的轨迹发展,经济主体才会在共同遵守交易规则的前提下获益。而经济犯罪对市场秩序具有极大的破坏作用,或造成受害者数额巨大的财产损失,或造成广大消费者权益的严重损害,或造成社会公众对经济交易制度的极度不信任,进而损害市场公平竞争观念,破坏诚实信用原则,使经济领域腐败盛行。因此,对经济犯罪危害性的认识,应该上升到其对市场经济秩序和经济制度破坏的层面理解。

其五,发展性。经济犯罪的发展性主要表现在以下几个方面:首先,表现在经济犯罪的历史延续性。财产犯罪虽然与经济犯罪不同,但两者毕竟有着千丝万缕的联系。因此,随着商品经济的发展,从传统财产犯罪中就衍生出危害更大的经济犯罪,从而导致有些经济犯罪不一定要规定在《刑法》破坏社会主义市场经济秩序罪一章中,如贪污犯罪。其次,表现在各种社会历史因素的影响。犯罪的社会危害性是一个具体的历史范畴,不同的历史时期,衡量社会危害性的标准不同。我国经历过计划经济时代,为了维护社会主义经济制度,维护新生政权,长途贩运、承包渔利等行为都被认为是投机倒把行为而为刑法所禁止,这一切都在市场经济时代发生了改变。因此,经济犯罪的发展性是由社会经济的发展性决定的。随着经济的发展,新的经济关系不断出现,大量的经济犯罪也就应运而生。经济犯罪的产生无一不是以经济关系的存在为前提。在某种经济关系尚未出现之前，侵犯这种经济关系的经济犯罪也就不可能发生。这一特点导致了经济刑法得适应不断变化发展的经济形势，从而会引发经济刑法的频繁变动，这对我们如何协调经济刑法立法的稳定与变化提出了要求。

二、经济刑法立法需要处理的几个关系

通过对经济犯罪的特点的了解，我们知道经济刑法立法需要我们处理好几个关系。

首先是集中与分散的关系。经济犯罪由于涉及的领域广泛，所以有必要在这些领域中规定打击与抑制其发生的经济刑法规范。这就决定了经济刑法立法的分散性，为了便于认识犯罪和司法的操作，所以有必要集中。而集中还有一个好处那就是系统性，能够做到刑法规范的协调，从而体现出刑法的正义性，而这就要解决依据怎样的标准进行集中的问题，对比较稳定的刑法规范予以集中是适当的选择。

其次是明确与模糊的关系。《刑法》规定要求明确，不确定的法律使人们丧失了预测的可能性，由此认为法律是非正义、非理性的。当人们对法律产生了困惑、缺乏认同感时，就难以使人们与法律处于一种合作与融合的状态，使刑罚预防犯罪的目的难以实现。而同时在《刑法》中由于不能准确地把握行为的社会危害程度，而又需要予以规制时，有必要采用模糊的手段予以规定。例如，对犯罪结果之数额的规定上，不能准确根据一定的数量衡量对社会的危害性，则有必要采用模糊规定的方式，以便于能够正确反映社会危害性。可见，必要的模糊性规定在经济刑法中有现实的必要，而处理确定与模糊之间关系的标准则需要仔细分析，必要的模糊性只有在对所要描述对象的标准的不能准确或者不能确定基础上才可以实施。

再次是界限与交叉的关系。经济刑法立法中是根据调整手段规定犯罪

的,所以在不同罪名的设定上,立法者所站的角度不同,会出现根据不同的标准所规定的规范之间存在交叉的情形。而怎样界定其交叉的部分在本质上属于哪一部分,就需要确定它们之间区别的界限。而其间的界限,是对本质把握的度的澄清。

最后是稳定与变化的关系。经济犯罪活跃,经常随着经济政策的变化而改变,这就给经济刑法立法提出了保持经济刑法的稳定的前提下,在何种情况下需要适应经济政策而对经济刑法做出变化的问题。经济刑法稳定与变化的依据在于受经济政策以及经济形势变化影响的程度,变化越小越稳定,变化越大则越容易改变。而对这些关系的妥善处理,需要结合形式理性的要求,经济犯罪的特点为经济刑法立法提供一个可以参考的原则,通过这些原则在具体的经济刑法立法中指导具体的立法。

三、经济刑法立法的指导原则

经济刑法是国家调整经济关系的后盾法,其前提是需要有关的经济法规范的存在,在经济法规范不能,或者无力调整的时候上升刑事规范进行调整,而我国调整刑事关系的法律规范,主要集中于刑法典之中予以规定,当然也有在单行刑法和附属刑法中规定的。考察我国现有的在经济刑法立法中存在的问题,以及由此带来的应用不便及与现实的脱节,更需要我们仔细考虑在立法层面,如何解决形式理性对立法技术提出的要求与具体的经济刑法的制定之间的衔接,如何合理地确定经济刑法立法技术需要遵循的原则。

根据以上经济犯罪的特点,经济刑法立法需要解决的关系,以及形式理性的要求,经济刑法立法需要遵循如下立法原则:

(一)经济刑法立法要遵循和谐原则

恩格斯曾说:"在现代国家中,法不仅必须适应于总的经济状况,不仅必须是它的表现。而且还必须是不因内在矛盾而自己推翻自己的内部和谐一致性的表现。"①和谐有很多种含义,在此,恩格斯所言的"和谐"是指刑法本身的协调,具有逻辑性,不会出现内容相反的法律条文。同时要与其他法律条文保持独立与呼应,做到经济刑法与经济法规相衔接。

经济刑法同样要求内部和谐,同时与内部和谐对应的还有外部和谐。经济刑法是上层建筑的重要组成部分,因此,经济刑法的外部和谐应指经济刑法与决定整个上层建筑的经济基础之间的和谐和刑法与上层建筑的其他部分包括政治、文化之间的和谐。经济刑法与决定整个上层建筑的经济基础之间的和谐,意味着经济刑法要反映经济基础的现状并顺应经济基础的规律和趋势,即经济刑法"必须适应于总的经济状况"。经济刑法与上层建筑的其他部分的和谐包括刑法与宪法的和谐、经济刑法与行政法的和谐、经济刑法与国家政策的和谐、经济刑法与社会精神文明的和谐等。

"事物的内在结构决定事物的现实功能。强调经济刑法的内部和谐只有与刑法的现实功能相联系,最终才有实际意义。当我们说一部刑法已经做到了内部和谐,则该部刑法已经拥有了一个科学合理的内部结构。而该内部结构也就自然而然地滋生出刑法之应有功能。因此,我们不妨说,刑法的内部和谐就是刑法应有功能的代名词。"②经济刑法只有做到内部和谐才能够发挥出经济刑法的应有功能。

(二) 经济刑法立法应该具体、明确,便于掌握、适用和遵守

法律通过权利、义务的规定为人们提供行为模式,使人们通过了解法律内容而明确不同行为的法律后果,知道法律禁止什么、许可什么,进而对自己的行为做出符合法律规定的选择而免受法律责任的追究。因此,法律的内容是否详细、具体,直接影响着司法机关的掌握和适用,影响着人们的了解,进而影响着法律的实行。"如果法律是用一种人民所不了解的语言写成

---

① 胡潇:《马克思、恩格斯关于意识形态的多视角解释》,《中国社会科学》2010 年第 4 期。
② 马荣春:《论刑法的和谐》,《河北法学》2006 年第 12 期。

的,这就使人民处于对少数法律解释者的依赖地位而无从掌握自己的命运。"①经济刑法立法具有很强的专业性和技术性特点,这就更要求经济刑法立法的所有的内容都要做出明白、确切、清晰的规定,尽量避免或减少立法规定中出现含糊不清、难以理解或容易产生分歧的内容。"法律的性质要求它尽可能地表达明确,以使每一个人都能够清楚地了解,如果违反了它,尽可能受到它所规定的某种制裁。相反,如果避免违反它,那么也就不会受到法律的任何打搅。"②因此,"现代法治国家普遍承认这样一条原则:刑法不具有明确性,即没有法律效力。"③因此,经济刑法立法的内容应尽可能详尽、明确,对各种经济犯罪的定义、构成要件、刑事责任及其刑罚都应用准确、清晰的法律语言和术语表达出来,避免用语的含混和歧义,充分、全面地表达出立法内容和立法意图,便于社会和人民了解,便于司法机关和司法人员掌握和正确执行,通过增强立法内容的清晰程度而提高其立法的可行性。

(三)经济刑法的结构要完善完备原则

《刑法》是规定犯罪及其刑事责任和刑罚的法律规范,经济刑法同样应该包括经济犯罪及其刑事责任和刑罚三部分结构。"只有包含经济犯罪、刑事责任及其刑罚三部分内容,才是严格意义上的经济刑法。"④根据形式理性的要求,司法的运用是一种从大前提(《刑法》的规定)到小前提(具体的规范事实)再到结论的过程。而《刑法》结构的不完备,不能得到确切的前提,这不符合形式理性的要求。

在结构完备性方面,最值得强调的是经济附属刑法立法结构的完整、完备问题。在我国很多经济法律、法规中,只是笼统规定对某些经济违法行为"要追究其刑事责任",而没有具体规定这些行为构成经济犯罪的含义和构

---

① [意]贝卡利亚:《论犯罪与刑罚》,黄风译,中国法制出版社2005年版,第19页。
② [英]彼得·斯坦、约翰·香德:《西方社会的法律价值》,王献平译,中国法制出版社2004年版,第5页。
③ 王作富:《刑法完善专题研究》,中央广播电视大学出版社1996年版,第59页。
④ 李建华:《简论经济刑法立法的可行性原则》,《上海市政法管理干部学院学报》1999年第5期。

成要件及其刑罚的内容,这样的规定只能说该规范具有追究某些经济违法行为刑事责任的意向性或者倾向性。但该种规范本身并不是严格意义上经济刑法立法,其理由在于：首先,这种规范不具备完整的刑法规范的罪状结构。任何刑法规范的罪状结构应该包括犯罪、刑事责任和刑罚三部分,这是追究犯罪分子刑事责任,对其处以刑罚所必需的。如果没有或者缺乏这三部分结构,就不能算作严格意义上的刑法规范。尽管经济刑法"在具体内容上,与刑法典的有关规定不同,有的罪状有别,有的法定刑相异"[①],经济刑法立法也更多地采用空白罪状的立法技术,但是,在罪状结构上,经济刑法必须具有经济犯罪及其刑事责任、刑罚三部分,特别是在采用空白罪状的情况下,经济刑法中尤其是经济附属刑法中不少没有规定的罪状结构部分应该在刑法典或者相关立法中有明确对应的条款,否则,因罪状结构存在欠缺而不能算是严格意义上的经济刑法。其次,这种规范往往无法直接成为司法机关审判、侦查、追诉经济犯罪活动的准据法。"能否作为司法机关办案的依据,是衡量一种社会规范是否属于法的范畴的一个重要标志。"[②]衡量单行经济法律、法规中的内容是否具有刑法规范性质的标准之一,也是以该规范是否能够作为司法机关惩治和打击经济犯罪的依据。因为在采用成文法形式的国家,司法机关的职权、职责只能是依据立法机关的立法来衡量某一行为是否合法、该行为是否构成犯罪,决定对犯罪行为应该如何处以刑罚,法官无权创造法律。因此,对于在单行经济法律、法规中只是表明的追究某一些经济违法行为以刑事责任的意图或者倾向性内容的规范,只是表达立法者的立法目的或者建议性的内容,其本身并不能作为司法机关追究经济犯罪依据的规范,因而不是严格意义上的经济刑法。明确该点,对于完善大量需要完整、完备地规定经济犯罪、刑事责任及其刑罚的经济法律、法规的立法结构,具有重要意义。

---

① 李建华：《简论经济刑法立法的可行性原则》,《上海市政法管理干部学院学报》1999年第5期。
② 周旺生：《立法论》,北京大学出版社1994年版,第36页。

(四) 经济刑法要具有前瞻性

我国市场经济体制正在改革和发展过程中,经济领域的新问题不断出现,这是我国逐渐确立市场经济秩序过程中必然会出现的问题。而面对新问题的刑法对策只能是按照刑法已有规定的处理,否则有违罪刑法定这一刑法的基本原则。这就会引发一个问题,刑法没有规定的怎么办?是置之不理,还是不遵循解释学的基本原理,超越文本的最大意域,强行处理?对此的对策,最需要解决的问题是:坚持我国经济刑法的立法应采用"成熟一条制定一条"的经验型立法思想,还是采用超前型的立法思想?对此,理论上存在争议。经验立法者认为,只有对一定的社会关系内容具备比较丰富的实践经验后,才能以法律规范的形式对这部分社会关系加以调整。"立法者应该把自己看作一个自然科学家。他不是在制造法律,不是在发明法律,而仅仅是在表述法律,他把精神关系的内在规律表现在有意识的现行法律之中。"①马克思的这一经典论断,强调了立法应当从实际出发,即尊重客观实际,从客观存在的经济、政治、文化等实际情况出发进行立法,而不能从主观臆想出发。所以,"刑事立法应当特别慎重,不应脱离本国实际,过度超前立法。"②对于我国《刑法》的完善,有学者认为,"在社会生活剧烈变动的情况下,特别是对市场经济缺乏经验,系统地修改完善《刑法》有困难,宜继续采用对某些突出的犯罪作出补充、修改的办法来解决。"③这种观点实际上是经验立法思想的表现,而我国多年以来的刑事立法实践也偏向于实行经验立法。

超前型立法者认为,刑事立法不但要强调实践性,而且要有超前性。如

---

① 《马克思恩格斯全集(第1卷)》,人民出版社1956年版,第183页。转引自卢勤忠:《刑法修正案(六)与我国金融犯罪立法的思考》,《暨南学报》2007年第1期。
② 苏惠渔、游伟:《社会转型时期我国刑事立法思想探讨》,《法学》1994年第12期。
③ 赵长青:《社会主义市场经济与刑法改革走向》,《市场经济与刑法》,人民法院出版社1994年版。

果片面强调"刑法只能解决成熟的问题",[①]只能被动地应对现阶段出现的犯罪新情况。"而超前立法则能充分反映社会未来的发展趋势和未来犯罪变化特点,适应历史发展的要求,保证刑事立法的相对稳定性。"[②]对此,立法要遵循已有的经验,因为这样才能保证立法的有效性,避免盲目性。同时也要认识和运用人类理性的前瞻性,由现象到抽象的思考是人类思维之特异之处,正是因为人类能够通过对事物的抽象,总结出规律,才能预见到将要发生的事情,趋利避害,人类才会一步步强大起来。超前立法并非不可能,对理性局限性的可以合理怀疑,但不能因噎废食,这就要求立法者要正确地总结规律,发现将要面临的问题,从而提出解决问题的方案,不能亦步亦趋地走在实践的后面,使法律留给社会太多的法外空间,导致人们面临形形色色的新鲜案例无所适从,降低法律在社会生活中的权威性。虽然,立法总是落后于实践,但要在力所能及的范围内改变这种局面,无论是在技术层面还是在实体层面都必须要具有这方面的思考,所以,立法要具有一定的前瞻性。

第二节 经济刑法的立法技术

经济犯罪的刑事立法不同于对一般犯罪的立法,必须从经济犯罪自身的特点和刑法规范的目的性上去考虑选择其实际的立法模式。由于经济活动在市场化的社会中总是表现得异常活跃,因此,"变动不居"便成了经济犯罪的一大表征。然而,经济犯罪又不同于一般的杀人、放火、抢劫、偷盗等直接违反公共风俗和人类伦理的犯罪,它是一种"法定犯"。对违法性乃至犯

[①] 孙国祥:《初论中国刑法的现状与改革》,《南京大学学报》1988 年第 2 期。
[②] 陈兴良:《我国刑事立法指导思想的反思》,《法学》1992 年第 7 期。

罪性的判断,通常必须依靠经济管理法规中的一些禁止性规范才能得到最终确定。所以,为了应付形式多变的经济违规行为,加强对经济犯罪的有效抗制,国家就必须不断"因事立法""随机应变",及时制定或者修改相应的经济管理法规,这也正是经济法规总量急增、经济刑法经常发生变动的原因所在。目前我国经济刑法规范主要采用了以刑法典为主、附属刑法为辅的立法模式,但由于我国附属刑法的极度弱化,起不到识别犯罪、定罪量刑的作用。而这种模式既对刑法典的稳定性带来冲击,同时还对刑法与经济法、行政法之间的和谐提出了挑战。总结相关的立法模式的优缺点,进行科学的选择,成为我国经济刑法立法必须解决的问题之一。

一、经济刑法立法的刑法典模式

(一) 经济犯罪与刑法典之间的矛盾

首先,经济是社会生活中最为活跃的因素,尤其现在随着科学技术、知识经济的不断发展,经济活动的方式更是日新月异,与时俱进。尤其是我国正处于社会转型的特殊时期,而经济体制的转换是社会转型的起点。而且在这样一个实行全方位改革和加速市场化进程的国家里,经济行为的这种复杂多变特性,常常表现得更为突出。在这种快速的社会变化过程中出现的问题往往可能迅速地集中和放大,因而蕴含着巨大的社会风险。在这种社会背景下的经济犯罪,从内容到方式都与此相应地在不断推陈出新,变动不居。经济结构复杂、形态多变是经济犯罪的两个显著特征。这是由经济关系本身的纷繁复杂以及调整经济关系的法律纵横交错等特点所决定的。然而,"刑法典作为刑法的基本体例,它本身的性质要求具有一定的稳定性"[1],"社会变化,从典型意义上讲,要比法律变化快"。[2]与经济犯罪的变动

---

[1] 陈兴良:《刑法哲学》,中国政法大学出版社2017年版,第523页。
[2] [美]博登海默:《法理学:法律哲学与法律方法》,邓正来译,中国政法大学出版社2004年版,第561页。

不居相比,刑法典则显得相对稳定,面对这些应接不暇的新型的严重危害社会的行为,我们的刑法典那种"以不变应万变"的稳定的立法方式,就难当重任,因此,无法调和社会矛盾。

其次,刑法典作为一部专门的刑事部门基本法,其需要规定的内容极其丰富、庞杂,不可能对所有经济犯罪都作出极其详尽的规定,这在客观上也要求通过其他的方式来完善。同时,经济犯罪作为最主要的犯罪种类之一,其内容已经极其繁杂、臃肿。《刑法》分则第三章"破坏社会主义市场经济秩序罪",现有8节92个条文,共规定了94个罪名,条文数量、罪名数量是仅次于"妨害社会管理秩序罪"一章。从立法技术上讲,为了确保刑法典的结构均衡,也不宜在刑法典中过多、过于详尽地规定经济犯罪的内容。

最后,刑法典与经济法律的分离,造成了司法的不便。在刑法典中规定专业性很强的犯罪如证券、期货犯罪,这些刑法条文与经济法律的脱离,使得刑事司法者对具体法律内容的掌握并不深刻、全面,这也成了经济犯罪中错案居多的原因之一。

(二) 几种矛盾解决方式的评析

由于经济犯罪具有的复杂多样性的特点,相应地,惩治和打击经济犯罪的立法形式也不能单一化、简单化,而应该根据经济犯罪种类及其各自的特点,采取多种多样的立法形式。我国的立法者对解决以上矛盾,所采用的方式有以下几种:进行刑事司法解释、颁布单行法规、制定刑法修正案、制定附属刑法。然而,人们对法律是否尊敬,不仅有赖于它所规定的人们的行为的种类,而且取决于法律本身所采取的形式。因此,经济犯罪的立法是否采取适当的形式,直接影响着惩治和打击经济犯罪的目的能否实现,影响着广大人民对经济犯罪的立法是否尊敬以及能否自觉遵守。以上几种解决矛盾的方式不同,效应自然也不同,孰优孰劣,才是我们所要关注的。

1. 刑事司法解释的无能为力

根据我国《人民法院组织法》第37条的规定,最高人民法院对于审判工作中具体应用法律的问题进行解释。按照该规定,司法解释只是针对适用刑事法律中所发现的问题而进行的,这就意味着司法解释至少应当维系在刑法规范这一文本所确定的边界之内。突破文本边界或完全置刑法文本于不顾的所谓的"司法解释"已经不是本原意义上的司法活动,而是法的创制即立法活动。因此,刑事司法解释在罪刑法定原则的限度内,是不能创制新的法律规范的,既然如此,刑事司法解释对于现实经济领域中变动不居、层出不穷的新型的严重经济违法行为,只能望而却步。

2. 刑事单行法规的缺陷

刑事单行法规对于解决上述矛盾,其及时性值得肯定。但同样存在缺陷:其一,经济单行刑法往往集中针对出现的某一种类的经济犯罪做比较系统的规定,通常是针对某一类的数量较多、类型比较集中、存在形式稳定的经济犯罪,并在立法内容比较丰富的情况下,才制定经济单行刑法。对于数量较少、分散零星且稳定性差的经济犯罪,一般都不适合采用单行刑法的形式。其二,经济单行刑法的制定容易直接受到一定时期内经济犯罪形势和刑事政策的影响,从而导致与刑法典的规定相距甚远,致使两者之间出现失衡状态。例如,我国在新《刑法》颁布前所制定的几个有关经济犯罪的单行法规,因受刑事政策的影响太大而出现了重刑化的趋势,所规定的经济犯罪的刑罚比刑法典规定的刑罚重得多。从1982年颁布的非常具有代表性的《关于严惩严重破坏经济的罪犯的决定》的单行刑法的名称中,我们就可以看出立法者重刑主义的思想。另据有关学者的统计,自1981年6月至1995年10月,全国人大常委会先后通过了24部单行刑法,其中规定有死刑的条文有37条,新增死刑罪名48个,其中在经济犯罪中新增加的死刑罪名有16个,更重要的是使经济犯罪关于死刑的规定实现了从无到有的重大转变。而新《刑法》的创制,基本上是单行刑法的一次"位移",因此,新《刑法》基本上承继了关于经济犯罪重刑化的立法倾向,大量死刑条文的存在就是明证,从而影响了罪刑相适应原则在新《刑法》中的贯彻。其三,由于单行刑法与相关经济法规的分离,使得其在司法适用、掌握上具有一定的不便;另外,也很难做到民事责任、行政责任、刑事责任的协调。

3. 刑法修正案方式的不足

自新《刑法》实施至今,虽立法者都是通过刑法修正案的方式,实现对刑法典的完善,但这种现状并不能说明此方式对于该矛盾的解决是最恰当的。其弊端从根本上同样源自于刑法规定与经济法律法规的分离,因此,这种弊端也就体现为,其法律掌握、司法适用上的不便,也难以做到民事责任、行政责任、刑事责任的协调等。例如,刑法修正案中关于期货犯罪的补充规定有:"内幕信息、知情人员的范围,依照法律、行政法规的规定确定",因此,刑事司法人员必须去查阅相应经济法律,才能办理相关的案件。同时,刑法修正案的方式还面临着主体资格问题的挑战,因为刑法修正案和刑法典,是形式上的同一和内容上的替代关系。刑法修正案在形式上和内容上均取得了刑法典的效力,但是,修正案的通过主体是全国人大常委会,而刑法典的通过主体是全国人民代表大会,两者的通过主体发生错位。因此,全国人大常委会无权以修正案的方式修改刑法。有人曾由此认为,由全国人大常委会修改和补充刑法在根本上违反宪法。[①]

(三) 刑法典模式的正确应用

经济刑法应采取"集中与分散"相结合的经济犯罪立法模式,也就是在对经济犯罪进行重新清理、划分的基础上,将一部分较为常见相对稳定的犯罪,集中规定在刑法典的"破坏社会主义市场经济秩序罪"专章中,而将那些"非典型"的(诸如行业特征比较明显的证券犯罪、公司犯罪等)或者变动性较大的犯罪(诸如税务犯罪、经营性犯罪等),分散规定到相关的经济及经济管理法律的附属刑法规范中去。这样处理不仅可以避免前述中法典型立法的诸种弊端、较好地实现罪刑法定原则所要求的罪与刑的具体化、明确化要

[①] 张波:《论刑法修正案——兼谈刑事立法权之划分》,《中国刑事法杂志》2002年第4期。

求,也能防止因经济犯罪形式变化及新型经济犯罪形态的出现所带来的"朝令夕改",保持刑法典的长久稳定。另外,还利于认识到附属刑法规范所具有的某些特殊性和优越性,即它们均依附于各类经济法律之中,有着较强的专业特色和行业特色,常常要比刑法典具有更强的预防特种行业犯罪的警示功能。因为专业人员对行业法律的熟悉程度往往要高于对刑法典的了解。如果上述观点可以被接受,那就需要对我国现行的附属刑法规范进行一次根本性的改革。

二、经济刑法立法的单行刑法模式

单行刑法立法模式是相对法典型立法模式而言的一种立法模式。所谓单行刑法是指独立于刑法典之外的,针对某一类犯罪所规定的,单独制定颁行的刑事法规。

(一)单行刑法的特有价值

在我国,单行刑法是由全国人大常委会针对特定的人群、特定的事项或者特定的地域制定的刑事法律规范,由于其立法权属于全国人大常委会,所以与刑法典相比立法程序较为简单,这赋予了单行刑法的特有价值:

首先,单行刑法具有灵活性、及时性。《刑法》作为国家的基本法律之一,具有稳定性的特点,这在刑法典上体现得尤为明显,而单行刑法虽然也属于刑事法律体系,但毕竟是由全国人大常委会而非全国人大制定的单行法律规范,主要是为了适应形势的变化,所以,可以对社会生活中出现的危害性较大的行为适时作出回应。尤其是在紧急情况下,"如果立法反击速度过慢,则犯罪行为对于社会现实的冲击与破坏程度将大幅度上升,造成立法成本过高。刑罚的威慑力与法律的权威感,最直接的体现即刑罚的及时性,因而过于缓慢的立法反应而导致过于缓慢的司法反应,显然是对犯罪人的纵容。"[①]这样单

[①] 赵秉志、于志刚:《中国台湾地区之单行刑法要论》,《湖南省政法管理干部学院学报》2001年第1期。

行刑法立法程序简便的优势便可凸显出来,及时地制定规定此类犯罪的刑法规范,从而更有效地打击犯罪,维护社会的稳定。

其次,单行刑法针对性强,可以适应刑事政策的要求。"刑事政策的核心是防止犯罪的国家活动。"[①]虽然我国刑事政策的总的指导原则是惩办与宽大相结合,但是,在不同的历史时期,刑事政策的重心会有所不同。刑事政策重心的变化无疑意味着对犯罪态度的转变,这就要求立法机关及时地作出调整。单行刑法作为我国刑事法律体系的有机组成部分,自应当顾及整个法律体系的协调性,然而,其作为"特别刑法"可以针对某类人、某个地区或者某段时间做出符合刑事政策的特别规定,实现刑法典之外的特别调整。

最后,单行刑法具有独立性。单行刑法的独立性包括两层含义:一是从表现形式上看单行刑法是在刑法典之外独立存在的专门规定犯罪与刑罚的法律;二是从罪刑关系上看,单行刑法对个罪一般都规定了明确的罪状和法定刑。[②]单行刑法的独立性使它能够实现刑法典之外的"特别调整",可以说,这是单行刑法灵活性和针对性的前提和基础。

(二)单行刑法的缺陷与现状

单行刑法存在其缺陷主要表现在如下几个方面:

首先,与刑法典的规定缺乏协调。单行刑法虽然具有相对独立性,但它毕竟只是对刑法典的一种修改补充,因此,单行刑法的规定必须充分考虑刑法典的规定,遵循刑法典所确立的基本原则,力求与刑法典保持最大的协调性,只有这样,才能充分发挥单行刑法的作用,避免刑事法律体系内部的混乱。然而,我国的单行刑法中有许多条款是与刑法典的规定相冲突的,例如,《关于处理逃跑或者重新犯罪的劳改犯和劳教人员的决定》中规定,只要是劳改犯刑满释放后重新犯罪的一律应当从重处罚,而刑法典对一般累犯

---

① [日]大谷实:《刑事政策学》,黎宏译,中国人民大学出版社 2009 年版,第 3 页。
② 郭立新:《刑法立法正当性研究》,中国检察出版社 2005 年版,第 167 页。

的规定则是将适用条件严格限制在三年以内再犯应当被判处有期徒刑以上刑罚之罪的,这样单行刑法与刑法典的规定就出现了冲突。1979年《刑法》在溯及力上规定:"中华人民共和国成立以后本法施行以前的行为,如果当时的法律、法令、政策不认为是犯罪的,适用当时的法律、法令、政策。如果当时的法律、法令、政策认为是犯罪的,依照本法总则第四章第八节的规定应当追诉的,按照当时的法律、法令、政策追究刑事责任。但是,如果本法不认为是犯罪或者处罚较轻的,适用本法。"由此可知,旧刑法典采用的是从旧兼从轻原则,而在《关于严惩严重危害社会治安的犯罪分子的决定》中则规定,在该决定颁布后,审理该决定规定的犯罪,一律适用该决定,可见它采取的是从新原则,在《关于严惩破坏经济的罪犯的决定》中则是采用的从新和有条件的从旧,这些都与刑法典的原则性规定相冲突。

其次,贯彻罪刑均衡原则方面的不足。"对罪刑均衡的孜孜追求,是人类基于公正的朴素理念而对《刑法》的一种永恒冲动。因此,罪刑均衡是公正的直接体现,是现代刑法的内在精神。"①它要求对相近犯罪的刑度要大体相同,以保证刑度的统一。然而从我国单行刑法所反映出的规律来看,普遍存在重刑化的趋势:其一,死刑的增加。1979年刑法典共有15条、22种罪名涉及死刑,而1980年至1997年间颁布的单行刑法有40多个条文、60余个罪名规定了死刑。其二,绝对死刑的出现。绝对死刑是由单行刑法所创设的,例如,《关于严惩拐卖、绑架妇女、儿童的犯罪分子的决定》第1条规定,"情节特别严重的,处死刑,并处没收财产"。可见,单行刑法在贯彻罪刑均衡原则方面存在着不足之处。

最后,单行刑法的立法随意性较大。单行刑法被视为是修改刑法典、惩治犯罪的有力工具,在很多情况下是随着刑事政策的变化而产生相应的波动,并且由于受经验立法思想的影响,单行刑法多是"一事一议,乃至于一罪

---

① 陈兴良:《本体刑法学》,中国人民大学出版社2017年版,第101页。

一议,立法内容既缺乏理论的论证,也没有进行科学的规划",①从而表现为立法随意性大,严肃性不足的弊端。例如,1982年《关于严惩破坏经济的罪犯的决定》第1条第4款规定,对走私、受贿等严重经济犯罪和与这些犯罪有关的包庇、窝藏、伪证和报复陷害等犯罪行为,"对犯罪人员和犯罪事实知情的直接主管人员或者仅有的知情的工作人员不依法报案和不如实作证的",比照渎职罪的有关条文处罚,即规定了知情不举行为的刑事责任。然而,刑法典并没有规定知情不举行为的刑事责任,这并非由于疏忽,而是立法者经过慎重考虑做出的决定。由于当时经济犯罪活动猖獗,并且很多涉及国营企业、党政机关的干部,所以,全党把打击经济犯罪和刹住腐败风气提高到关系现代化建设成败和国家政权能否巩固的高度来认识。基于这种政策的需要,全国人大常委会制定了此决定,并将这些社会危害性并未达到应受刑罚处罚的违法行为规定为犯罪,从而造成了立法的随意性。

为解决这类矛盾,有学者提出,在单行刑法经过较长时间的考验后,对其中较为成熟的规定应当由立法机关在适当的时候通过一定的立法程序,把它们分门别类地编纂充实进刑法典。1997年新《刑法》修改即采用了此种观点。但是,有学者指出:"1997年修订《刑法》时,把这些条例、决定、补充规定吸收到刑法中来,有的同志认为,以后可以不用制定单行刑法了,这种想法,我们认为是不正确的。"②然而也有学者认为:"单行刑法往往囿于一个时期的实际需要而仅就某一类或者某几种相近的犯罪作出修改补充,彼此缺乏照应,在法定刑上罪刑结构失调,难免有头痛医头、脚痛医脚之嫌。刑法典原有的一些规定可能暂时得到完善,但单行刑法规定的不合理内容又随时产生。"③在1997年刑法典修订之后,全国人大常委会在第二年即颁布了《关于惩治骗购外汇、逃汇和非法买卖外汇犯罪的决定》,那么,在新的

---

① 赵秉志主编:《刑法改革问题研究》,中国法制出版社1996年版,第308页。
② 北京大学《刑事法学要论》编写组:《刑事法学要论》,法律出版社1998年版,第224页。
③ 赵秉志:《新刑法教程》,中国人民大学出版社1997年版,第133页。

单行刑法重新出现之后如何解决它与刑法典之间的矛盾成为立法者需要解决的难题之一。目前,立法者解决这个问题的方式是放弃单行刑法的立法方式,通过制定刑法修正案的方式来实现对刑法典的修改。这就造成了虽然在形式上我国是以刑法典为主体、单行刑法和附属刑法为补充的刑事法律体制,但实际上则是以单一刑法典为主体,辅之以刑法修正案的现象。

(三) 单行刑法模式的应用

毋庸讳言,无论哪一种文本模式都会出现其固有的缺陷,单行刑法自然也不例外,但必须指出的是,我们不能因单行刑法的缺陷而就将其选择性遗忘,不去充分发挥立法者的主观能动性,趋利避害,构建合理的单行刑法文本模式。目前,德国和荷兰采用编纂式的立法模式使用单行刑法。德国的经济刑法典起源于1910年的《钾盐贩卖法》,于1949年将分散在各个单行的非刑事法律拓展为《经济刑法统一法》,确立了经济法的一系列总则性规定,随后于1976年颁布了《反经济犯罪的第一法案》,1986年又制定了《反经济犯罪的第二法案》,补充了经济刑法的内容,形成了经济刑法典。[1]荷兰的编纂型立法模式同德国相比又有所不同,荷兰1950年制定的《经济犯罪法》采用了编纂式的立法模式,该法共涉及50种经济法规的条款,可分为六类:农业经济法、生活必需品法、工资与价格法、企业合并法、运输法和零售商品法。但与德国的立法模式不同的是,它并没有规定各类经济犯罪的具体的犯罪构成和法定刑,而是仅仅标明该经济犯罪行为属于经济法规的第几条款。这种只是提纲挈领地指出某种经济犯罪行为的出处,其实质内容由具体的法规规定的立法方式又被称为"框架立法"。[2]

虽然我们不能照抄国外的立法方法,犯"拿来主义"的错误,但国外普遍地采用单行刑法的模式,需要引起我们一定的思考。单行刑法立法模式可以分为散在型和编纂型。所谓散在型就是单行刑法各自独立规定,分散于

---

[1] 孙国祥、魏昌东:《经济刑法研究》,法律出版社2005年版,第11页。
[2] 郭立新:《刑法立法正当性研究》,中国检察出版社2005年版,第175页。

各个方面。编纂型是指国家立法机关对现有的特别刑法予以整理协调,按照一定的原则编纂为法典式的统一体。从形式上看,编纂型立法模式可以避免单行刑法与刑法典,以及单行刑法之间的不协调,缺乏罪刑均衡的问题,但这样的规定同样存在的问题主要是羁绊了单行刑法的灵活性。如果出现新的单行刑法,那么就要全面地修改单行刑法,以便做到相应的协调。这样也使立法过于复杂麻烦。鉴于目前我国刑法修正案方式所带来的对刑法条文的创制性问题所受的责难、单行刑法的特点,以及刑法典要求成为"典范"的特点,应提高刑法修正案修改主体的要求,需要全国人民代表大会才能采用修正案方式修改刑法典;而对于刑法的补充,因为是面临新的形势,而不是创设新的罪名,所以,采用单行刑法的方式,能够做到快速反应,同时可把这一权力交给人民代表大会常务委员会。在立法模式上,可选择散在式,充分发挥单行刑法灵活针对性强的特性,同时回应了形式理性要求的社会的发展与规范的稳定之间如何协调的问题。

三、经济刑法立法的附属刑法模式

附属刑法指全国人民代表大会及其常务委员会通过的非刑事法律中所包含的有关犯罪、刑事责任和刑罚的条款。

(一) 附属刑法的优点

经济附属刑法具有以下几方面优点:

第一,从形式上保持了经济法律法规的完整性,从实质上更有利于经济法律法规的实施。通常认为,一个完整的法律规范应包括条件、行为模式和法律后果三要素,尤其是作为法律后果的惩罚性条款的设立对于一个规范的实施是至关重要的。尽管并非每一条法律条文都必须附有罚则,但是对于一个有效的法律体系来说,强制力是绝对不可缺少的。经济犯罪大多是经济违法行为的延伸。因此,任何一个经济违法行为一般都规定了民事责任、行政处罚,而刑事制裁在一定程度上是前面两种法律责任的延伸。在规定了前面两种责任的情形下,再规定它的刑事责任是完全符合事物发展规律的立法方式。这三部分法律责任相互联系、相互衔接,组成民商法、经济法、刑事法的制裁规范体系。如果取消附属刑法的规定,那么,只有前面两种处罚规范的体系是不完整的。

从另一个角度来看,经济附属刑法中的刑法规范以刑罚为后盾,能够对经济法律、法规中规定的权利和义务,提供更为有效、彻底的保障。因为所有法律规定最终应以权威机构的强制义务的意愿和刑事处罚即暴力制裁为依托。没有这种实质有效的意愿和暴力震慑,法律规定便会失去实际意义。

第二,更加有利于司法人员掌握、适用有关刑法的规范,提高办案质量、减少错案。一般刑事司法人员对《刑法》总则的掌握要高于对专业经济法律的了解,因此,司法人员在处理经济犯罪案件的过程中,最头疼的是对经济法律了解的缺乏。而采用附属刑法的方式,可以使司法人员顺利地了解到相关的规定,也更有利于其全面、深刻地掌握附属刑法的内容,从而达到提高办案质量的目的。

第三,能起到特殊的警示作用,更好地预防职业犯罪。经济附属刑法依附于各类经济法律之中,有着较强的专业和行业特色,而经济犯罪很多是具有特定职业的行业犯罪,特定行业的工作人员由于他们业务的关系对行业法律的熟悉程度往往高于对刑法典的了解,因此,采用附属刑法的方式常常要比刑法典具有更强的预防特种行业犯罪的警示功能。

第四,将刑事责任明确规定在经济法律中,对一种违法行为的民事、行政、刑事三种法律责任,集中统一规定在一个条文中,这样就可以更好地协调三种法律责任的衔接,体现法律责任的层次性。

(二)目前附属刑法立法及其缺陷分析

我国目前关于附属刑法的立法类型,主要有以下三种:第一类是概括式。此类规定对犯罪行为只包含诸如"依法追究刑事责任""移交司法机关处理"等抽象的原则性的规定。例如,《保险法》第179条规定:"违反本法规定,构成犯罪的,依法追究刑事责任。"第二类是依照式。此类规定指出对于某一具体犯罪须引用《刑法》某一特定条款处罚。例如,《森林法》第34条规定:"盗伐林木据为己有,数额巨大的,依照《刑法》第152条的规定追究刑事责任"。第三类是比照式。此类规定指出对于某一犯罪必须比照《刑法》某一特定条款处罚。例如,修订前的《专利法》中第63条规定:"假冒他人专利……情节严重的,对直接责任人员比照《刑法》第127条追究刑事责任。"

以上所列举的三种附属刑法的立法类型,都存在不同程度的缺陷。

第一类概括式规定,过于抽象、笼统,就其条款本身而言根本无法执行;如果与刑法典相联系,则可能找不到相对应的规定。"依法追究刑事责任"的规定,只能表明该规范具有追究某些经济违法行为刑事责任的意向或倾向,甚至从严格意义上讲,这种规范本身并不是经济刑法立法。"能否作为司法机关办案的依据,是衡量一种社会规范是否属于法的范畴的一个重要标志"。[①]因此,在采用成文法形式的国家,这种只表达立法者目的或建议性的内容显得苍白无力,很难成为司法机关追究刑事责任的法律依据,因而不是严格意义上的经济附属刑法。

第二类依照式规定,实际上就是一个刑事准据法。通过该规范我们可以推断出某一具体行为所应判处的罪名和具体的刑事责任,表面上看它解决了犯罪行为的定罪量刑问题,应该是一种较好的立法类型。事实并非如此,它有如下缺陷:其一,该方式并没有创制新的罪名,这一缺陷的存在,使得该方式并不能完全满足经济犯罪变动不居、推陈出新的特性。其二,一旦刑法典加以重新修订,其条款顺序发生变化,势必要牵动很多经济法律中的附属刑法的修改,这必然导致立法上的烦琐和司法上的混乱。其三,该方式使得罪与刑相分离,这有可能违背罪刑相适原则。因为在先规定的刑法典,其法定刑是针对某一特定行为所确立的,而随后规定的附属刑法中的行为,

---

① 周旺生:《立法论》,北京大学出版社1994年版,第17页。

并不能被立法者在制定刑法典时所预见,因此,该法定刑与附属刑法中的危害行为未必相适。

第三类比照式规定,除具有第二类依照性规定的诸多缺陷以外,它还有一个更大的缺陷就是立法的类推,有悖于罪刑法定的基本原则。

(三)独立式的附属刑法的立法模式的采用

1997年刑法典修订之前我国附属刑法采用的是比照式、依照式和概括式相结合的立法模式,因此,在附属刑法中规定详细的罪状的情形并不多,更没有涉及法定刑的规定。这使我国的附属刑法虽然在实质上可以归于刑事法律规范的范畴,但在形式上却与典型的刑事法律规范的结构与功能相去甚远,因而难以被定位为真正意义上的附属刑法。然而立法者当时之所以没有在附属刑法中规定罪状,尤其是法定刑的设置由多方面的因素决定,其中,立法观念是决定性要素之一。全国人大常委会曾主张:"在经济法、行政法中关于追究刑事责任的问题……对刑法中没有明确规定刑罚的,尽量规定比照刑法中最相近的条款追究刑事责任。"[1]正是这种僵硬的立法观念导致了附属刑法中罪与刑的分离,造成了附属刑法的致命缺陷。要克服这个缺陷,就必须改革附属刑法的立法模式,笔者认为最为可行的是采取独立式的立法模式,在附属刑法中规定具体的罪状和法定刑。这样,摆在我们面前的就有以下问题:采取独立式的立法模式是否应该?是否合理?

1. 采取独立式的立法模式,符合刑法现代化的要求

附属刑法所属的非刑事法律规范调整的是一些特殊的社会关系,虽然这些社会关系也是由刑法典或者单行刑法所调整的,但是,由于此类社会关系涉及社会生活的方方面面,刑法典和单一刑法对这些社会关系的调整就显得鞭长莫及,可形势又要求法律必须对此加以规制,此种要求使附属刑法有了发挥的余地。然而,比照式或者依照式的附属刑法立法模式都存在体

---

[1] 陈丕显:《全国人民代表大会常务委员会工作报告》(一九八四年五月二十六日在第六届全国人民代表大会第二次会议上)。

制性的弊端,前者由于法律对不法行为没有相关规定,而是依靠法官的理解比照最相近的刑法条款进行适用,这容易造成定罪量刑的随意性,并且影响刑罚的准确性和协调性;后者在刑法典修订而附属刑法尚未及时修订的情形下便会出现难以对应的问题,在立法和司法上引起混乱。也许正是由于这两种立法模式存在自身难以克服的弊端,近年来立法者已经逐渐放弃这两种立法模式,而多是采用概括式立法。

可以说,概括式立法模式本身的适应性是依赖于它的模糊性的,在追求刑法现代化、崇尚罪刑法定主义的今天,无疑是难以体现时代的要求。"刑法规范精确性的最大意义在于实现刑法的安全价值,使人们可以根据明确具体的法律规定趋利避害地设计自己的行为。而只有精确性的法律规范,才能在民众心中建立起相对固定的行为——法律后果之间的预期,从而使法律规范对于它所指向的人具有拘束力。"[1]

因此,经济刑法应当在立法上提倡独立式的立法模式,在附属刑法中规定独立的罪状和法定刑。因为独立式的立法模式具有灵活性、适应性和可操作性的优势:灵活性是指由于对犯罪行为的罪状和法定刑是规定在相关的行政法中的,可以直接对行政法禁止的行为做出相应的刑罚处罚;适应性是指附属刑法中的刑罚规定可以随着行政法的修改而做出适当的调整,以适应社会生活的变化;可操作性是指司法人员可以直接依据附属刑法定罪量刑,简化了司法援引程序。并且,它"能够更加突出行政犯不同于刑事犯的性质,有利于及时惩治各种行政犯新类型和适应变化了的刑法调整新情况,而克服刑法典和单行刑法立法上的局限性,提高刑法调整的社会效果"。[2]《刑法》第101条规定:"本法总则适用于其他有刑罚规定的法律,但是其他法律有特别规定的除外。"此规定无疑意味着在刑法典之外允许其他

---

[1] 储槐植、宗建文等:《刑法机制》,法律出版社2004年版,第85页。
[2] 黄明俶:《行政犯比较研究——以行政犯的立法与性质为视角》,法律出版社2004年版,第245页。

刑事法律对刑罚做出规定，其自身规定都允许在附属刑法中配置相应的法定刑。并且《刑法》第 6 条确立的罪刑法定原则的目的在于防止罪刑擅断，保障公民的合法权益和维护国家法治建设的正常进行。它只是对罪与刑的法定化做出了明确的要求，并未将其限制在刑法典的范围之内。最根本的是，它可以在最广泛的领域内，较及时、有效地解决刑法的滞后性问题，适应社会发展变化的需要以及与新的犯罪作斗争的客观要求，推动司法实践中类推制度的废除。

2. 采取独立式的立法模式，符合罪刑法定原则和立法权限的划分

有人认为，在附属刑法中规定刑罚规范违背了罪刑法定原则，"严格言之罪刑法定主义所谓之法律，是指狭义上的法律，即立法机关制定的法律，故以授权命令补充之空白刑法，原不能谓适合于罪刑法定主义之原理"。①这就提出了一个问题：在附属刑法中规定罪状和具体的法定刑是否合理？我们认为是合理的。这是因为：首先，在附属刑法中规定罪状及法定刑并没有违背罪刑法定主义的原则。有学者认为："行政刑法其实是指国家为维护社会秩序、保证国家行政管理职能的实现而制订的有关行政惩戒的行政法律规范的总称。行政刑法属于行政法的范畴。"②附属刑法与行政刑法是密不可分的，两者是一种包含关系，因为附属刑法涉及行政法律规范中的刑事责任条款，而附属刑法所属的行政法律规范被称为行政刑法。所以，研究在附属刑法中能否规定具体的罪状与法定刑的问题可以扩展到在行政刑法中规定罪刑的层面。究其本质，行政犯与刑事犯并无不同，都是对国家具体法秩序的违反，是应当科处刑罚的行为，所以，作为有关行政犯法体系的行政刑法，是有关国家刑罚权的法规。因此，"成为其基调的，不是作为行政法指导原理的合目的性，而是作为刑法指导原理的法的安定性。因为在行使刑罚这种强制性国家权力出现问题时，不允许合目的性的原理作为指导原理。

---

① 刘钦铭：《论限时之行政刑法》，台湾地区《军法专刊》第 26 卷第 7 期。
② 卢建平：《论行政刑法的性质》，杨敦先、曹子丹主编《改革开放与刑法发展》，中国检察出版社 1993 年版，第 113 页。

因此,行政刑法与固有刑法的指导原理相同……"①当然,不可否认,在行政刑法中,固有刑法的一般原则被修正以适应行政刑法的特殊性,但这种特殊性并不否定其刑法性格。因此,应认为行政刑法是作为刑法的特殊部门属于刑法。而且,基于这样的理解,能够对有关国家刑罚权的法律体系作统一的理解。既然行政刑法(附属刑法)属于刑法的范畴,那么,在行政刑法(附属刑法)中规定具体的罪状和法定刑便没有违背罪刑法定原则。

其次,在附属刑法中规定法定刑也符合立法权限的划分。我国《宪法》第67条第3款规定,在全国人大闭会期间,全国人大常委会可以对全国人大制定的法律进行部分补充和修改。事实上全国人大常委会也充分行使了这一立法权。最为典型的就是刑法修正案和单行刑法的颁布,两者无论是在罪状的规定上还是在法定刑的配置上都实现了对刑法典的突破,那么,我们不难得出这样一个结论:既然全国人大常委会可以在刑法修正案和单行刑法里规定具体的罪状和法定刑,那它当然可以在它制定的行政法律中规定具体的罪状和法定刑。附属刑法是非刑事法律(当然包括行政法律规范)中的刑事责任条款,实际上,行政法律规范中的刑事责任条款就是关于犯罪与刑事责任的规定,至于这些刑事责任条款中如何规定犯罪与刑事责任,只是一个立法技术问题,并没有任何实质区别。②

3. 采取独立式的立法模式具有实践可行性

境外立法普遍重视独立式附属刑法模式的运用。德国刑法典虽然比较完备,但也存在大量的特别刑法,并且几乎所有的特别刑法都直接规定罪状与法定刑。③英美法系国家就更加注重附属刑法的作用,例如,美国很多涉及经济管理、行政管理的法律都规定了经济犯罪及其刑事责任和刑罚,并运用这些附属刑罚手段来打击犯罪,强化经济管理,取得了良好的效果。④我

---

① 张明楷:《刑法的基本立场》,商务印书馆出版社2019年版,第307页。
② 陈兴良主编:《经济刑法学》(总论),中国社会科学出版社1990年版,第66页。
③ 张明楷:《刑事众法的发展方向》,《中国法学》2006年第4期。
④ 李建华:《略论外国经济刑法立法形式》,《当代法学》2001年第2期。

国台湾地区的所谓"附属刑法"也比较重视独立式立法模式,往往在其中规定详细的罪状和相应的法定刑,以此作为新罪名进入所谓"刑法典"的立法探索和司法尝试的有效途径。实践证明,这种方式是可取的,将一些不成熟而又比较分散的罪名在"附属刑法"中加以规定,在经过一定时期的考验之后,如果确实行之有效则可通过"刑法修正案"的方式纳入"刑法典"中去,如果并不恰当,则可进一步检验或修正,正是由于"附属刑法"发挥了如此重要的作用,才使得台湾地区相关部门对此青睐有加。由此,我们也应该吸取台湾地区的经验,对附属刑法进行创制性的立法,健全附属刑法的立法模式,这是实现刑事立法体系科学化的必然要求。这样在空白罪状的设定上就要改变目前的做法,做出相应的调整,以便独立的附属刑法能够正常合理地使用,而不像当前经济刑法中空白罪状主要起到提示、警示的作用。[①]

我们采用独立的附属刑法文本模式可以充分发挥附属刑法的特点,同时对于我国经济刑事法网的严密有一定的助益,因为在附属刑法中承载其法条本身为经济规范、行政法律规范,这些规范中违反其情节严重,或者后果严重的,可以上升到刑法领域对其处罚。这些规范中的罪状描述,都已经隐含其中,所以不会导致如今附属刑法规定为犯罪、在我国刑法典中却找不到相应的罪名进行规制的局面,从而严密了我国刑事法网,[②]此外,也符合形式理性要求的立法结构完善的要求。过去的附属刑法在结构上可以说是不完善的,多数都属于宣誓性的条文,不能为经济犯罪与否的定性提供任何根据,但是,独立的附属刑法模式的选择将会改变这一点。

思考题

1. 经济刑法的立法指导原则有哪些?
2. 经济刑法应采取何种立法模式?

---

① 胡启忠:《证券法中刑事附属条款适用研究》,《西南民族大学学报》2000 年第 7 期。
② 刘宪权:《证券、期货犯罪的刑事立法及其完善》,《法学》2004 年第 5 期。

第三章
经济刑法的法益

经济刑法教义学化的基石便是法益。法益对于犯罪构成要件具有建构与解释机能：每一个刑法条文都源自法益保护的目的，并在此基础上设置构成要件；司法中，法益指引着构成要件的规范与实质解释。在德日经济刑法体系化的过程中，法益成为引导经济刑法运作的最高原则。理论借助法益回答了经济犯罪的本质，划定了经济刑法的范围，发展了经济刑法的基础理论，建立了经济犯罪的罪名体系。众所周知，我国《刑法》在制定与修订过程中主要承袭了苏俄的刑法理论，缺少根据法益来安排与解释罪名的理论自觉。接受法益理论是21世纪以来的学术进步，然而学界关于经济刑法法益的系统研究很有限，其概念范畴仍然是横亘在学界面前的难题，这既影响了经济刑法的立法与司法，也制约了经济刑法学的整体学科水平。经济刑法的保护法益是什么？对这一本质问题的思考，有助于实现经济刑法立法的科学化与经济刑法解释的正义性。

第一节 中国经济刑法法益的学术争议与评析

一、从犯罪客体到法益理论的讨论

（一）苏俄刑法理论下的犯罪客体讨论

我国刑法的相关概念、理论继受于苏俄，自1979年我国《刑法》设立"破坏社会主义经济秩序罪"专章伊始,我国开始建立经济犯罪的罪名体系。1982年全国人大常委会在《关于严惩严重破坏经济的罪犯的决定》中首次使用经济犯罪概念,标志着"经济犯罪"由学理概念上升为法定概念。此时,经济犯罪不仅包括走私、套汇、投机倒把等犯罪,还涵盖了盗窃、诈骗等财产犯罪,以及贪污、受贿等获取经济利益的职务犯罪。究其原因,在改革初期以计划经济为主的经济体制下,缺乏真正意义上的财产流转关系,凡是危害计划经济秩序的犯罪行为都被纳入经济犯罪范畴。[1]

国家经济体制转型与经济犯罪的蔓延对经济刑法不断产生新的规范需求。1997年我国《刑法》吸收了此前多个单行刑法的内容,形成了合计92个条文的分则第三章,编织了更为严密的刑事法网。此后立法机关又通过单行刑法、刑法修正案等方式大幅度增加规范供给。面对经济犯罪罪名的急速扩张,为了准确划定经济刑法的界限,厘清经济犯罪的概念,学界基于犯罪客体理论先后提出了经济关系说[2]、职能违反说[3]、经济秩序说[4]等观点。经济秩序说在争鸣中逐步成为学界的共识。与此同时,有说服力的经济犯罪概念仍未形成,各种观点仍停留在犯罪外延特征的描述与堆砌上。有学者正确地指出,概念内涵不清的原因在于理论研究缺乏核心理念的"灵魂"统领,导致经济犯罪概念是无"心"之论。[5]犯罪客体理论无法建构科学的经济犯罪概念与经济刑法体系。

(二)继受德日法益理论后的进一步讨论

进入21世纪以来,伴随我国刑法知识转型,法益侵害说获得学界主流的认同。法益概念比犯罪客体的认识更具实体性与规范性,它不仅回答了犯罪的本质(侵害法益),也回答了刑法的任务(保护法益)。法益原则使国

---

[1] 吴允锋:《经济犯罪规范解释的基本原理》,上海人民出版社2013年版,第30页。
[2] 陈兴良主编:《经济刑法学》,中国社会科学出版社1990年版,第12页。
[3] 宫晓冰:《经济犯罪概念新探》,《中国法学》1991年第2期。
[4] 马克昌主编:《经济犯罪新论》,武汉大学出版社1998年版,第13页。
[5] 涂龙科:《经济刑法规范特性研究》,上海社会科学院出版社2012年版,第31页。

家犯罪化权力的界限问题明显化了,并且能够引导出一种理性的解决办法。[①]探寻经济刑法法益,旨在规范地诠释经济犯罪的本质,划定经济犯罪的处罚边界,建立经济刑法的教义学体系。经济刑法法益在理论上主要有以下三类学说。一是经济秩序说。此学说承袭了犯罪客体理论,但在法益理论的影响下就经济秩序的具体内容展开更为细致的探讨,包括五项内容:(1)市场经济制度;[②](2)市场权利义务关系;[③](3)经济交易秩序;[④](4)财产流转秩序;[⑤](5)利益分配秩序。[⑥]二是经济利益说。它又细分为四种利益形态:(1)国家、社会与市场主体的经济利益;[⑦](2)国家、社会的经济利益;[⑧](3)市场主体的个人利益;[⑨](4)资本配置利益。[⑩]这四种利益形态的差别主要在于法益主体的不同。三是经济自由说。其认为经济犯罪的本质是平等市场主体滥用经济自由而导致的对其他平等主体或社会、公共利益的伤害行为。[⑪]

二、对上述学说的评析

立足法益的二元体系位置分析,经济秩序说重在从实定法出发,根据我国《刑法》分则第三章关于"侵犯社会主义市场经济秩序犯罪"的体系定位,指导现行法律规定的解释;经济利益说与经济自由说,超越了实定刑法的规

[①] [德]克劳斯·罗克辛:《德国刑法总论:犯罪原理的基础构造》(第1卷),王世洲译,法律出版社2011年版,第17页。
[②] 杨维林:《经济犯罪的法律规制》,吉林大学博士学位论文,2012年,第32页。
[③] 吴允锋:《经济犯罪规范解释的基本原理》,上海人民出版社2013年版,第32页。
[④] 王海桥:《经济刑法解释原理的建构及其适用》,中国政法大学出版社2015年版,第58页。
[⑤] 王潮:《经济刑法的调控力度研究》,华东政法大学博士学位论文,2015年,第24页。
[⑥] 涂龙科:《网络交易视域下的经济刑法新论》,法律出版社2017年版,第82页。
[⑦] 张明楷:《刑法学》,法律出版社2016年版,第734页。
[⑧] 王良顺:《保护法益视角下经济刑法的规制范围》,《政治与法律》2017年第6期。
[⑨] 时方文:《我国经济犯罪超个人法益属性辨析、类型划分及评述》,《当代法学》2018年第2期。
[⑩] 魏昌东:《中国经济刑法法益追问与立法选择》,《政法论坛》2016年第6期。
[⑪] 何荣功:《经济自由与经济刑法正当性的体系性思考》,《法学评论》2014年第6期。

定,赋予法益概念以价值内涵,并强调应从前实定法益出发批判与审视立法的正当性与合理性。明确上述观点对于法益的不同体系定位,有利于进一步厘清不同学说之间的共识与分歧。

(一)从实定法益出发的进路:经济秩序说

经济秩序说主要依据我国《刑法》分则第三章的立法规定与罪名设置,突出法益的解释功能,但在论证经济秩序作为法益的合理性与正当性时,又脱离实定法规定,认为秩序代表了"在自然与社会进程中所存在着的某种程度的一致性、连续性和确定性",[1]经济秩序关乎经济效率和经济公平,是整个社会运作和社会公平的基础,是一种生活利益。[2]对此质疑者则认为,经济秩序只是利益的前置性条件,违反经济秩序的行为不具有实质的法益侵害性。[3]

两种观点看似针锋相对,但由于"经济秩序"在不同的观点中内涵不同,使得两者的争论未能在同一个层面展开。经济秩序说虽以实定法层面的法益识别为出发点,但最终仍然通过经济秩序在前实定法层面的证成赋予其法益的资格,"秩序"在这里是一个兼具实定与前实定的概念,呈现了经济犯罪的本质。相反,在质疑者的理解中,"秩序"仅仅只是一个行政违法层面的范畴。这表明经济秩序说仍然存在概念内涵不够清晰的问题。即便是在肯定经济秩序说的观点论证中,能否将实定法规定的"秩序"论证为前实定的"生活利益",其对于法益适格性的论证、说理与逻辑也还存在着明显的问题。

(二)从前实定法益出发的进路:经济利益说与经济自由说

经济利益说与经济自由说另辟蹊径,将关注点集中于法益的法理基础和正当目的,通过前实定价值的注入,追问经济刑法的目的与立场,强调法

---

[1] [美]博登海默:《法理学:法律哲学与法律方法》,邓正来译,中国政法大学出版社1999年版,第219页。
[2] 张明楷:《法益初论》,中国政法大学出版社2000年版,第172页。
[3] 魏昌东:《中国经济刑法法益追问与立法选择》,《政法论坛》2016年第6期。

益的批判立法功能。

经济利益说具有一定理论依据。李斯特提出的利益说是诠释法益的有力学说之一。[①]不过,经济利益说内部仍存在较大分歧。一是,对经济利益究竟指的是市场主体个人利益还是国家、社会利益争执不下。特别是我国经济刑法条文既规定主要针对国家、社会利益的犯罪(如伪造货币罪、妨害信用卡管理秩序罪),又规定主要针对个人利益的犯罪(如合同诈骗罪、侵犯著作权罪)情况下,无论是以个人利益还是以集体利益似乎都难以准确涵盖全部罪名。二是,我国学者试图超越上述分歧提出资本配置利益说,但该学说本身也存在较大的疏漏:一则对法益概念的理解较为僵化,在方法论上并不适当;二则资本配置利益缺少法益主体的具体归属,资本本身就具有超个人属性,无法与其所批判的集体法益有效区分;三则资本配置利益也难以解释部分典型的经济犯罪罪名。

经济自由说认为个人自由保障是判断立法正当性的根本标准,应当通过个人自由对法益进行实质解释,以有效限缩经济刑法的范围。[②]毋庸置疑,法益最终均服务于个人自由的保护,这是法益的价值底蕴。但价值底蕴还不能简单地等同于法益概念本身。自由概念的内涵极为宽泛,难以在不同罪名的保护法益之间保持足够的区分度。在无法明确具体罪名所保护的自由究竟为何的情况下,仅依据个人自由既无法为经济刑事立法提供明确的目标与清晰的指引,也难以实现准确解释构成要件的功能,最终陷入法益与构成要件之间的同义反复。比如持相似观点的学者主张"贿赂犯罪的法益就是因贿赂行为而被排挤的个人所拥有的,国家本应保障的参与社会交往活动的自由"。[③]然而此种阐释,仅仅只是通过加入构成要件所描述的行为方式来限缩具体罪名所保护自由的范围,它不仅没能有效地说明自由的

---

① [德]李斯特:《德国刑法教科书》,徐久生译,法律出版社 2006 年版,第 6 页。
② 何荣功:《经济自由与刑法理性:经济刑法的范围界定》,《法律科学》2014 年第 3 期。
③ 熊琦:《刑法教义学视域内外的贿赂犯罪法益——基于中德比较研究与跨学科视角的综合分析》,《法学评论》2015 年第 6 期。

具体内容,也无从说明通过刑罚威吓和禁止特定行为方式的理由。推而言之,任何一个传统上被认为是保护经济秩序的罪名都可通过这种方式转化为对于经济自由的保护,例如生产销售伪劣产品罪也可以被解释为因生产销售伪劣产品行为而被排斥的消费者自由,但与经济秩序概念相比,经济自由并没有发挥出原本期待其具有的限缩经济刑法范围的优势。通过此种自由概念仍然无法准确地解释贿赂行为、生产销售伪劣产品行为的内容,因而也无助于在具体案件中判断罪名是否成立、行为是否达到既遂,无法对现行立法进行批判性的审视。

三、经济刑法法益的认知进路

通过前述分析可知,经济秩序说从实定法益出发,并试图在前实定法的意义上肯定经济秩序的应然价值。经济利益说与经济自由说一方面赋予法益以前实定法层面的应然价值,另一方面也通过自由与利益来指导构成要件的解释。前述观点虽然对于法益本体存在不同的认识,但在法益同时具备体系超越与体系内在双重地位与功能这一点上达成了共识。与此同时,各种观点在关于法益的本体认识与其所期待发挥的功能之间存在着一定的断裂。经济秩序说肯定了经济秩序整体作为保护客体的正当性,相应地也丧失了对于现行法的批判力与限制解释功能;经济利益说与经济自由说虽然宣称要对既存的统制主义主导的经济刑法进行批判与修正,但由于未能就利益、自由的内容作具体阐释,与经济秩序说相比也并不具有批判优势。因此,在方法论上,仅对法益概念作本体论的思考,用一个抽象概念去描述另一个抽象概念,而不考虑如何充分发挥法益概念的功能,则无法形成逻辑自洽的经济刑法法益观。

诚如罗克辛教授所指出,法益这种最高的法律原则指的仅仅是一种指导性的标准,我们需要在法律的素材中对该标准具体化地加以展开。[1]在方法论上,应当将对于法益概念的本体论认知与其功能相结合,形成具体的判

---

[1] [德]克劳斯·罗克辛:《对批判立法之法益概念的检视》,陈璇译,《法学评论》2015年第1期。

定标准。否则,"借用一个本身也边界不清的概念工具来解释问题,容易把问题从一个迷局引向另一个迷局"。①

就本体论而言,需要明确两个问题。第一,如何界定经济刑法法益的本体。理论上虽然存在个人法益与集体法益两种不同理解,但论证上均浅尝辄止,对法益的认知尚停留在一种事实性的理解,未能更为规范、深入地探讨法益的结构与功能。第二,需要深度地分析个人法益与集体法益的关系。对此,理论上形成了法益一元论与法益二元论的不同立场,但学界对这两种观点均存在较大的误识。当前法益一元论因其理论的"政治正确"与"显而易见"的批判力成为"优势学说",主张集体法益具有独立地位的法益二元论往往饱受诘问与质疑。这两种学说背后具有不同立场、逻辑与问题,需要正本清源。

就功能论而言,正确的经济刑法法益一方面应当确保法益兼具体系内在与体系超越功能,在指引现行经济犯罪刑事立法解释的同时对其进行批判性的审视与检讨;另一方面则需要明确其在界分一般的经济违法行为与经济犯罪行为上的功能。经济自由说与经济利益说均主张,单纯违反经济秩序而没有造成具体法益侵害的行为不构成犯罪;只有既违反经济秩序,又严重侵害具体法益时,经济犯罪才能成立。然而法益是否只是刑法保护的目标呢?如果法益并不仅仅由刑法加以保护,那么仅从侵害法益的角度并不足以有效地区分一般的经济违法行为与经济犯罪行为。前述结论能否与经济刑法法益的基础理论和基本立场相一致,需要理论上更为深入的论证。

第二节 经济刑法法益的本体重塑与功能展开

一、个人法益一元论立场及其问题

关于经济刑法的法益本体,一直存在着个人法益与集体法益两种方向

---

① 车浩:《阶层犯罪论的构造》,法律出版社2017年版,第235页。

的理解。日本在"二战"统制经济和战后经济混乱时期曾经主张"集体法益说",伴随着自由市场经济制度的确立,近年来主张个人法益方向的理解渐成趋势。日本学界将经济犯罪分为两类:一类为制度依存型经济犯罪,即侵害一定的经济制度之后才被观念化的利益的经济犯罪;一类为社会变革型经济犯罪,即以传统的市民法益为对象,只是因为经济社会的变化导致侵害方式的变化。①对于后者侵犯的客体是个人法益,学界并无异议;对于前者,理论上存在着一元论与多元论之争。其中,一元论包括集体法益一元论和个人法益一元论;多元论则包括阶段法益论和多重法益论。当前相对有力的学说是个人法益一元论与阶段法益论。

个人法益一元论由神山敏雄教授提出,他认为经济犯罪可以细分为三种类型:一是侵害普通消费者、投资者的财产性、经济性利益的犯罪;二是侵害企业、公共机关等经济主体的财产性、经济性利益的犯罪;三是侵害国家的经济制度或行政秩序、经济交易规则的犯罪。真正的经济犯罪仅指前两种,是侵害具体法益的行为,第三种犯罪应被归类为违反经济秩序的行为。②我国的经济自由说、个人利益说等与之类似,均主张以个人法益限缩经济刑法的立法与司法,界分违反经济秩序行为与经济犯罪。

这种理解过于简单粗糙。第一,难以妥当地解释现行法上部分当罚性并不存在疑问的经济犯罪,如走私罪、伪造货币罪、洗钱罪等典型的经济罪名,并不存在具体的个人利益遭到损害,其犯罪成立与否无法依靠个人法益进行判断。第二,违背法益理论的基本原理。法益主体对于个人法益拥有处分权,在存在有效的法益主体承诺或同意的情形下,可以排除构成要件的该当性或违法性。在部分的经济犯罪罪名中,即便被害人对于损害作出同意或者自陷风险,也不能排除犯罪的成立。例如被害人知假买假并不能否

---

① 神例康博「経済刑法の保護法益について—制度依存型経済犯罪における制度的法益と個人の法益の関係」,川端博等『理論刑法学の探究(8)』成文堂、2015 年、119—120 頁。
② 神山敏雄「経済刑法の概念」,神山敏雄等『新経済刑法入門(第 2 版)』成文堂、2013 年、7 頁。

定生产销售伪劣产品罪的成立。第三,混淆了经济犯罪与财产犯罪的界限。传统财产犯罪的成立以存在个体财产法益的实际减损或具体危险为成立条件,而操纵市场、干扰竞争等典型的经济犯罪往往并不确定是否存在财产的减损与危险,考虑到现代市场经济中因果关系的匿名性和市场对于损害结果的放大效果,需要经济刑法进行提前干预,加强对违反市场经济交易规则行为的规制,而非等到实际损失发生之时做出干预。第四,混淆制度法益与个人法益的差别。在统制主义经济退出历史舞台而市场经济逐步成熟的时代背景下,这种混淆会影响到经济刑法立法理念的转变,并且,简单地将仅违反经济秩序的行为从经济刑法中排除出去的做法不利于市场经济体制的完善。①

针对上述问题,芝原邦尔教授提出阶段法益论,主张集体法益和个人法益均是经济刑法保护的法益,只是两者存在位阶关系。即制度法益是首要的、直接的法益,个人法益发挥限制解释构成要件的功能。②与之类似,德国学者罗克辛主张的缓和一元论通过充分延展"个人"概念,将部分集体法益纳入一元论体系,将"服务于个人自由之展开"作为法益适格性的判断标准。③近年来我国学者也主张在集体法益中嵌入个人法益因素作为刑法保护集体法益的门槛,以有效限制集体法益的工具性扩张。④这类观点的优势在于承认经济刑法保护集体法益,但同时通过保护个人法益的限制,保证了经济刑法以保障消费者利益为核心的最高目的。然而在这类观点中,集体法益始终从属于个人法益,并不具有真正的独立地位,其本质上仍属于法益一元论。无论是对于立法的批判还是司法解释的限缩,真正发挥作用的是个人法益。行为侵犯集体法益并不是经济犯罪成立的充分条件,是否侵犯

---

① 张小宁:《论制度依存型经济刑法及其保护法益的位阶设定》,《法学》2018 年第 12 期。
② 芝原邦尔『経済刑法研究(上)』有斐閣、2005 年、14 頁。
③ Roxin, *Strafrecht Allgemeiner Teil*, Band. I, 4. Aufl., 2006, § 2, Rn.10.
④ 孙国祥:《集体法益的刑法保护及其边界》,《法学研究》2018 年第 6 期。

了更高层级的个人法益才是关键。在阶段法益论或缓和一元论看来,任何法益必须与个人关联才能获得受刑法保护的资格。集体法益仅仅是一种"媒介",是派生的被保护的利益,其正当性必须经由个人法益推导出来。①

诚如学者所批评的,"与个人关联"的标准意味着任何一个事态只要进入人的感官接受范围,都可以透过人从某个角度所建立的评价观点被表述为利益或不利益。②因此"与个人关联"这一标准尽管看似立场正确、无法反驳,却在观念上和运作上都极为模糊。它不仅无法清楚地阐述个人法益与集体法益之间的建构性关联,也不能提供确定集体法益适格与否的规范标准。最终,虽然一个延展的个人概念使得个人法益更具容纳空间,但也使其判断标准更加模棱两可,逐渐失去最初的批判性。尤其是在日本学者所谓的制度依存型经济犯罪中,阶段法益论为了建立其与个人的关联,对其中的个人法益做了抽象化处理。此处的个人法益不再是具体的个人利益,而是参与某一类型市场交易的全体成员的利益。抽象的市场主体的经济利益看似清晰,却恰恰反映了"与个人关联"这一标准所具有的模糊性与恣意性,其在具体构成要件中未必能提供真正清晰的标准。以"空姐代购案"为例,③海淘、代购者通过私人邮寄包裹、携带过关等方式逃避关税的缴纳,能够以大幅低于市场平均价格给消费者提供较为优质的海外产品,即便从消费者群体的角度看,也很难认为其遭受了损失。此时,罪与非罪的判断标准显然只能是作为集体法益的国家海关制度,而非所谓消费者的财产利益。就此而言,承认集体法益独立地位的法益二元论对于上述案件将具有更强的解释力。

二、法益二元论的阐述与理据

从宪法性法益概念出发,法益二元论认为法益的实体内涵与价值应当

---

① Hassemer, *Theorie und Soziologie des Verbrechens*, 1973, S.82 f.
② 周漾沂:《从实质法概念重新定义法益:以法主体性论述为基础》,《台大法律论丛》2012年第3期。
③ 参见北京市高级人民法院(2014)高刑终字第64号刑事裁定书。

诉诸宪制层面来加以确定。①因此,法益二元论并不否认法益的设定应当服务于人的自由之展开。在宏观的宪制层面,集体法益与个人法益的正当性都源自宪法,都是"人的"法益。在刑法这一中观层面,两者虽具有质的不同,却都是具有同等地位的保护客体。集体法益与个人法益在宪法层面具有同源性,但在刑法层面却具有异质性。

国家与刑法任务的改变带来法益理论的变革,集体法益逐渐具有独立的地位。现代国家的任务由消极地尊重、尽可能不干涉个人权利,转向更加积极地参与社会发展、保障社会平等、实现国家生存照顾等。现代经济社会深刻地改变了近代刑法得以构建的政治语境与逻辑基础:个人与国家之间二元对立开始融合,愈加复杂的现代社会使得个体依赖国家的一面显著增强。正是个体与国家二元对立基础的部分瓦解,直接促成社会损害性原则中损害评价的意义转型,并对当代刑法体系的建构产生了全面而深远的影响。②

传统法益论中经验的或先验的个人图像,均不能担当起集体法益的主体角色。相反,个人的自由发展愈加依赖国家与社会的保障。社会的变迁推动理论逐步意识到,基于"我"的个体主义自由观只具有规范意义上的可能性,而无经验意义上的现实性,只有基于相互承认关系并因此强调"我们"的社会自由观才能够成为构建社会正义秩序的现实基础。③支撑法益的价值不再是极端的个人自由主义,而是包容个人个体性和社会性的自由主义;法益主体的图像也不只包括"我",还包括"我们"。个人以个体身份独占性地享有个人法益,以社会成员的身份与他人共享集体法益,这是法益个体性与社会性的各自反映,构成了法益二元论的理论根基。

基于二元论的立场,集体法益区别于个人法益的根本特征是不可分配性(Nicht-Distributivität)。④公正有序运作的市场可以让每一个市场主体完

---

① Vgl. Hefendehl, *Kollektive Rechtsgüter im Strafrecht*, 2002, S.42.
② 劳东燕:《危害性原则的当代命运》,《中外法学》2008 年第 11 期。
③ 李猛:《从"我"到"我们":霍耐特社会自由观的历史叙事》,《哲学研究》2017 年第 4 期。
④ Vgl. Hefendehl, *Kollektive Rechtsgüter im Strafrecht*, 2002, S.141, 274.

整地、无差别地享受到,但它不能具体地或平均地分配给某个市场主体。经济犯罪是对整体市场经济的侵犯,这是一种集体法益。不同的经济犯罪罪名违反了更为具体的市场经济法益,根据构成要件的不同设置具有不同的规范保护目的。

与法益一元论相比,法益二元论通过区分宪法与刑法层面,在承认法益服务于个人自由展开的基础上,肯定集体法益的独立地位,更为精确、恰当地诠释了经济刑法法益的本体内涵。不过,这一阐释还需要在功能论的层面进行检视,才能够形成体系性的经济刑法法益观。在法益功能论的层面,二元论仍然需要回答如下三方面的问题:其一,在摒弃了缓和一元论与阶段多元论所强调的与个人法益的关联性之后,承认集体法益是否会丧失批判立法的功能,沦为刑事政策的工具;其二,相对于能够被分配到具体至个人主体的个人法益,集体法益的内涵往往较为抽象,如何能够发挥指导构成要件解释的作用;其三,一元论通过个人法益因素的介入从而将经济犯罪区别于一般违反经济行政法律规定行为,而集体法益不再从属于个人法益之后,又如何在具体案件中有效地鉴别行政不法与刑事不法。

三、经济刑法法益的功能分析

总体而言,在功能论层面,二元论的经济刑法法益观能够同时承担批判立法与指导司法的功能,在集体法益理论的指导下能够合理划定经济刑法的规制范围,完善既有的经济犯罪罪名体系并指导我国的经济犯罪司法实践。其理由有三个方面。

第一,经济刑法法益是"人"的法益,具有立法批判功能。二元论是旗帜鲜明的人本法益论,其立法批判功能充足。黑芬德尔认为,二元法益结构的基础是宪法所预设的个人中心地位。作为制度存在的集体法益,须以基本法的"个人"概念为基础,以人为出发点,社会制度、国家制度都是为了实现对于人的保护。①个人法益保护的是人的自由发展,而集体法益保护的是人自由发展的外部条件。唯一的区别在于,侵犯前者的行为直接损害了某个特定人的发展可能性,而侵犯后者的行为则间接地损害了所有人的发展可能性。②

经济刑法要保护的并不是经济领域的个人自由本身,而是要保障在经济领域中实现个人自由的各种外部条件。在此意义上,经二元论重塑的经济刑法法益具有与一元论相同的价值内蕴,但二元论更为清晰地区分了宪法与刑法两个层次,使得经济刑法法益获得更为清晰的表述。我国《宪法》第15条明确规定:"国家实行社会主义市场经济,国家加强经济立法,完善宏观调控。国家依法禁止任何组织或者个人扰乱社会经济秩序。"这便是经济刑法法益在宪法上的表述。唯有一个良好运转的社会主义市场经济才能够最大限度地实现所有市场主体在经济领域的个人自由。我国《刑法》分则第三章下所设立的各类经济犯罪罪名虽然有其具体的规范目标,但共同服务于社会主义市场经济的有序运行这一根本目标。通过勾连宪法,二元论将国家的刑罚权限制在对法益的侵害和危险之上,因而具备了真正意义上的立法批判功能。它以人的利益为依归,可以引导经济刑法关注"人"的目的,避免沦为充斥刑事政策的主观范畴。

第二,二元论经济刑法法益观通过"规范—法益"二分范式诠释法益的内涵,引导构成要件解释。韦尔策尔教授正确地区分了法益与规范,法益是行为规范的保护对象,而非行为规范的效力本身;行为规范由制裁规范的实施维持其效力。③从区分法益与规范的角度来看,经济秩序在根本上仅仅是经济领域中市场参与主体各类行为规范的集合体,经济秩序说将秩序本身视为法益显然混淆了法规范与作为法规范保护对象的法益之间的关系,如果仅限定在实定法的语境下,经济刑法的法益不是经济秩序,而是经济秩序

---

① Vgl. Hefendehl, *Kollektive Rechtsgüter im Strafrecht*, 2002, S.75.
② Vgl. Frister, *Strafrecht Allgemeiner Teil*, 5. Aufl., 2011, §3, Rn.21.
③ Vgl. Welzel, *Studien zum System des Strafrechts*, ZSTW 58(1939), S.511.

保护的对象。以非法经营罪为例,该罪中国家特许经营秩序(制度)是规制市场参与主体的行为规范,未取得国家特别许可的市场主体不得从事特定的市场活动,国家通过特许经营秩序(制度)保护的对象是对于国家经济生活有重要意义的特定市场领域。因为非法经营行为是违反特许经营秩序(制度),从而侵害特定市场领域的行为。总之,二元论经济刑法法益观通过"规范—法益"二分范式,可以立体地认知经济刑法法益,推动经济刑法的立法与司法更加关注经济秩序背后所保护的客体。

第三,经济刑法法益存在功能上限,难以界分行政不法与刑事不法。个人法益说以及经济自由说等观点均主张,单纯违反经济秩序的行为并没有法益侵害性质,无须动用刑罚。①"单纯违反经济秩序行为不构成犯罪"这一主张试图仅仅通过法益界分经济犯罪的行政不法与刑事不法。这一观点成立的前提在于,具体的法益侵害只是刑法的保护范畴。但事实上,保护法益的手段却不限于刑法。②刑法在法益保护上的辅助性、最后手段性要求,只有在其他手段无法充分实现法益保护任务时,才能够动用刑法手段,反过来说,其他部门法同样是保护法益的重要手段,法益并非仅通过刑法加以保护。诚如罗克辛教授所指出,法益保护并不是仅仅通过刑罚才能实现,也可以通过共同法秩序下的其他措施予以实现。因此仅凭法益保护理念无法有效区分犯罪与秩序违反行为。③比如假冒注册商标行为,不仅侵害了我国《刑法》第213条假冒商标罪保护的法益,也侵害了《商标法》所保护的法益。法益是整个法秩序保护的客体。经济犯罪侵犯了刑法保护的法益,也必然同时侵犯前置行政法规范所保护的法益。所谓"单纯违反经济秩序行为"在侵犯行政法保护的法益的同时,也同样侵犯刑法所保护的法益,仅因为刑法

---

① 时方文:《我国经济犯罪超个人法益属性辨析、类型划分及评述》,《当代法学》2018年第2期;何荣功:《经济自由与刑法理性:经济刑法的范围界定》,《法律科学》2014年第3期。
② [日]佐伯仁志:《刑法总论的思之道·乐之道》,于佳佳译,中国政法大学出版社2017年版,第8页。
③ Roxin, *Strafrecht Allgemeiner Teil*, Bd. I., 4. Aufl., 2006, §2, Rn.45, 60.

构成要件的独特设置或是对不法"量"的要求,刑法不予以评价而已。因此,试图通过对经济刑法法益的实质化、具体化与个人化来区分刑事不法与行政不法,于理论逻辑上并不可行,不能期待法益去实现其并不具有也并不能实现的功能,这是对法益功能的苛求。

经济刑法法益在实定法层面是独立于个人法益的集体法益,它既是经济刑法所保护的客体(社会主义市场经济),同时也体现了经济刑法规范有效运行的状态(市场经济秩序)。在前实定法层面,它是保障在经济领域中实现个人自由的外部条件统一体,我国《宪法》第15条的规定为其注入价值内蕴,从而能够批判性地审视立法并指导司法实践。法益不是经济刑法特有的保护客体,仅从侵害法益的角度并不足以有效地区分经济违法行为与经济犯罪。

第三节 经济刑法法益的反思与建构

在40余年的发展中,我国初步形成了相对全面的经济刑法罪名体系,对社会主义市场经济建设与完善起到了重要的作用。然而由于法益观的长期缺失,经济刑法基础理论薄弱,立法扩张存在一定恣意性,大量经济案件的司法处理也存在困境。二元论重塑了经济刑法法益的本体与功能,为反思当下中国经济刑法立法与司法,重构经济刑法的立法理念与犯罪化标准,厘清经济犯罪的类型与解释原理提供了指引。

一、经济刑法法益与经济刑法的立法理念

有学者指出,我国经济刑法传统上采取了"秩序导向"的立法理念,违反经济秩序的行为一律纳入经济刑法的规制范围。[①]比如1979年我国《刑法》

---

① 魏昌东:《中国经济刑法法益追问与立法选择》,《政法论坛》2016年第6期。

中的投机倒把罪几乎囊括了所有破坏计划经济体制的行为。单纯追求经济秩序的保护，导致经济刑法犯罪化标准偏差，引发立法的恣意、膨胀和模糊。这反映了我国在社会转型时期市场经济观念的落后，也表现出我国经济刑法浓厚的实用性、随意性。学界引入法益理论的初衷正是将经济刑事立法纳入规范的轨道，并更新经济刑法的立法理念：不仅为防止法益受到侵害而守备，也为国民而守备。

在前述意义上，一元论法益观发挥了对经济刑法立法理念的启蒙作用。经济刑法应当保护市场主体的个人利益，避免为片面保护国家经济秩序而导致刑法规制范围的过度扩张，进而过度压制个人的经济自由。学者们在立法技术上主张应"以结果犯为原则，以危险犯为例外"，"将不产生具体的个人法益侵害的行为调整出经济刑法的范围"，①在经济刑法机能上主张由管制主义迈向自治主义，均是为了克减经济刑法立法的恣意与泛化，彰显经济刑法的自由保障机能。这场启蒙开启了中国经济刑法法益"去秩序化"思潮。然而法益一元论亦有矫枉过正、判断标准模糊的问题。其机械地理解法益理论，忽视刑法对经济社会变迁的回应，脱离具体的社会语境，难以为经济刑法的继续转型提供持续的理论支撑。

二元论法益观则是关于经济刑法立法理念的一场再启蒙。其核心为"无论是对他人的保护还是对公众的保护，都是为宪法所允许的刑法上的法益保护目的"。②首先，这为科学认知市场经济领域中新兴的集体法益奠定了基础。1997年我国《刑法》颁布以来，迄今经历了十二次刑法修正。经济刑法增加了骗购外汇罪，隐匿、故意销毁会计凭证、会计账簿、财务会计报告罪，妨害信用卡管理罪，虚假破产罪，虚开发票罪等十数条罪名，这些罪名所保护的并非具体的个人利益，而是由社会共同体共享的集体法益。立法在

---

① 何荣功：《经济自由与刑法理性：经济刑法的范围界定》，《法律科学》2014年第3期。
② ［德］伊沃·阿佩尔：《通过刑法进行法益保护？——以宪法为视角的评注》，马寅翔译，载赵秉志主编《当代德国刑事法研究》（第1卷），法律出版社2017年版，第77页。

识别前述集体法益的基础上,创设罪刑规范将之作为独立的保护客体。其次,经济刑法应当根据集体法益的特点规定相应的保护方式。作为集体法益的市场经济对于社会生活和国家极具重要性,一旦受到严重侵害,将面临空间与时间上的延展性、危害后果上的严重性与责任追究上的困难性等问题。为了对法益进行周全的保护,立法一方面针对某种可能造成危险的行为设置罪刑规范,从重视法益实害转向法益侵害的危险,提前刑法介入的时点,如《刑法修正案(六)》将我国《刑法》第188条违规出具金融票证罪中"造成较大损失"修改为"情节严重";另一方面调整原有经济犯罪的构成要件要素,通过增加犯罪行为方式、扩展犯罪对象等手段扩大原有罪名的涵摄范围。

二元论赋予了经济刑法以积极的刑事立法理念,经济刑法应增加必要的规范供给以有效回应经济社会中的情势变更,满足经济社会治理的"刚性"需求。二元论认为,在集体法益的保护方式上,刑法从消极的法益保护逐步转变为积极的法益保护。这种法益观的转变是由现代经济社会的发展与治理所决定的,个人与国家关系的变化带来的国家任务与刑法任务的改变是背后深层的原因。许逎曼教授指出,自启蒙运动以来,刑法可以而且必须只能作为防止社会损害的最后手段,这种理念作为刑法基本思想从未改变;然而今天,对这种近似天真的想法,必须予以拒斥,因为刑法是一种直接有效,甚至可以说是功能紧密、严密保护法益的工具。[①]这说明了旨在限制国家的积极职能,通过国家的不作为增进公民的利益,无力维持现代经济社会系统的安定运行,刑法需要积极介入当下的经济社会生活。

二、经济刑法法益与经济刑法的犯罪化标准

需要警惕的是,由于集体法益极具工具性扩张潜能,积极的法益保护也

[①] [德]许逎曼:《从下层阶级刑法到上层阶级刑法在道德要求中一种具示范作用的转变》,陈志辉译,《法治国刑事立法与司法——洪增福律师八十五寿辰祝贺论文集》,成阳印刷股份有限公司1999年版(台北),第115页。

容易引发立法的不当扩张与司法的肆意解释。比如,非法经营罪沦为刑法干预公民正常经济交往活动"口袋罪"的主要原因在于,立法将非法经营罪的法益错误理解为抽象泛化的市场秩序,[1]同时又缺少明确的构成要件设置对处罚范围进行限制。为此,在正确理解集体法益及其功能的基础上,二元论法益观主张经济刑法的犯罪化标准应当包括以下两个方面。

一方面,经济刑法所保护的必须是适格的集体法益。它不是以所谓"实质化""具体化"的个人法益标准诠释、限制经济刑法法益,而是从保障在经济领域中实现个人自由的各种外部条件的标准角度,审视经济刑法法益的适格性。第一,集体法益具有实体性。法益是现实的存在,法益不需具有必要的物的具体现实性,但是它们确实是经验现实的组成部分。国家制度或者其他公众法益,虽然不是有形有体的对象,但是它们确实是生活所必要的现实。[2]第二,集体法益具有可损性。法益概念自诞生之初便具有可损的性质。法益概念回答了"权利侵害说"最大的理论困境,即抽象权利缺少"可损性"导致犯罪行为与权利侵害之间无法直接关联。法益为填补犯罪行为和权利侵害之间空隙,对"权利侵害说"进行了技术上的修正。集体法益也同样应当具有可损性,并可以对其受损程度进行量化。作为经济生活行为规范的集合体,经济秩序只存在违反的问题,而不存在损害的问题,受到损害的应当是经济秩序所保护的对象即市场经济本身。

另一方面,注重对保护集体法益进行限定或补充的其他标准。二元论明确承认集体法益存在功能上限,更加强调法益保护仅仅是论证刑法规范正当性的必要而非充分条件。经济犯罪的犯罪化除确认存在值得保护的适格集体法益之外,还需要着重考虑以下两项原则,才能合理划定经济刑法的犯罪圈。

---

[1] 刘树德:《"口袋罪"的司法命运——非法经营的罪与罚》,北京大学出版社2011年版,第12页。
[2] [德]克劳斯·罗克辛:《刑法的任务不是法益保护吗?》,樊文译,载陈兴良主编《刑事法评论(第19卷)》,北京大学出版社2006年版,第151页。

第一,辅助性原则的补充。辅助性原则要求刑罚的发动应当权衡个人利益与公共利益,此外还需要考虑利益的价值、保护的必要性、法益面临的危险程度,以及是否可能运用较为轻缓的制裁手段达到同样的保护效果。罗克辛教授指出"只有在其他的社会问题解决方式——如民法、秩序法、商业法等非刑法制裁措施——仍不能予以解决时,才可以动用刑法"。[1]例如骗取贷款罪的设立由于不再要求主观上的非法占有目的,而可以涵盖近乎所有在取得银行贷款过程中的造假行为,与一般的民事贷款纠纷之间的界限模糊。刑法条文为此增加了造成重大损失或其他严重情节的罪量要求,在情节轻微、可以通过民事法律途径解决的案件中,原则上不宜动用刑法手段进行制裁。

第二,明确性原则的限制。黑芬德尔教授认为,需要具体讨论刑法中构成要件对于法益保护的适格性。[2]这是罪刑法定原则对于刑事立法的要求。经济刑法中的集体法益更为抽象,立法者便有义务对于构成要件进行更为精确的描述。经济刑法广泛设置的兜底条款存在背离明确性原则的疑虑,应当得到进一步的修正甚至废止。法益一元论者同样主张,应当彻底废止经济刑法中的兜底条款。这并非只有倡导法益一元主义才能得出的结论,从强化法益保护的角度看,即便强调刑法只保护个人法益,也不能完全避免现代刑法的活性化与前置化。二元论意识到了这一问题,因而主张通过明确性原则的补充来完成合理划定犯罪圈的任务。

三、经济刑法法益与经济犯罪的类型

法益具有划定立法边界与指导犯罪分类的功能。从法益二元论角度看,我国《刑法》分则第三章中所规定的"经济犯罪"可以大致分为三种情况。

第一,直接侵犯市场经济法益的犯罪,即学理上所谓的狭义经济犯罪。

---

[1] Roxin, *Strafrecht Allgemeiner Teil*, 4. Aufl., Bd.1, 2006, § 2, Rn.45.
[2] Hefendehl, *Kollektive Rechtsgüter im Strafrecht*, 2002, S.379.

这是经济刑法的核心内容,日本学者称之为制度依存型经济犯罪。这些犯罪依存于特定经济制度的建立,典型的罪名如我国《刑法》分则第三章第三节妨碍对公司、企业的管理秩序罪,第四节破坏金融管理秩序罪,第八节扰乱市场秩序罪,以及第二节中的走私普通货物、物品罪,第六节中的发票类犯罪,等等。它们也伴随特定经济制度的调整而改变。如2014年全国人大常委会通过的《关于〈中华人民共和国刑法〉第一百五十八条、第一百五十九条的解释》规定"刑法第一百五十八条、第一百五十九条的规定,只适用于依法实行注册资本实缴登记制的公司"。这意味着我国公司资本法律制度调整后,我国《刑法》第158条虚报注册资本罪,第159条虚假出资、抽逃出资罪只适用于依法实行注册资本实缴登记制的公司,不再适用于认缴登记制的公司。又如,随着我国反垄断制度的不断完善,为了满足经济社会发展的规范需求,刑法设立罪名规制市场经济领域中的严重垄断行为也必然是大势所趋。

第二,直接侵犯个人法益、间接侵犯市场经济法益的犯罪,即广义的经济犯罪。[1]日本学理上称之为社会变革型经济犯罪,这些罪名以传统的市民法益为直接保护对象,它们先于现代市场经济制度而存在,只是因为市场经济的发展而导致对其侵害方式产生变化。典型的罪名如我国《刑法》分则第三章第五节金融诈骗罪、第七节侵犯知识产权罪,这些罪名与诈骗罪、盗窃罪、侵占罪等在本质上是一致的,只不过前者伴随经济社会的发展而改变了其犯罪形态,导致这些犯罪与市场经济具有间接的关联性。从集体法益理论出发,市场经济法益具有不可分配性,单独的个人对其不具有处分权,而个人法益则具有相应的处分权能。两者虽然都是"人"的法益,但有着不同的概念结构。广义的经济犯罪实质上侵犯的只是个人法益,双重法益论的观点混淆了不同类型经济犯罪的区别,导致立法、司法对于部分罪名法益保护重心存在误解,影响了部分案件的合理认定。就现有刑法规定而言,应当

---

[1] 林东茂:《危险犯与经济刑法》,五南图书出版社1996年版,第73页。

将所规定的罪名区别于狭义经济犯罪,通过个人法益使这些罪名获得合理的教义学结论。就今后立法修订而言,可以考虑将部分罪名调整出经济刑法,维系狭义的经济犯罪概念,或坚持广义的经济犯罪概念,但依据侵犯法益的不同对罪名予以分类。

第三,虽然被规定在我国《刑法》分则第三章之中,但保护目标却与市场经济之间并不具有直接或间接关联性的犯罪。就立法论而言,这些罪名应当排除出经济刑法的罪名体系,置于分则的其他章节之中。如第三章第一节中生产销售假药、劣药、不符合安全标准的食品、有毒有害食品、不符合标准的医用器材、不符合安全标准、不符合卫生标准的化妆品等罪名实为侵害消费者群体的安全,在构成要件设置上,这些罪名也主要是以行为所造成的公共安全以及消费者个体安全的实害与危险来逐级设置基础构成要件与加重构成要件。衡量这些罪名法益侵害程度的标准是对公共安全、个体安全的危险程度,不能简单地从市场经济法益的角度进行衡量。该章第二节中走私罪的保护目标更为复杂。除第153条走私普通货物、物品罪保护的是国家海关关税管理秩序之外,其他罪名都或多或少有着其他的保护目标。例如走私武器、弹药、核材料罪保护的是国家安全;走私淫秽物品罪的保护目标更接近于我国《刑法》第六章妨害社会管理秩序罪中第九节制作、贩卖、传播淫秽物品罪,重在维护社会管理秩序;走私废物罪旨在维护国内生态环境资源。整体而言,走私罪一节的设置更多地考虑行为方式的相似性,而非保护法益的共同性。例外的是,走私毒品行为被归入了第六章第八节毒品犯罪中,这更加说明,走私行为方式由于对象的不同实则侵害了不同的法益。

四、经济刑法法益与经济犯罪的解释原理

广义与狭义的经济犯罪应适用不同的解释原理。一元论者主张以个人法益统一解释狭义的经济犯罪(制度依存型经济犯罪)与广义的经济犯罪(社会变革型经济犯罪),但是在解释前者时,其又承认存在本质不同的两种

个人法益,这恰恰暴露了一元论在解释经济犯罪时的矛盾之处。特别在对狭义的经济犯罪的解释中,过度拉伸个人法益,自然难以获得妥当的、稳定的解释结论。法益二元论承认两种类型的经济犯罪分别保护不同的法益,应当根据经济犯罪的不同类型依据个人法益与集体法益分别进行解释。

在广义经济犯罪的解释中,应当充分发挥个人法益的限制解释作用。传统观点认为这些罪名侵犯了复合客体(或双重法益),即市场经济秩序和特定主体的利益。从这种双重法益论出发,相关行为只要侵犯其中一种法益,即应当成立犯罪。然而当行为仅侵犯市场经济法益,同时获得了个体被害人同意或承诺时,如果一味认定犯罪,并不符合罪名构成要件的设定。特别是部分犯罪构成要件还明确规定法益主体的处分权,如我国《刑法》第213条假冒注册商标罪要求"未经注册商标所有人许可";第217条侵犯著作权罪中"未经著作权人许可""出版他人享有专有出版权的图书的""未经录音录像制作者许可""制作、出售假冒他人署名的美术作品的"等规定。又如第三章第八节第224条合同诈骗罪、第226条强迫交易罪等虽然没有明文规定法益主体的处分权,但被害人教义学的法理也为相关罪名的解释提供了理论依据。究其原因,这些罪名所保护的著作权、商标权、专利权、商业秘密、财产利益等都可以划归为特定的个人法益,并归属于个体的法益主体;所谓的市场经济只是影响了侵犯这些法益的犯罪手段。因此,只以相关行为与市场秩序所不容许,而不考虑这些犯罪中主体的法益处分权,难以得出妥善的结论。

对狭义的经济犯罪,由于集体法益本身所具有的抽象性,在进行解释时应注意以下几个方面。

其一,解释应当充分考虑法益的可损性。以虚开增值税专用发票罪为例,实务中长期将其理解为行为犯,如1997年最高人民法院研究室在《关于对无骗税或偷税故意、没有造成国家税款损失的虚开增值税专用发票行为如何定性问题的批复》中,明确强调"行为人虚开增值税专用发票,不论有无骗税或偷税故意、是否实际造成国家税收的实际损失,构成犯罪的,均应依照《刑法》第 205 条的规定定罪处罚"。然而随着经济的发展,经济生活中的虚开发票行为开始多样化,既有为了抵扣、偷逃税款的虚开情形,也有为了虚增业绩、夸大实力而虚开,以及通过他人代开等情形,这些案件涉案价税动辄百万元,若不考虑是否实际造成法益损害,一律做入罪处理,将导致刑罚的滥用与恣意。2001 年最高人民法院在福建省高院请示的"泉州市松苑锦涤实业有限公司等虚开增值税专用发票案"的答复中指出:"主观上不具有偷骗税款的目的、客观上亦未实际造成国家税收损失的虚开行为,不构成犯罪。"①即便是侵犯集体法益的犯罪,作为法规范保护的客体也应当具有可损性。即便行为违反行为规范的规定,但未能对其保护的客体造成实质的侵害与危险的,司法上不宜将其认定为犯罪。

其二,解释应当受具体罪名的法益保护射程的约束。以"刷单炒信行为"为例,司法机关倾向于做入罪处理,法院在裁判理由中认为,被告人违反全国人大常委会《关于维护互联网安全的决定》(以下简称《决定》)和国务院发布的《互联网信息服务管理办法》(以下简称《办法》),以营利为目的,明知是虚假的信息仍然通过网络有偿提供发布信息等服务,扰乱市场秩序,情节特别严重,其行为已构成非法经营罪。②从非法经营罪保护的法益角度看,该案的判决是值得商榷的。非法经营罪通过特许经营秩序(制度)保护的对象是对于国家经济生活有重要意义的特定市场领域,比如烟草专卖、证券经营、资金支付结算等。换言之,非法经营罪之所以要求行为具有非法性,是因为有合法的市场经营行为需要保护,如果不存在相应的合法经营行为,则不应纳入非法经营罪的法益保护射程。例如 2001 年 4 月 10 日最高人民法院《关于情节严重的传销或者变相传销行为如何定性问题的批复》曾将组织、领导传销行为依照非法经营罪的兜底条款定罪处罚。然而法律一般性地禁止传销活动,并不存在获得国家特许的传销经营活动,禁止传销并非旨

---

① 姚龙兵:《如何解读虚开增值税专用发票的"虚开"》,《人民法院报》2016 年 11 月 16 日第 6 版。
② 陈东升、王春:《全国"刷单炒信入刑第一案"宣判被告人犯非法经营罪获刑——法官详解为何定性为非法经营罪》,《法制日报》2017 年 6 月 21 日第 8 版。

在保护这一经济活动的市场准入。将组织领导传销行为按照非法经营罪进行处罚显然超出了非法经营罪的保护射程。因此《刑法修正案(七)》另行设立组织、领导传销活动罪,明确两者之间的区别。刷单炒信案件亦如是,即便该行为违反了《决定》和《办法》等国家规定,由于并不存在合法的刷单炒信行为,该类行为不应置于非法经营罪之下进行规制,否则组织卖淫行为、组织出卖人体器官行为都有成立非法经营罪的可能性,这显然是不合理的。由此可见,只是基于所谓的市场经济秩序,不进一步考虑法益的实质与规范保护目的,难以得出教义学上妥当的结论。

其三,解释应当考虑法益保护的一致性。在行为人假借股权转让之名,将公司取得的土地使用权变相转让的案件中,法院通常以非法转让、倒卖土地使用权罪定罪处罚。①根据我国《公司法》第27条、第71条第1款的规定,以转让股权方式转让土地使用权益是被《公司法》所允许的行为。这种股权转让,虽然涉及不同的自然人,但土地使用权的主体仍然是特定的公司,公司股权变更并没有真正改变土地使用权的主体。最高人民法院曾在判决中明确回应,公司股权转让与作为公司资产的土地使用权转让为两个独立的法律关系,现行法律并无效力性强制性规定禁止房地产项目公司以股权转让形式实现土地使用权或房地产项目转让的目的。在相关行为符合我国《公司法》规定的情况下,从法秩序统一性和刑法辅助性的角度,刑法不宜将民法上合法的行为作为犯罪处理,更不宜在民法之前介入评价。②以非法转让、倒卖土地使用权罪评价上述行为,违反了法益保护的一致性。

思考题

1. 如何理解二元论的经济刑法法益理论?
2. 经济刑法法益如何影响经济刑法的立法与司法?

---

① 参见浙江省义乌市人民法院(2014)金义刑初字2867号刑事判决书。
② 参见最高人民法院(2013)民一终字第138号民事判决书。

第四章
经济犯罪的刑事政策

20世纪以来,随着风险成为现代社会的标志性特征,人类应对风险的机制正面临全面检视与更新的要求。经济风险是风险社会的内在构成,对市场自由和秩序的极大摧毁力,迫使国家公共政策的关注与介入,刑法由此成为重要的控制机制,然而,面对风险社会中的经济风险,如何进行有效的刑法规制无疑是一个重大的理论课题。中国经济犯罪刑事立法政策在总体上是以"严打"为其基本指向的,这一价值选择在风险社会下可能面临因反应过度而导致的"滥用"与反应钝滞而导致的"不足"的窘境。刑事政策为刑法立法之前置命题,回归刑事政策价值目标之层面,确定风险社会经济犯罪刑事政策的价值目标,是重构中国经济犯罪刑事立法政策的基础。现代法治理念下的刑事政策价值目标定位与选择,要求在合理定位风险社会基本刑事政策价值目标的基础上,重新确立经济犯罪刑事政策及经济刑法立法的正确走向,以应对中国进入风险社会之客观事实。

第一节 风险社会下经济犯罪刑事政策
价值目标之定位

刑事政策是国家和社会依据犯罪态势对犯罪行为和犯罪人运用刑罚和

诸多处罚手段以期有效地实现惩罚和预防犯罪目的的方略。①刑法立法政策属于最狭义的刑事政策,是刑事政策在刑法立法上的体现。刑事政策选择作为"具有一定目的的行动战略或运动,这种运动正是以政策所确立的价值为导向的",②从而在本质上说,刑事政策的确立过程也是国家与社会进行价值选择的过程。

刑事政策作为国家与社会宏观治理政策的一项具体内容,在本质上是一种价值目标的定位与选择活动,刑事政策的价值目标定位,决定着刑事政策的基本走向,也透过以之为指导的刑法立法与司法活动,影响着国家与社会治理的效果。考察人类刑事政策发展的基本轨迹,刑事政策价值目标的调整呈现出一定的规律性。"刑事古典学派重视个人权利的保障,刑事实证学派重视防卫社会的需要,而二战之后的新社会防卫论,倡导以保障人权为第一价值目标,并掀起了世界范围内的非犯罪化和非刑罚化的刑法改革运动;及至上世纪中后期,犯罪呈现有组织性、跨国性等新特征,轻视对犯罪的必要惩罚无法有效解决犯罪率上升问题,各国又都重新恢复对严重犯罪严厉的法律制裁。"③刑事政策发展的历史表明,随着人类刑事政策选择的成熟,刑事政策的价值目标已经发生了历史性变化,这一变化不仅表现为在不同历史时期刑事政策具体价值目标内容的差异,更重要的是,价值目标所承载的内容也发生了从价值偏一型向价值多元型的进化,现代刑事政策的价值目标,不仅要反映国家治理犯罪的客观需要,同时,还必须反映刑事法治发展的要求。目前在总体上,保障人权和防卫社会是刑事政策基本价值目标的两大核心,其中,社会防卫体现的是刑事政策的功利性价值,人权保障体现的是刑事政策的正当性价值,也是对社会防卫的必要制约。但是,在不

---

① 储槐植:《刑事一体化》,法律出版社2005年版,第258页。
② [法]米海依尔·戴尔玛斯·马蒂:《刑事政策的主要体系》,卢建平译,法律出版社2000年版,第26页。
③ 严励:《刑事政策价值目标的追问》,《政法论坛》2003年第5期,第76页。

同的社会发展阶段,国家的刑事政策会发生价值目标的均衡与调整。刑事立法政策发生趋向严厉或轻缓的变化,实则是刑事政策价值目标的重心变化使然,是刑事立法对保障人权和防卫社会价值目标的平衡过程,而引起这一变化过程的则是社会发展的客观现实。

  高速发展的工业社会在为人类生活提供物质便利的同时,也在无形中创造出诸多危险源。20世纪中叶以后,工业社会的危险开始被系统释放,从电子病毒、核辐射到交通事故,从转基因食品、环境污染到犯罪率攀升等,工业社会由其自身系统制造的危险而身不由己地突变为风险社会。在风险社会中,风险是对现代化的一种反身性(reflexive)认识,主要是由科技文明与人为因素衍生而来,技术风险、政治社会风险与经济风险等制度风险都是风险结构的组成部分。[1]其中,经济风险以其隐蔽性、复杂性、传染性和高危害性而成为风险社会中需要重点防范的对象,从而影响到现代经济犯罪刑事政策及经济刑法立法的走向。在风险社会形态下,防卫社会的刑事政策价值目标要求经济刑法立法具有应对经济风险的控制能力,并使得经济刑法立法具有了以下特点:一是立法重心从刑罚威慑向入罪威慑转化。经济犯罪的主体多为"经济人",较之其他类型的犯罪人更精于计算犯罪成本和犯罪收益之间的关系。当犯罪具有不可脱逃性时,将意味着犯罪成本的提高,从而迫使"经济人"主动放弃经济犯罪的欲望。在风险社会背景下,为有效控制经济风险,对经济犯罪进行社会防卫的重点不再是强化刑罚力度,而是增强入罪威慑,通过对严重危害经济秩序的行为及时予以犯罪化或减少既有犯罪的构成要素,严密刑事法网,提高犯罪成本,遏制犯罪动因。二是危害性评价从损害结果向侵害行为转化。风险社会中经济风险对市场秩序、经济结构、国民利益侵害所具有的"蝴蝶效应",要求刑法介入的时间必须提前,前移评价犯罪成立的时间节点,处罚尚未产生实害的行为,从而避

---

[1] [德]乌尔里希·贝克:《世界风险社会》,吴英姿、孙淑敏译,南京大学出版社2004年版,第97—102页。

免发生更为严重的损害后果。三是刑罚目的从报应与特殊预防向一般预防转化。报应、特殊预防和一般预防均为现代刑罚之目的。然而,作为法定犯,经济犯罪的道德可谴责性较低,报应刑难以有效地防止再犯,而市场主体又具有强烈的逐利性特征,经济犯罪极易被模仿并迅速传播,刑罚特殊预防的效果较弱,唯有强调一般预防,提高刑罚的普遍威慑力,使市场主体普遍感受到刑罚的威慑而畏于触及犯罪底线,才能从整体上发挥经济刑法对于经济风险的预防和控制作用。

然而,单纯强调社会防卫的价值目标,可能会导致风险社会下的经济刑法向"敌人刑法"转化,经济刑法仅是防卫经济安全这场无形战争的工具,经济犯罪人不再被当作市民来看待,而是敌人,战争的目的只是抗击"危险",[1]由此可能导致积淀数百年形成的刑法价值理念和基本原则的崩溃。现代刑法偏重预防和控制,本身就蕴含着摧毁自由的巨大危险,而风险社会更容易为刑法危险的释放提供机会,对此,应保持高度警觉。人类社会不断进步的原因即在于人的自由和尊严能够得到法律的有效保护,尤其是刑法的保护,这也是人权保障成为现代刑事政策价值目标的重要原因,即使在风险社会中也应如此,否则风险社会造成的刑法危机将成为人类文明退步的开始。因此,风险社会中的刑事政策应当是理性的,在强调社会防卫价值目标的同时,须以人权保障的法治价值目标予以限制,从而确保刑事政策的正当性。经济犯罪刑事政策应具有保障市场主体经济自由权的功能,在立法上体现为三项特征:一是立法权的限制。只有在前置经济法规无法调整且行为具有严重社会危害性时,才可考虑行为的犯罪化。二是立法权的克制。市场经济本身就带有一定的投机性、冒险性和创新性,机会主义促进自由竞争,对于一些虽具有明显法益侵害,但社会危害性程度不是很大的行为,应通过经济法规的完善予以规制,即使这些行为游走在犯罪的边缘,也不要轻易地

---

[1] 李茂生:《风险社会与规范论的世界》,《月旦法学杂志》2009年第2期。

将其犯罪化,否则便可能是对市场经济内在规律的破坏,甚至扼杀市场的发展。三是立法权的退让。经济行为的违法性源于国家的否定性评价,而这一评价受经济管理活动的影响会发生一定的变化,当国家对经济行为违法性程度的评价降低时,刑法立法应以积极态度予以回应,及时将相关行为去罪化或给予非刑罚化的特别处置,从而留给市场主体更多的活动空间,避免市场运行的僵化与停滞。

当然,在强调刑事立法政策的社会防卫与人权保障价值目标的同时,也应注意到价值目标间的协调,在风险社会背景下,人权保障对社会防卫的制约究竟要达到何种程度?自由如何给安全让路?如何制定协调社会防卫和人权保障价值目标的科学的刑事政策?这些仍取决于本国经济刑法立法现状、经济犯罪形势、市场发展情况等诸多现实具体因素。

第二节　中国经济犯罪刑事立法政策之审视

中国经济犯罪刑事政策没有明确的规范性文件予以说明,对此只能从相关的刑事法律法规、党和政府关于打击经济犯罪的文件、重要领导人的讲话精神以及实践立法活动中加以提炼。改革开放之初,面对经济犯罪迅猛增长的态势,邓小平同志视察南方时重申了"两手抓"的思想,指出:"要坚持两手抓,一手抓改革开放和经济建设,一手抓打击经济犯罪和反腐败斗争。这两只手都要硬。打击各种犯罪活动,扫除各种丑恶现象,手软不得。"该讲话从中央领导层面肯定了严厉打击经济犯罪的刑事立法政策,并对此后数十年经济刑法立法的走向发挥了决定作用。在严厉打击经济犯罪的刑事立法政策指导下,刑事法网迅速扩张。1997年刑法典修订前,全国人大常委会共发布了22个补充决定和补充规定,其中有9个是关于经济犯罪的,在1997年刑法典修订后的1999年到2023年,发布的12个刑法修正案中大部分都与经济犯罪的修改与完善有关。伴随法网的扩张,刑罚配置也呈趋重趋势,刑罚整体偏重,特别是对伪造货币罪、金融诈骗罪等 16 个罪名还规定了死刑。如果说为确保社会秩序的稳定而选择严厉打击经济犯罪的刑事政策,尚符合经济体制转轨初期社会发展需要的话,那么在经济体制转型深化阶段,在中国融入世界风险社会的时代背景下,这种单极化的刑事政策所导致的立法问题就开始逐步暴露出来。

一、刑事政策基础的错位导致立法对经济风险的控制能力不足

我国严厉打击经济犯罪的刑事政策源于"严打"的刑事政策。"严打"的刑事政策在我国有悠久的历史传统,最早确立于 20 世纪 50 年代巩固国家政权的斗争中,带有强烈的政治性、行政性和专政性。为防止转型社会初期的犯罪高峰,1979 年 11 月召开的全国城市治安会议根据社会治安形势严峻的状况,提出了对极少数杀人、抢劫、强奸、放火、爆炸和其他严重破坏社会秩序的犯罪("六类"案件)依法从重从快打击,实现社会治安综合治理的"严打"的刑事政策。该政策成为今后 20 多年我国治理刑事犯罪的基本刑事政策,并成为具体犯罪治理领域的主要甚至是唯一的刑事政策。改革开放之初,由于缺乏对市场经济下经济犯罪的本质特征、危害性及其治理要求深入认识,经济犯罪治理领域自然也贯彻了"严打"的刑事政策。然而,"严打"的刑事政策原本是立足于社会治安管理的需要,针对的主要是自然犯,即明显违反伦理道德的传统型犯罪;而经济犯罪是法定犯,仅是由于违反国家对社会经济秩序的管理规定才构成犯罪。犯罪类型的本质不同,决定了对应的刑事治理机制也应有所区别。将治安犯罪的刑事政策直接套用于经济犯罪之上,致使我国经济刑法无论是在立法体系,还是在罪刑规范的设置上都难以跳出自然犯的窠臼,在风险社会时代下更是难以发挥经济刑法应有的经济风险控制机能,这种不适应性具体表现为:

一是入罪机制的威慑性不足。风险社会强调通过严密法网,强化入罪

机制,减少经济犯罪的发生,而基于传统的以严刑峻法威慑的治安政策理念,严厉打击经济犯罪的刑事政策仍偏重于刑罚的威慑功能,忽视入罪机制对经济犯罪的控制作用。一方面,在形式入罪层面,经济犯罪的刑事法网疏松。尽管从总体上看,这几年我国经济犯罪的立法呈现扩张趋势,但与经济发展及经济违法行为的进化程度相比仍有一定的差距,特别是对于国外已经给予重点打击和关注的新型经济犯罪,如私募基金犯罪等,立法还未有足够的重视。法网疏松导致国民对经济行为的危害性缺乏必要认识,普遍模仿之下会提高经济运行风险。另一方面,在实质入罪层面,忽视了经济犯罪治理的效率性要求。立法未能将自然犯与法定犯相区别的原理应用于实践,在经济犯罪的犯罪构成尤其是主观方面设置了与财产犯罪相同的构成要素,如非法占有目的,不仅增加了司法认定的难度,提高了犯罪脱逃的概率,而且在客观上抵消了刑罚威慑的效果,限缩了防卫范围。

二是刑法介入的时间过于滞后。风险社会要求经济刑法立法能通过前移评价时间、设立行为犯和危险犯的方式及时预防和控制经济风险,而我国严厉打击经济犯罪的刑事政策局限于传统的治安犯罪刑事政策所要求的结果犯模式,经济刑法对经济犯罪的评价时间点仍停留在实害结果阶段,特别是对于国家经济安全具有最为严重危害性的金融犯罪,立法仍着眼于对实害结果"量"的评价,而非引发实害结果的行为,由此造成刑法介入的时间较晚,难以抗制经济全球化所带来的经济风险,不符合风险社会下经济刑法立法之要求。

三是刑罚的防卫能力较弱。为最大限度地消除经济犯罪所引发的经济风险隐患,风险社会强调以一般预防为核心来配置刑罚措施和构建罪刑关系。然而,我国严厉打击经济犯罪的刑事政策仍停留在传统治安刑事政策所倡导的报应刑阶段,刑罚对经济风险的防卫能力明显不足。一方面,防卫措施缺乏针对性。经济犯罪多是发生在行为人利用自己的职业或者身份进行经济活动过程中,对经济犯罪而言,剥夺行为人的市场主体资格是彻底消灭其再犯能力的重要手段,甚至比财产刑更具威慑力。美国司法实践允许将禁止从事某种工作、某种经营活动和某种职业作为缓刑条件加以适用;我国香港地区刑法中也有剥夺资格的刑罚,并且对经济犯罪都适用。然而,我国内地经济刑法的刑罚类型却未有关于市场主体资格刑的规定,刑罚的威慑力显现不足。另一方面,防卫力度失衡。犯罪与刑罚之间应保持内在的对应均衡关系,重罪重罚、轻罪轻罚、罚当其罪。现代社会将人的自由、生命、健康价值视为最为珍贵的价值予以重点保护,由此决定了在人身法益与财产、经济法益上的刑罚配置应有所区别。但是,我国刑法立法却未对此予以严格区分,经济犯罪不仅配置有死刑,而且无期徒刑和十年以上有期徒刑的配置也较多,刑罚整体过重,导致刑罚贬值,影响到犯罪治理实效。

二、刑事政策内容的单向性导致立法对市场自由的保障力度不足

风险社会下经济犯罪刑事政策是一种理性政策,即以保障人权价值目标作为制衡,防止社会防卫过度而导致刑法立法偏离现代刑事法治的基本方向。然而,严厉打击经济犯罪的刑事政策以打击犯罪、防卫社会为其全部内容,在价值目标上具有单一性,极易造成风险社会下经济刑法立法的盲目性和冲动性,对市场自由活动空间及市场主体经济自主权更会构成一定的威胁。随着我国逐步进入风险社会,这种经济犯罪严打政策所存在的问题日益显现:

一是单向的经济犯罪严打政策容易导致立法的盲目扩张,破坏经济刑法立法的基本原则。在风险社会下,抗制风险的功利性要求使得立法具有政策性特点,而单一化的经济严打政策容易放大政策对立法的导向作用,甚至使其背离现代刑法立法的基本原则。"位于现代刑事法律科学与现代刑事政策核心的,就是以刑法干预的正当性考虑与刑法干预的谦抑性思想为基础的'道德→第一次法→第二次法'的犯罪化作业过滤原理"。[①]经济犯罪

---

① 梁根林:《刑事法网:扩张与限制》,法律出版社2005年版,第50页。

具有"二次违法"之特征,在对经济违法行为犯罪化时,应从前置法中寻求犯罪化的根据,而在前置法对危害行为未加规定时,刑法不可跨越立法,这是经济刑法立法的基本原则,也是现代刑事法治人权保障之必然要求。然而,在我国刚步入风险社会之初期,严厉打击经济犯罪的刑事政策使得立法处于急于扩张的盲目状态,对证券、期货违法行为以及非法传销行为,即是在欠缺明确前置经济法规定的情况下,直接将其犯罪化,以刑法评价替代了经济法评价,这不仅违背了法定犯评价的一般原理,也侵害到"经济人"所享有的基本人权,更会影响其产生对刑法忠诚的观念,不利于形成市场法治经济。

二是单向的经济犯罪严打政策容易造成犯罪化的立法冲动,过度限制了市场主体的经济自由权。由于缺乏人权保障价值目标的制约,严厉打击经济犯罪的刑事政策容易模糊刑法干预的必要性标准,导致刑法对经济生活的过度介入。"什么是衡量犯罪的标尺,即犯罪对社会的危害。这是一条显而易见的真理,"[①]只有具有严重社会危害性的违法行为才具有犯罪化的必要。对于经济犯罪,特别是无被害人的经济犯罪而言,行为的社会危害性程度则受国家经济体制、宏观调控政策、公众对经济违法的容忍程度等因素的影响,具有一定的弹性和模糊性,从而形成了违法行为和犯罪行为的"过渡"地带。过渡地带的存在,对于保障市场主体的经济自由、促进制度创新,乃至缓解社会紧张关系都具有积极作用,国家刑罚权的边际范围应止于过渡地带之前,而非积极介入。然而,受"刑法万能论"影响,我国经济刑法立法中往往忽视过渡地带的积极作用,犯罪化的边际过宽。比如,非法经营罪的司法解释将居间介绍骗购外汇、擅自经营电信业务、出版业务等行为视为违反市场准入规则而予以犯罪化,但市场的本质是赋予个体在经营活动中更大的自由度,反对过严的行政管制,市场的开放必将导致登记制代替审批

[①] [意]贝卡利亚:《论犯罪与刑罚》,黄风译,中国法制出版社2005年版,第21页。

制,而上述行为原本属于市场准入审批体制下的违规行为,从长远来看,社会危害性并不明显,刑法立法将这种过渡地带的行为犯罪化,不具有实质的合理性。

三是单向的经济犯罪严打政策难以形成有效的出罪机制,不利于拓宽市场自由活动的空间。在限制犯罪化的同时,也应当注意当经济犯罪行为的社会危害性降低时,应予以及时的去罪化。"罪刑圈因应社会情势作适宜调整,是确保刑事立法时代品格的必然选择,但这一变动宜呈现扩张与紧缩并立的双向性,方能反映社会生活的全貌。"[1]经济行为的违法性具有一定的变异性,单向的经济严打政策易导致市场主体活动空间及市场自由度的收缩,不利于市场经济的发展与市场主体权益的保障,与人权保障价值观所要求的保障公民自由与尊严不相符合。"对市场经济行为规范过于严格,不完全符合市场经济运行规律,也不符合我国当前经济建设和社会生活的实际,特别是在一定程度上扼杀了部分人的冒险创新精神和投机动力,从而最终不利于国家和社会的发展。"[2]

第三节　中国经济犯罪刑事政策之重构

世纪之交,中国确立了构建社会主义和谐社会的重大目标。和谐社会要求通过各种方法,包括法律手段,化解各种社会矛盾,疏通各种社会怨愤,由此而获得社会的长治久安。法律不再是专政的工具,而是各种社会关系的调节器,各种社会矛盾的化解器。[3]国家的基本刑事政策也从"严打"转为

---

[1] 刘沛谞:《出罪与入罪:宽严相济视阈下罪刑圈的标准设定——一个基于实证范例的考察》,《中国刑事法杂志》2008年第1期。
[2] 魏东主编:《现代刑法的犯罪化根基》,中国民主法制出版社2004年版,第13页。
[3] 陈兴良:《宽严相济刑事政策研究》,《法学杂志》2006年第2期。

"宽严相济",强调宽严并重、当宽则宽、当严则严。"宽严相济"基本刑事政策的提出,表明保障人权和防卫社会的刑事政策价值目标在我国正式确立,由此也使得在保障人权和防卫社会价值目标下调整具体犯罪治理的刑事政策成为社会发展和法治进步的必然要求。结合风险社会经济犯罪刑事立法政策价值目标定位的分析,总体而言,传统经济犯罪刑事立法政策之缺憾,已使其无法实现风险社会下防卫社会与保障人权的价值目标要求,有必要予以重构,即应将刑事立法政策修正为"严厉打击严重危害经济安全的犯罪,保障市场经济自由"。

"严厉打击严重危害经济安全犯罪"不是对传统的严厉打击经济犯罪概念的简单重复,而是在风险社会中法定犯的治理理念基础之上,对经济犯罪给予重点且有效惩治的刑事立法政策。与传统刑事政策的不同之处在于:一方面,在防卫措施上,新刑事立法政策所强调的严厉性并非指单一刑罚力度,而是从罪刑规范科学性角度提出了强化刑法整体防卫功能的必要性,不仅保留了必要的刑罚力度,而且还注重通过加强刑罚的及时性和有效性,提升刑罚的一般预防功能。另一方面,在防卫对象上,新刑事立法政策强调风险防范与重点打击相结合。在风险社会时代,刑罚的功能更加关注风险控制,由此会产生"法律上的犯罪形态的结构性的变化,由传统自然犯的结果本位变为行为本位"。[1]但同时也可能会导致在行为评价时间轴上无法协调刑法与经济法的关系,造成刑法逾界或评价重合的现象。为此,新刑事立法政策提出了重点打击的策略,即对于金融诈骗、妨碍金融管理秩序罪等严重侵害经济安全的犯罪,宜采用更为严厉的行为本位的立法模式。"严厉打击严重危害经济安全犯罪"的刑事立法策略具体表现为:一是严密法网。对于新型的严重危害市场经济的违法行为及时予以犯罪化,区分在犯罪构成上区分财产犯罪和经济犯罪的不同,科学调整经济犯罪构成要素,如将金融诈

---

[1] 储槐植:《要正视法定犯时代的到来》,《检察日报》2007年6月7日。

骗罪的基本犯设置为违反金融管理秩序的行为,而将不法所有目的的实现,在立法上作加重犯处理,从而降低证明难度,提高刑法在控制经济风险方面的灵敏度。二是前移犯罪评价界点。以经济风险控制为导向,将严重危害经济安全的犯罪行为,特别是金融安全的犯罪,设置为行为犯或危险犯,提前刑法的介入时间。三是均衡罪刑关系。我国经济犯罪的刑罚力度整体偏重,不符合罪刑均衡原则,有必要废止经济犯罪死刑,[①]大幅削减经济犯罪中无期徒刑和十年有期徒刑的配置,对于短期自由刑,则可以考虑采用易科制度,扩大财产刑的适用,但对于严重危害经济安全的犯罪,仍应保留相对较重的自由刑。四是提高刑罚一般预防效果。对自然人设置剥夺其未来从事经济活动条件和身份的资格刑;对单位犯罪设置限制其从事业务活动和强制撤销的资格刑,强化刑罚的威慑效果,避免刑罚整体趋轻而导致一般预防效果也降低的尴尬局面。

"保障市场自由"并非指放任市场自由,而是最大限度地压缩刑法对市场的干预,保障市场主体的经济自由权,从而实现人权保障之价值目标。为此,有必要采取以下措施:一是重视经济法规的制度建设。对经济犯罪的防范治理,不能仅依靠事后惩罚,而应以事前预防为主,通过完善经济规范体系,构建预防经济犯罪的"第一道防线",防患于未然。二是加强经济法规与刑法的衔接。确保刑罚权的启动具有前置法依据,防止刑罚权的随意启动。三是刑法立法的必要收缩。对于处于罪与非罪的中间地带行为,刑法立法不应基于功利性打击的需要而过早地实施犯罪化,而应严格把握犯罪化的基本标准。四是建立有效的出罪机制。立法应根据国家经济调控政策、解决经济利益失衡需求、经济犯罪趋势、公众容忍程度等"软性"因素对经济行

---

① 《刑法修正案(八)草案》已经提出废止走私文物罪,走私贵重金属罪,走私珍贵动物、珍贵动物制品罪,走私普通货物、物品罪,票据诈骗罪,金融凭证诈骗罪,信用证诈骗罪,虚开增值税专用发票、用于骗取出口退税、抵扣税款发票罪,伪造、出售伪造的增值税专用发票罪等九项经济犯罪的死刑,在一定程度上会使将来经济刑法的刑罚力度趋于轻缓,但离在经济刑法中全面废止死刑尚有一定距离。

为的社会危害性予以综合判断，倘若行为的社会危害性程度降低，则应及时将此行为排除出犯罪圈。当然，在立法出罪机制尚未建立之前，也可通过对规范进行实质性解释，间接达到上述目的，如对虚开增值税专用发票罪等单纯违反行政法规的犯罪构成，尤其是主观方面进行扩大性解释，增加犯罪成立的认定要素，限缩刑法的打击范围。

在风险社会下，经济风险导致的严重后果使得经济违法行为的犯罪化成为经济刑法立法防卫社会的主要措施，特别是我国市场经济是一种"政府推动型"的市场经济，民众的市场规范意识和整个社会的信用机制都比较薄弱，需要通过国家立法来推进，但经济生活在很大程度上属于私人生活的领域，过度犯罪化将造成对经济主体权益的妨碍和侵害。如何协调两者关系？也即在人权保障与防卫社会的价值目标发生冲突时，应如何协调？对此，应当注意以下两点：一是在理念上必须把握现代刑事政策的价值基础。防卫社会是现代刑事政策的形式诉求，而保障人权是现代刑事政策的实质诉求，刑事政策的现代化是伴随人权保障观念的复兴而产生的，脱离了人权保障之价值目标，刑事政策也即沦为人治的工具，丧失了其存在的实质合理性。尽管现代西方国家在风险社会中尤为重视对经济犯罪的社会防卫，如以经济刑法立法轻缓化著称的美国，在惩罚破坏金融安全的罪犯时也绝不手软。[①]但是，西方国家有深厚的人权保障理论和文化氛围，人权保障是西方法治国家构建之基础，也是社会防卫之前提，正因为如此，也才会产生"自由是否要给安全让步"的争议。我国刑事法治建设仍处于发展阶段，人权保障的价值观念及其制度保障尚需积极强化，特别是在市场经济中，对于市场主体自由权的保障，不仅涉及市场主体的经济权益，更是关系到市场经济的良性发展，对此应予特别重视与小心呵护。二是在制度上应建立协调冲突的一般规则。具体包括：第一，前置救济用尽规则。即，该危害行为是否经由

---

① 2009年6月29日，现年70岁，以"庞氏骗局"诈骗投资者600亿美元的美国纳斯达克前主席麦道夫，在纽约被判处150年监禁，并处以1700亿美元的罚款。

刑法之外的其他法律部门调整；其他法律部门调整该危害行为的方法是否确当；在社会政策方面是否存在治理该行为的替代性选择。[1]在穷经所有前置救济，仍无法恢复受损经济关系的，才有启用刑法的必要性。第二，中间地带豁免规则。即，从促进市场创新和维护市场主体权利角度，对处于违法和犯罪行为中间地带的灰色行为，刑法应保持必要克制，不要轻易触及。第三，有限的立法克制规则。经济刑法立法权的克制是相对的，对于严重危害经济安全的犯罪，仍应采取严密法网、威慑性打击的基本立场。比如，我国刑法典对基金犯罪、信托犯罪规定得较为简单，刑事法网较为疏松，考虑到金融犯罪的严重危害性，应及时将中间地带的灰色行为予以犯罪化。当然，前提是仍必须遵守前置救济用尽规则。

思考题

1. 经济犯罪的刑事政策与传统刑事犯罪政策有何异同？
2. 风险社会下应确立怎样的经济犯罪刑事政策？
3. 如何把握宽严相济的经济犯罪刑事政策？

---

[1] 刘沛谞：《出罪与入罪：宽严相济视阈下罪刑圈的标准设定——一个基于实证范例的考察》，《中国刑事法杂志》2008年第1期。

第五章
经济刑法的规范特性

在整个法律体系中,《刑法》并不是脱离其他的部门法而独立存在的。《刑法》在立法术语的采用、罪状的设置、行为类型入罪的选择等方面,都与其他法律有着千丝万缕的联系。经济刑法同样如此。并且,由于经济刑法调整对象的原因,经济刑法与其他非刑事法律之间联系更为紧密,在立法中设定刑法规范以及司法中解释刑法规范尤其需要注意。

一方面,经济刑法具有从属性、补充性、二次性,经济刑法是对第一次规范(如民法规范、行政法规范)所保护的法益进行第二次保护,是对不服从第一次规范的行为规定科处刑罚的第二次规范。第二次规范具有补充第一次规范的性质。[①]因此,在对特定行为进行调整时,"即使行为侵害或者威胁了他人的生活利益,也不是必须直接动用刑法。可能的话,采取其他社会统制手段才是理想的。可以说,只有在其他社会统制手段不充分时,或其他社会统制手段过于强烈,有代之以刑法的必要时,才可以动用刑法"。[②]表现在立法上,应当先有相关的经济、行政规范,然后才有对应的刑法规范。另一方面,经济刑法也具有独立性。刑法具有补充性或二次性,但是这不意味着相对于其他的法律而言刑法处于从属的地位。在用刑罚这种强力手段保护一

---

① 宫本英修『刑法大纲(总论)』弘文堂 1935 年、3 頁。
② 平野龍一『刑法总论 1』有斐阁 1972 年、47 頁。

定的法益这一点上,刑法具有独自存在的意义。①

第一节 经济刑法规范的从属性

一、经济刑法规范适用中一般违法性前提的必要性

在经济犯罪的刑法规范中,可以看到很多罪刑法条的罪状中都有"违反国家规定……""违反国家法律、行政法规的规定……"的表述,即使没有这样表述的罪状,按照一般的逻辑方法,我们也完全能够推导出某一犯罪行为所违反的有关法律、法规。这里所违反的法律、法规,显然不是指刑法规范,而是刑法所要保障实施的非刑事的其他法律、法规。作为经济犯罪构成要件要素之一的"违反某某法律、法规"(一般违法),与该行为总体上所违反的刑法规范(刑事法规),共同构成了经济犯罪具有的双重违法结构模式。其中一般违法是决定该行为成立犯罪的前提条件,没有违法就不可能构成经济犯罪;当缺乏经济、行政法的违法性评价,也就是缺乏前提法的基础性依托时,刑法就不能优先介入而判断它们为犯罪。这也完全符合法秩序一致性的基本原理,因为德日刑法犯罪论体系所指的违法性事实上是一般的违法性。这种一般的违法性是指违反作为全体的法秩序的情况。②正如德国学者所指出的,"当在任何一个法律领域中得到许可的一种举止行为,仍然要受到刑事惩罚时,那将会是一种令人难以忍受的价值矛盾",一个行为的合法性或者违法性,对于全体法制度来说,必须统一加以确定。③

首先,一般违法性的存在与否影响经济犯罪行为刑事违法性的成立。

---

① [日]大塚仁:《刑法概说(总论)》,冯军译,中国人民大学出版社2003年版,第23页。
② 马克昌:《大陆法系刑法论中违法性的若干问题》,载赵秉志主编《刑法评论(第1卷)》,法律出版社2002年版,第46页。
③ [德]克劳斯·罗克辛:《德国刑法学总论(第1卷)》,王世洲译,法律出版社2005年版,第397页。

以南极星公司非法经营案为例,2003年年底,南极星公司因涉嫌非法经营罪,被起诉至上海市第一中级人民法院,同时被起诉的还有直接责任人员方某某。起诉书认为:被告人方某某在明知南极星公司无经营国际电信业务资格的情况下,于2000年11月至2003年5月,以该公司名义租用上海电信呼叫信息服务公司因特网专线和模拟电话线,并先后在呼叫公司租用的上海声讯信息有限公司机房和呼叫公司机房内设立语言转接平台,非法经营澳大利亚至中国的国际电信来话转接业务。经查,上述期间非法经营国际电信业务通话时间长达820万余分钟,共造成我国电信资费损失人民币1766万余元。①辩护律师在法庭上提出,公诉人起诉书及公诉词中援引了两个非常重要的规范性文件:一个是最高人民法院2000年4月通过的关于惩治扰乱电信市场秩序犯罪的司法解释,另一个是国务院在司法解释生效之后才颁布施行的《电信条例》。司法解释发布在先,而国务院的《电信条例》则是在同年9月才颁行的。由于在司法解释发布时,国务院的《电信条例》还没有颁布,因此,辩护律师提出被告人的行为的违法性还没有被国家的禁止性规定所确认,在这个时候,司法解释怎么能够宣布其行为构成犯罪呢？通过司法活动(包括司法解释)宣布某种行为是犯罪行为,显然缺乏了最基本的前提和法律根据。也就是说,国家法律、法规都没有把这种行为宣布为非法,法院不能够通过司法解释的方式去作出犯罪的认定。

应当说,强调经济犯罪认定过程中的经济、行政违法性的前提性的辩护理由,是符合经济犯罪行为本身的二次违法性特征的。②关于非法传销案件是不是能够构成非法经营罪的问题,曾经也是争议颇多,当时不少公安司法机关也存在着"刑事优先"的自然冲动,但最高人民法院最终下达了一个司法解释,作出了一个非常明确的时限规定,就是强调在国务院关于严禁传销

---

① 《杭州律师叫板最高法院》,《民主与法制时报》2004年4月24日第1版。
② 周宜俊:《"经济违法行为的刑法介入"研讨会纪要》,载游伟主编《华东刑事司法评论(第7卷)》,法律出版社2004年版。

违法活动的规定出台之前,司法机关绝对不能对这类行为追究刑事责任,只有在国务院把传销行为定性为违法之后,如果行为人继续从事违法传销活动,并达到情节严重程度时,司法解释规定才可以按照非法经营罪去追究当事人的刑事责任。①这同样说明在刑事司法上对经济犯罪作出判定,不能搞所谓"刑事优先""先刑后民",也必须有一个前提违法性的明确界定。

其次,一般违法性的变化影响经济犯罪刑事违法性的标准。以虚报注册资本罪为例,1997年修订《刑法》时,以全国人民代表大会常务委员会《关于惩治违反公司法的犯罪的决定》的第一条为基础,在进行了个别的改动之后,形成了1997年《刑法》分则第158条虚报注册资本罪的规定,并由此形成了与之相适应的追诉标准。事实上,《刑法》第158条关于公司资本制度刑法保护的立法是建立在旧《公司法》关于注册资本的法律规定②基础之上的,而2006年修订的《公司法》对注册资本的法律要求发生了重大转变。对此,有论者认为,2006年新修《公司法》第199条对虚报注册资本的违法行为规定了行政处罚措施,而第216条作为法律责任这一章的最后一条,综合地规定,违反本法规定,情节严重的,依法追究刑事责任,因而虚报注册资本的违法行为并非不追究刑事责任。刑法典关于虚报注册资本罪的规定在修改时,仍有必要与现在的《公司法》相关规定衔接,而非简单地予以取消。③不论是否应当取消该罪名,公司注册资本制度违法行为的标准确实发生了

---

① 2001年4月10日,最高人民法院《关于情节严重的传销或者变相传销行为如何定性问题的批复》规定:对1998年4月18日国务院《关于禁止传销经营活动的通知》发布以后,仍然从事传销或者变相传销活动,扰乱市场秩序,情节严重的,应当依照《刑法》第225条第4项的规定,以非法经营罪定罪处罚。

② 即在有限责任公司中区分不同种类公司的最低注册资本限额,其中,以生产经营、商品批发为主的公司注册资本人民币50万元,以商业零售为主的公司注册资本人民币30万元,科技开发、咨询、服务性公司注册资本人民币10万元。股份有限公司注册资本最低限额人民币1 000万元。无论何种类型的公司,注册资本为股东的足额实缴资本,并且须一次性缴纳,以实物、工业产权、非专利技术或者土地使用权出资的,应当依法办理其财产权的转移手续。股东不按照上述规定的要求足额缴纳所认缴的出资构成违法。

③ 黄伯青、黄晓亮:《新公司法背景下虚报注册资本罪的适用与完善》,《政治与法律》2008年第1期。

较大的变化,这些变化直接影响着虚报注册资本罪构成犯罪标准的判断。在《公司法》对资本制度作出修正后,对于公司登记申请人是否虚报注册资本的判断,不能像过去那样只分析行为人申报注册资本时所缴纳的资本额,而是要综合首次实缴资本和此后特定期间内所缴纳资本的总额来判断。而且,以虚报注册资本对投资者或者债权人造成的直接经济损失数额为认定犯罪的标准,才比较合理。

二、经济刑法规范适用中概念的从属性判断

近现代的刑法,虽然从侵权行为法中独立出来,有了自己独特的制裁工具——刑罚,有了自己独特的调整对象——犯罪行为,但是其独立性也是相对的。首先,刑法的实现需要程序法的支持,没有程序的司法是非正义的,也是不可能实现正义的。其次,刑法的许多用语也没有独立到完全离开民法的程度,民法权利的种类、范围和许多相关用语对刑法而言是通用的,没有民法的基本法律概念,就不可能有刑法的立法参照和解释基础。虽然刑法对刑法用语的解释可以有自己的独立性,某种程度上可以离开民法。但是对用语的基本理解仍然离不开民法和行政法。第三,刑法的法定犯之法条规定中有许多引证罪状、参照罪状和空白罪状,离开其他法律法规,这些罪状就成了无源之水,无本之木。第四,"从社会规范对社会生活调整的层面来看,首先是道德调整,道德的要求相对较高;其次是除刑法以外的法律的调整,法律是国家向公民所提出的最基本的行为准则要求;再次是刑法的调整,刑法是维护社会秩序的最后一道防线。"[①]

由于大量新型社会关系的专业化、复杂性,使对一行为是否违法的判断只能交由调整该领域的法律、法规从专业性立场、特定性角度予以甄别、判定,而无法由刑法规范单独加以完成。由此导致当对一些特定领域的违法

---

① 张小虎:《刑法的基本观念》,北京大学出版社2004年版,第54—55页。

行为的描述、相关概念、术语的界定工作势必转交特定的法律、法规规定。事实上,行政法、刑法、经济法等不同的法律部门之间都存在着相互援用的现象。①典型地体现了其他法律对刑法的补充作用,体现了违法的一元论立场的,是空白刑法规范的构成要件。在空白刑法规范与规范的构成要件中,法律文本以明示或暗示的方式向司法者传递了这样的信息,即认定与此相关的行为的违法性时,仅根据刑法文本尚不能得出结论,必须根据文本显示的线索,将刑法文本与其他法律文本结合起来,将刑法文本中省略的构成要件通过言语援用补足,找全所应适用之"法",达到对立法者命令的全面领悟和准确理解。体系解释要求在必要时对刑法条文的理解必须联系其他部门法的规定来进行解释,以得出相互协调一致的结论。刑法作为其他部门法的保障法,与其他部门法具有密切的联系,在案件处理时,司法人员必须将刑法与民法、经济法、行政法、诉讼法等部门法联合起来理解与适用。由此,经济刑法规范中的概念往往来源于非刑事法律规范,作为法定犯的经济犯罪的罪状与法定刑多少只有形式意义,罪刑的最终确定需要非刑事法律中的相关规范,经济犯罪规范表现出对非刑事法律规范的从属性特征。

由于《刑法》中许多罪名都是以违反行政法规或者经济法规为前提的,司法人员要正确解释刑法条文,就必须要清楚相关行政法规和经济法规的具体规定。对于《刑法》中一些含义不明确的语词,如果司法人员的理解能够得到其他部门法法条明确的支持,则从法律秩序的一致性来看,该解释就是合理的。应当说,《刑法》中不明确的概念,依照体系解释,采用其他部门法的规定使其明确而且做到协调统一的情况有许多。如《刑法》2009年修正版中,第98条规定的"近亲属",依据民法的规定应当指"配偶、父母、子女、兄弟姐妹、祖父母、外祖父母、孙子女、外孙子女";第141条第2款,本条所称假药,是指依照《药品管理法》的规定属于假药和按假药处理的药品、非

---

① 张淑芳:《行政法援用研究》,中国政法大学出版社2008年版,第79—125页。

药品;第142条第2款,本条所称劣药,是指依照《药品管理法》的规定属于劣药的药品;第180条第3款、第4款,内幕信息的范围,依照法律、行政法规的规定确定。知情人员的范围,依照法律、行政法规的规定确定。即该条文中涉及的内幕信息、知情人员必须依照《证券法》《期货交易暂行条例》等法律法规来确定;第186条,关系人的范围,依照《商业银行法》和有关金融法规确定。那么毫无疑问,以上这些概念、术语的解释必须严格依照相关法律法规的规定来确定。同时,虽然很多经济犯罪规范并未指明某些概念、术语必须参照某某法的规定,但其具体确定仍需参照相关法律法规,这对于那些专业性比较强的词语的含义及范围尤为重要。这样的例证在经济刑法规范中体现较多,例如,2009年修正版《刑法》第151条第2款规定的走私珍贵动物、珍贵动物制品罪中"珍贵动物"、第3款走私珍稀植物、珍稀植物制品罪中的"珍稀植物"的确定必须参照《国家重点保护野生动物名录》《中国珍稀濒危保护植物名录》《濒危野生动植物种国际贸易保护公约》等相关文件。第194条票据诈骗罪的罪状虽然未指明参照的法律法规,但毫无疑问,对于该条中的"汇票""本票""支票"等必须参照有关票据法规才能确定。

三、经济刑法规范适用客观行为特征的从属性判断

如前文所分析的,由于经济犯罪中的许多犯罪直接来源于非刑事法律的相关规定,不少采取了空白型经济刑法规范的立法模式,如走私罪、妨害对公司、企业的管理秩序罪、破坏金融管理秩序罪、危害税收征管罪、侵犯知识产权罪中都有不少空白罪状立法例。部分经济犯罪规范的罪状对非刑事法律规范表现出从属性,即空白型经济刑法规范的相关内容必须严格依照非刑事法律规范的相关规定进行补充。在填补这些空白刑法时,不能脱离部门法的相关规定去阐述相关的犯罪构成,否则必然造成刑法与非刑事法律之间的矛盾和冲突,破坏整个法律体系的协调统一。如在"德隆系"案件中,是否构成非法吸收公众存款罪,关键是在于对"德隆系"旗下金融机构与

客户进行的带有高额保底条款的委托理财行为如何定性,也就是非法开展委托理财与非法吸收公众存款的界定问题。

《刑法》第 176 条规定的"非法吸收公众存款或者变相吸收公众存款,扰乱金融秩序的,处……",但是并没有说明其具体的构成要件。无论是全国人大及其常委会,还是最高人民法院与最高人民检察院均没有对什么是非法吸收公众存款或变相吸收公众存款做出明确规定或司法解释。对"非法吸收公众存款""变相吸收公众存款",目前理论上通常作以下解释:所谓非法吸收公众存款包括两种情况,即一种是行为人不具备吸收公众存款的法定主体资格而吸收公众存款。如个人私设银行、钱庄,企事业单位私设银行、储蓄所等,非法办理存款业务,吸收公众存款;另一种是行为人虽然具备吸收公众存款的法定主体资格,但采取非法的方法吸收公众存款,如有些商业银行和信用合作社,为了争揽客户,违反关于利率的规定,以擅自提高利率或在存款时先支付利息等手段吸收公众存款。所谓变相吸收公众存款,是指行为人不是以存款的名义而是以其他形式吸收公众资金,从而达到吸收公众存款目的。①但是从《刑法》的规定可以看出,非法吸收公众存款罪属于一种空白罪状,其具体构成要件还要借助法律、行政法规来进一步确定。

司法实践中,在认定是否构成非法吸收公众存款时需要参照《商业银行法》、国务院发布的相关法规等规定。法院往往借鉴甚至引用 1998 年国务院发布的《非法金融机构和非法金融业务活动取缔办法》②(以下简称"《取缔办法》")中的相关规定作为非法吸收公众存款罪定罪量刑的依据。由于该办法无法将非法吸收公众存款或变相吸收公众存款与非法集资以及合法

---

① 高铭暄、马克昌:《刑法学》,北京大学出版社 2016 年版,第 399 页。
② 该办法第 4 条第 2 款,对"非法吸收公众存款"和"变相吸收公众存款"作了以下定义性规定:"非法吸收公众存款,是指未经中国人民银行批准,向社会不特定对象吸收资金,出具凭证,承诺在一定期限内还本付息的活动";"变相吸收公众存款,是指未经中国人民银行批准,不以吸收公众存款的名义,向社会不特定对象吸收资金,但承诺履行的义务与吸收公众存款性质相同的活动"。

的民间借贷行为区分开,容易导致非法吸收公众存款罪的适用扩大化,把企业集资、私人借贷等《刑法》第176条没有规定的民间借贷活动认定为犯罪行为。①一些地方的司法实践几乎完全按照上述国务院《取缔办法》中的定义,把无法认定"集资诈骗罪"和"擅自发行公司债券罪"的非法借贷行为都放进这个罪名。"非法吸收公众存款罪"似乎产生另一种解释,就是非法吸收公众原本会存到银行金融机构去的存款的简称。

非法吸收公众存款罪中的"非法",按照前置法的理解,应是违反了《商业银行法》。在我国,《商业银行法》将"吸收公众存款"作为商业银行的专营业务。依据《商业银行法》第2条规定:"本法所称的商业银行是指依照本法和《公司法》设立的吸收公众存款、发放贷款、办理结算等业务的企业法人。"商业银行的性质是与"吸收公众存款"紧密联系的。该法第11条还规定:"设立商业银行应当经国务院银行业监督管理机构审查批准。 未经国务院银行业监督管理机构批准任何单位和个人不得从事吸收公众存款等商业银行业务,任何单位不得在名称中使用'银行'字样。"它表明,吸收公众存款是作为一项银行业务定位的,未经批准而进行即视为非法。在这里,"吸收公众存款"应与"民间借贷"加以区别。还本付息虽然是存款的一个重要特征,但不是存款的本质,更不能作为认定存款的根本标准。民间借贷与非法吸收公众存款的本质区别并非是否具有还本付息的特征,而是在于是否以借贷的资金非法进行信贷活动,这才是非法吸收公众存款行为的危害实质和立法规制的原意所在,也是实践中正确认定非法吸收公众存款罪的根本保证。在存款上,"不特定对象"很难界定,只能说商业银行的存款业务是面向公众的。

其实,"吸收公众存款"与"民间借贷"在具体法律关系中都是特定的。一个公民到一个银行去存款,银行是特定的,存款人也是特定的。本质的问

---

① 张书清:《民间借贷的制度性压制及其解决途径》,《法学》2008年第9期。

题是，银行将吸收公众存款作为一种营业，即持续地反复地不间断地有计划地进行。并且，将存款积聚起来再贷款与他人并收取利息。民间借贷不具有营业的形式。禁止非法吸收公众存款是禁止非法吸收作为营业的存款。事实上，非法吸收公众存款行为之所以犯罪化，根本原因就在于其侵犯了国家对金融业的正常监管秩序。众所周知，金融业是专门经营货币、资本业务的，主要是存贷款业务，也包括一些特定的投资业务，因而金融业中的存款业务的实质，并非单纯指金融机构对社会公众资金的吸收，而在于金融机构吸收社会公众资金的目的，是用吸收的公众资金进行货币、资本的经营。所以，非法吸收公众资金虽然与非法吸收公众存款在表象上极为相似，但只有借非法吸收公众资金非法从事银行信贷业务时，才能对银行业的正常业务活动和国家对银行业的正常监管秩序构成冲击，才能以非法吸收公众存款定性。只有当行为人非法吸收公众存款，用于进行货币资本的经营时（如发放贷款），才能认定为扰乱金融秩序。[①]也就是说，应从"是否利用吸收的公众资金进行货币、资本经营"和"是否以营业的形式吸收公众资金"两方面来理解存款。

同样，委托理财行为能否构成非法吸收公众存款罪，应把握关键的三点：一是行为人是否实施了吸收公众资金行为；二是行为人以吸收的公众资金所从事的经营活动是否属于银行信贷业务；三是行为人的行为是否违反了有关金融法律、法规的规定。只要同时具备上述三个要素，行为就具有了《刑法》中的非法吸收公众存款行为的实质，如果该罪的其他构成要件也具备，就可以认定为非法吸收公众存款罪。按此逻辑分析证券公司、保险公司、信托投资公司等非银行金融机构根据《证券法》规定可以经营资产管理业务，但根据证监会《关于规范证券公司受托投资管理业务的通知》，证券公司与客户之间是建立在资产管理合同之上的委托代理法律关系，证券公司

---

① 张明楷：《刑法学（第六版）》，法律出版社2021年版，第1000页。

开展资产管理业务必须以客户的名义进行,体现的是客户的意愿,其投资风险是由客户自行承担。鉴于资产管理业务的上述特征,2005年《证券法》明确规定证券公司不得以任何方式对客户证券买卖的收益或赔偿证券买卖的损失作出承诺,采取承诺保底和固定收益率的方式委托理财,是违反法律法规的。此外,资产管理业务与变相吸收公众存款的更主要的区别在于资金是否独立管理。如果以资产管理为名吸收资金后,证券公司统一安排使用,其行为性质就已发生了变化。因此,合法的资产管理与变相吸收存款之间存在两个界限:一是不承诺保本、保收益,二是以投资人名义独立进行使用。当证券公司面向社会不特定对象吸纳资金,不仅承诺保本、保收益,且将资产管理资金当作自有资金,统一安排使用时,属于变相吸收公众存款行为。

四、经济刑法规范适用中正当化事由的从属性判断

经济刑法规范的适用中,正当化事由具有行政从属性,即因行政机关的许可或核准而阻却行政犯罪构成要件,反之才具有可罚性。例如,我国《刑法》第179条规定:"未经国家有关主管部门批准,擅自发行股票或者公司、企业债券,数额巨大,后果严重或者有其他严重情节的,处5年以下有期徒刑或者拘役,并处或者单处非法募集资金金额1%以上5%以下罚金。"第336条规定:"未取得医生执业资格的人非法行医,情节严重的,处3年以下有期徒刑、拘役或者管制,并处或者单处罚金;……未取得医生执业资格的人擅自为他人进行节育复通手术、假节育手术、终止妊娠手术或者摘取宫内节育器,情节严重的,处3年以下有期徒刑、拘役或者管制,并处或者单处罚金。"上述条款中行政机关的批准可以阻却行为的违法性,反之则构成行政犯罪。

随着社会发展,在传统的自然犯之外,大量的行政犯涌入刑法典;而行政许可发挥出罪功能的范围,主要集中在大量具有"行政附属性"的犯罪类型。行政许可作为一种出罪事由,近年来开始受到各国刑法学界的重视。

德国的通说认为,行政许可(官方批准)既可能阻却构成要件符合性,也可能阻却违法性,但大多数行政许可阻却构成要件符合性。如果缺乏行政许可是构成要件要素,取得行政许可就阻却构成要件符合性;倘若缺乏行政许可是一种专门的违法性要素,取得行政许可便阻却违法性。进一步而言,如果取得行政许可所实施的行为,被社会评价为适当的行为,那么,行政许可就阻却构成要件符合性;如果取得行政许可所实施的行为,仍然具有不同寻常的特征,即通常属于被拒绝的举止,行政许可便属于违法阻却事由。[①]对此张明楷教授认为,行政许可分为两大类:其一是控制性许可。在这种场合,行为之所以需要获得行政许可,并不是因为该行为都不能实施,也不是因为该行为本身侵犯其他法益,只是因为需要行政机关在具体事件中事先审查是否违反特定的实体法的规定。因此,只要申请人的行为符合实体法的规定,就应许可。其二是特别许可。在这种场合、法律将某种行为作为具有法益侵犯性的行为予以普遍禁止,但是又允许在特别规定的例外情况下,赋予当事人从事禁止行为的自由。借助特别许可,因法律抽象规定而产生的困境和困难得以消除。换言之,在特别规定的例外情况下,当事人从事禁止行为实现了更为优越至少同等的法益。

显然,在前一种场合,行政许可的作用主要是提高公信力证明和合理配置资源,取得行政许可后实施的行为,不可能符合犯罪的构成要件,因而阻却构成要件符合性;在后一种场合,行政许可的作用主要是控制危险,取得行政许可后实施的行为,仍然是一种符合客观构成要件的行为,但阻却违法性。例如,设立商业银行、证券交易所、期货交易所等金融机构的行为,原本并未侵犯法益。但是,只有符合相应实体法所规定的设立条件,才能设立相应的金融机构,否则便侵犯了国家对金融机构的管理秩序;而设立者是否符合实体法规定的设立条件,需要由国家有关主管部门审核;符合条件者,便

---

① [德]冈特·施特拉腾韦特、洛塔尔·库伦:《刑法总论I——犯罪论》,杨萌译,法律出版社2004年版,第189—191页。

可获准设立金融机构(控制性许可)。所以,经过国家有关主管部门批准而设立商业银行、证券交易所、期货交易所等金融机构的行为,阻却构成要件符合性。

被称为"德隆刑事第一案"的德恒证券委托理财案件中,德恒证券公司被指控,截至 2004 年 7 月 27 日,该公司以开展资产管理业务为名,以承诺保底和固定收益率的方式向单位和个人变相吸收资金 208 亿元。上述资金的用途由上海友联公司决定,主要用于购买新疆屯河、湘火炬等股票和国债,调拨至其他单位等。至案发尚有 68 亿元客户资金未兑付。德恒证券在不具有开展资产管理业务资格的情况下,采取委托理财方式向社会不特定对象变相吸收公众存款,符合非法吸收公众存款罪的构成。而被告方则认为,公司"至少在 2003 年 9 月之前"具有资产管理业务资格。①

应当说,本案的争议焦点之一就在于德恒证券是否具备资产管理业务资格。因为根据新《证券法》和《证券公司客户资产管理业务试行办法》的规定,证券公司办理资产管理业务须经过中国证监会的批准,未经批准的不允许办理委托理财业务。也正因为如此,控方的举证证据中出现了这样一个文件,即中国证监会机构部答复公安部证券犯罪侦查局的一个复函。该复函表明,2002 年 3 月 18 日中国证监会下发给德恒证券的《经营证券业务许可证》含有资产管理业务。但 2003 年 9 月换发许可证时,取消了此项业务。根据中国证监会的批复,更名后的德恒证券暂时不确定所属类型,给予 6 个月的过渡期,过渡期内业务范围比照综合类证券公司经营。随后,根据这个规定,德恒证券从中国证监会领取了包括资产管理业务经营范围的《经营证券业务许可证》。也正因为如此,辩护律师提出,按规定,德恒证券在 6 个月的过渡期内是有资产管理业务资格的。在过渡期之后证监会没有审批,但也没有取消,这应视为行政默许。②应当说,辩方正是运

---

① 《德隆刑事第一案 2000 多笔委托理财的背后》,《21 世纪经济报道》2005 年 5 月 30 日。
② 《德恒证券非法吸存案开庭证监会复函成重要证据》,《中国青年报》2005 年 6 月 8 日。

用了这样的行政许可来为德恒证券公司进行辩护的,即德恒证券公司自成立之日至 2003 年 9 月 22 日,具备开展资产管理经营业务的资格,其在具备相应资产管理资格的情况下所实施的承诺保底和固定收益率的委托理财业务行为,从性质上来说,仍然是开展资产管理业务的行为,只能说该种行为是违法的资产管理行为。当然,如前文所析,非法吸收公众存款罪的认定本质上并不在于是否具备委托理财资质,但本案中所透视出的经济刑法规范适用中正当化事由的从属性则在控辩双方的争辩中得以展现。

第二节 经济刑法规范的独立性

关于经济规范前置与经济刑法的独立判断两者之间的关系,一般认为,在立法上即经济刑法规范的制定上,刑法有二次性或者从属性;但是,在经济刑法的适用解释上,刑法具有独立性。刑法一旦制定出来,就应当解释适用,不可能在刑法制定出来之后以其具有补充性为由而不予适用。要把握刑法的补充性,其关键在于对行为的入罪化应当慎重,不能轻言入刑立罪。但在司法上解释刑法时,就应当尊重刑法的独立意义。经济刑法解释的独立性的内涵包括以下几个方面。

一、经济刑法术语、概念含义的独立性

经济刑法条文和经济规范、行政规范等非刑事规范经常出现同一概念、术语。虽然概念、术语在形式上相同,但其内涵与外延并不一定完全一致。因此,确定某一概念、术语的内涵和外延通常涉及行为的罪与非罪、此罪与彼罪,极为重要。对比经济刑法规范与非刑事规范中同一概念、术语的外延,其间关系有以下三种情形。

(一) 相等型

相等型指经济刑法中的某一概念与非刑事规范中的同一概念在外延上等同,包括两种情况。其一是实际上等同,指的是刑法虽然没有规定该概念在外延上等同,但该概念与非刑事规范中的同一概念在事实上相同。如《刑法》第 140 条规定的生产、销售伪劣产品罪的"产品"的概念,和《产品质量法》中的概念在外延上相同。其二是刑法规定等同。在经济刑法中,有的概念、术语就由刑法条文直接指明了其内涵的确定需参照的非刑事规范。在该类情形下,同一概念的外延自然相同。如 2009 年《刑法》第 141 条规定的生产、销售假药罪的"假药",该条第 2 款就指明是指依照《药品管理法》的规定属于假药和按假药处理的药品、非药品。又如,《刑法》第 180 条规定的内幕交易、泄露内幕信息罪的"内幕信息""知情人员"的范围,该条最后一款明确:内幕信息、知情人员的范围,依照法律、行政法规的规定确定。因此,《刑法》中内幕信息、知情人员的范围,与《证券法》等相应法律、行政法规的相关规定一致。

(二) 小于型

小于型是指经济刑法中某一概念的外延小于非刑法规范中同一概念的外延。以注册商标的概念为例,出于历史条件的限制,我国 1983 年的《商标法》仅规定了商品商标,而没有将服务商标列入保护对象的范围。随着经济社会的发展,我国从 1988 年起采用供商标注册用的商品和服务国际分类,把服务商标纳入注册商标,注册商标包括商品商标和服务商标。1993 年 2 月 22 日,第七届全国人大常委会通过《商标法修正案》第 4 条明确规定:"企业、事业单位和个体工商业者,对其提供的服务项目,需要取得商标专用权的,应当向商标局申请服务商标注册;本法有关商品商标的规定,适用于服务商标。"2001 年修订商标法时沿用了该规定。对于《刑法》第 213 条规定的假冒注册商标罪中"注册商标"的范围,学界有不同的观点。有学者认为,在同一种服务商标项目上使用与他人注册的服务商标相同的商标,也是假冒他人注册商标的行为,同样构成假冒注册商标罪。①但是,获绝大多数学者和实务界支持的通说认为,按照《刑法》第 213 条的明文指定,注册商标指商品商标,而不包括服务商标。直至 2020 年,《刑法修正案(十一)》作出修订,在 1997 年《刑法》第 213 条"同一种商品"后面增加"服务"二字,《刑法》中的"注册商标"外延才与《商标法》等同,在此之前《刑法》中的"注册商标"外延是小于前置的《商标法》的。

(三) 大于型

大于型是指经济刑法中某一概念的外延大于非刑法规范中同一概念的外延。从理论上来说,刑法作为补充法,非迫不得已,不动用刑法不足以制裁某行为时才使用,具有最后性。因此,一般来说,刑法适用的范围应当小于对应的非刑事规范,相应地,刑法中概念的外延要小于非刑事法律中同一概念的外延。但考察我国的刑事立法,实际情况并不都是如此。刑法中某一概念的外延大于非刑法规范中同一概念的外延比较多,有的在概念的定义规定中就明确大于情形。例如,《刑法》中的信用卡的概念。1996 年 4 月 1 日,中国人民银行发布的《信用卡业务管理办法》第 3 条规定:"本办法所称信用卡,是指中华人民共和国境内各商业银行(含外资银行、中外合资银行,以下简称'商业银行')向个人和单位发行的信用支付工具。信用卡具有转账结算、存取现金、消费信用等功能。"按照该规定,信用卡包括借记卡和准贷记卡。1997 年《刑法》以该概念为基准,设定了相关的信用卡犯罪类型。根据市场及业务发展的需要,1999 年 1 月 5 日,中国人民银行发布的《银行卡业务管理办法》调整了信用卡的概念,其中第 2 条规定:"本办法所称银行卡,是指由商业银行向社会发行的具有消费信用、转账结算、存取现金等全部或部分功能的信用支付工具。"同时该办法第 5 条明确:"银行卡包括信用卡和借记卡。"也就是说,该办法用银行卡取代了原"信用卡","信用

---

① 马克昌主编:《经济犯罪新论》,武汉大学出版社 1998 年版,第 492 页。

卡"成为银行卡的一种。由此导致在司法实践中,对于伪造或者利用商业银行或其他金融机构发行的电子支付卡进行的犯罪活动,在法律适用上出现了不同的认识,有的案件按照信用卡犯罪处理,有的按照金融凭证犯罪处理,有的按照普通诈骗罪处理,有的不做处理。[①]为此,2004年12月29日,全国人大常委会关于《中华人民共和国刑法》有关信用卡规定的解释明确:"《刑法》规定的'信用卡',是指由商业银行或者其他金融机构发行的具有消费支付、信用贷款、转账结算、存取现金等全部功能或部分功能的电子支付卡。"《刑法》规定的信用卡含义实际上就是非刑事规范中的银行卡,该概念的外延远大于非刑事规范中的信用卡概念。

如上所述,经济刑法中的术语、概念与非刑事规范中相同的概念相比较,两者的内涵和外延,有一部分是完全等同,直接适用的。但是也有相当多的术语的内涵和外延是有差别的。对此,经济刑法有自己独立的判断,并不局限于其他法律法规的限定。经济刑法术语、概念含义的独立性在经济刑法解释上的意义在于:(1)非刑事规范中某一概念的外延小于经济刑法中同一概念的外延时,经济刑法做出独立判断;(2)非刑事规范中某一概念的外延大于经济刑法中同一概念的外延时,经济刑法做出独立判断;(3)非刑事规范某概念的含义发生变化时,经济刑法中同一概念的含义并不必然随之变化。

二、附属刑事责任条款在判定是否构成犯罪中的无涉性

追究某一经济违法行为的刑事责任,是否必须以相应的经济规范对该行为设置了刑事责任条款为必要条件? 如果对某一行为刑法认为应当追究刑事责任,而相应的经济规范中没有附设"构成犯罪的,依法追究刑事责任"的条款,能否追究该行为的刑事责任? 对此,理论上有争议,存在"肯定说"

---

① 刘宪权、张宏虹:《涉信用卡犯罪刑法修正案及立法解释解析》,《犯罪研究》2005年第3期。

和"否定说"两种不同的观点。

"否定说"认为,在对空白罪状进行填充过程中,相关非刑事法律规范中是否存在"构成犯罪的,依法追究刑事责任"等刑事责任表述对于某种行为能否成立犯罪具有决定性意义,非刑事法律规范在某种"行为模式"后缀上"构成犯罪的,依法追究刑事责任",表明此种行为的社会危害性需要借助刑罚来加以干预,若没有缀上"构成犯罪的,依法追究刑事责任",则表明此种行为的社会危害性尚未达到需要借助刑罚来惩罚的程度,即非刑事法律规范的刑事责任规定具有限定刑罚适用的功能。[1]因此,对于非刑事规范中没有附设刑事责任条款的,不得追究行为的刑事责任。

"肯定说"则认为,这些刑事责任条款虽然罪状明晰,但均无罚则内容,对于这些条款规定的犯罪行为,并不能适用这些条款追究刑事责任,"构成犯罪的,依法追究刑事责任"中的"依法"是指依据《刑法》,也就是说,虽然一些法律或者行政法规、地方法规、部门规章规定了"构成犯罪的,依法追究刑事责任",但违反这些法律或者行政法规、地方法规、部门规章构成犯罪的,并不直接依据这些法律或者行政法规、地方法规、部门规章追究刑事责任,而是要依据《刑法》中的相关规定追究刑事责任;如果《刑法》无相关规定,即使条款一再申明"构成犯罪的,依法追究刑事责任"也是具文。[2]

通说认为,肯定说的观点是合理的,下面具体分析。

(一) 单纯的刑事责任条款

对于某一具体行为样态,非刑事规范没有附设刑事责任条款,但《刑法》明确规定为犯罪的,如何处理?最典型的情形如:国务院于2000年9月25日发布了《电信条例》,其中第59条规定了四种禁止性行为,分别是:"(一) 采取租用电信国际专线、私设转接设备或者其他方法,擅自经营国际或者香

---

[1] 孙运英、邵新:《浅议"构成犯罪的,依法追究刑事责任"》,《法学评论》2006年第4期;陈甦:《析"构成犯罪的,依法追究刑事责任"》,《人民法院报》2005年8月10日。

[2] 刘树德:《罪状解构——刑事法解释的展开》,法律出版社2002年版,第107—108页。

港特别行政区、澳门特别行政区和台湾地区电信业务；(二)盗接他人电信线路，复制他人电信码号，使用明知是盗接、复制的电信设施或者码号；(三)伪造、变造电话卡及其他各种电信服务有价凭证；(四)以虚假、冒用的身份证件办理入网手续并使用移动电话。"同时，《电信条例》在"罚则部分"第 68 条规定："有本条例第五十九条第(二)、(三)、(四)项所列行为之一，扰乱电信市场秩序，构成犯罪的，依法追究刑事责任；"而对第 59 条第 1 项行为并没有设置刑事责任条款。因此，对《电信条例》第 59 条第 1 项的行为应如何处理，理论上有不同看法。有的学者认为，最高人民法院 2000 年 4 月 28 日通过的《关于审理扰乱电信市场管理秩序案件具体应用法律若干问题的解释》第 1 条明确规定，实施《电信条例》第 59 条第 1 项行为，情节严重的，依照《刑法》第 225 条第 4 项的规定，以非法经营罪定罪处罚，表明此种非法经营行为即使未被纳入附属《刑法》，也可按非法经营罪追究刑事责任。而另有学者认为，2000 年 9 月 25 日国务院发布的《电信条例》第 68 条并没有在"非法经营国际或者涉港澳台电信业务"的情形后规定"构成犯罪的，依法追究刑事责任"，此种情形就不能解释在《刑法》第 225 条的"其他严重扰乱市场秩序的非法经营行为"之内。[①]至于最高司法机关可否通过司法解释规定此种行为可按照《刑法》第 225 条非法经营罪论处，则涉及立法权的分配问题，另当他论。

此处包括三个问题，需要分开讨论，而不能混淆。其一是非刑事规范没有附设刑事责任条款，但《刑法》规定为犯罪的，能否追究刑事责任？其二是对《电信条例》第 59 条第 1 项的行为，能否通过司法解释的方式把该行为样态确定为非法经营罪？其三是对实施《电信条例》第 59 条第 1 项的行为，能否通过学理解释的方式直接把该行为样态认定为非法经营罪？也就是说，如果没有《关于审理扰乱电信市场管理秩序案件具体应用法律若干问题的

---

① ［日］大塚仁：《刑法概说(总论)》，中国人民大学出版社 2003 年版，第 66 页。

解释》第 1 条的规定,能否通过刑法学理上的解释,将《电信条例》第 59 条第 1 项的行为直接以非法经营罪定处? 事实上,学理解释能否正当地将某一行为解释为犯罪,与非刑事规范中的刑事责任条款在定罪量刑中的意义,是两回事。学理解释能否将某一没有附属刑事责任条款的行为解释为犯罪行为,与附属刑法中的刑事责任条款是否具有实质意义之间没有因果关系,两个命题在正反两个方向上都不能相互论证。上述持否定观点者认为《电信条例》第 68 条并没有规定"构成犯罪的,依法追究刑事责任",此种情形就不能解释在《刑法》第 225 条的"其他严重扰乱市场秩序的非法经营行为"之内。这一观点恰恰就混淆了两个不同性质问题的关系。

在本处要讨论的是,非刑事规范没有附设刑事责任条款,但《刑法》规定为犯罪的,能否追究刑事责任? 通说的观点是肯定的,可以追究行为人的刑事责任,理由如下。其一,这是刑法在法律体系中效力位阶的要求。按照法律的位阶规则,上位法的效力要优于下位法,当下位法与上位法冲突时,适用上位法的规定。因此,当非刑事规范没有附设刑事责任条款,但作为基本法律的《刑法》规定为犯罪的,自然应当作为犯罪处罚。其二,这是法律专属性原则的要求。按照我国《立法法》的规定,有关犯罪和刑罚的事项只能用法律的形式加以规定,行政法规、部门规章和地方法规均不得规定有关犯罪和刑罚的事项。因此,除非在刑法有授权的前提下,诸如行政法规、部门规章和地方法规等非刑事规范无权通过采用"构成犯罪的,依法追究刑事责任"的形式来决定某一行为是否构成犯罪。综上,行政法规、部门规章和地方法规中是否有刑事责任条款,不影响对某一行为的定性。值得注意的是,这里说的附属刑事责任条款在出入罪上的意义,指的是附属刑事责任条款能否单独决定某一行为是否构成犯罪,而不是指在空白罪状的情况下,通过立法的授权,以行政法规、部门规章和地方法规的形式改变具体罪名的罪状的情形。空白罪状中非刑事规范改变罪状,当然可以改变成立犯罪与否。其三,这是我国实践中约定俗成的做法。除行政法规、部门规章及地方性法规之外,还有许多《刑法》之外由全国人大或全国人大常委会制定的基本法律或一般法律中也设定了大量的刑事责任条款。对这些法律中设立的刑事责任条款,在我国的法律环境下,只有形式上的威慑和宣示意义,即"稻草人"条款,而没有决定某一行为是否构成犯罪的实质意义。在司法层面,附属刑事责任条款不决定行为的罪与非罪。

(二) 混合的刑事责任条款

上述几种类型中,附属刑事责任条款都是单独存在的,其效力比较明确。但是,在附属刑事责任条款与空白罪状混合存在的情形下,如何认定其效力,具有相当的迷惑性,尤其值得讨论。所谓附属刑事责任条款与空白罪状的混合存在,指的是在非刑事规范中,拟填补《刑法》空白罪状的条文,其后附设有刑事责任条款。在此情形下,应当如何理解附属刑事责任条款效力,尤其是在非刑事规范变动导致行为构成发生变化,或者附属刑事责任条款和《刑法》的规定不一致等情况下,需要加以认真分析。以《刑法》第 435 条规定为例,该条规定:"违反兵役法规,逃离部队,情节严重的,处 3 年以下有期徒刑或者拘役。 战时犯前款罪的,处 3 年以上 7 年以下有期徒刑。"一般理解,按照该条规定,凡是违反兵役法规,逃离部队,情节严重的,无论是否战时,都构成犯罪。战时脱逃的,加重处罚。同时很明显,该条属于空白罪状,需借助相应的非刑事规范加以填补。问题在于,1998 年 12 月 29 日全国人大常委会修订的《兵役法》,其中第 62 条第 1 款规定:"现役军人以逃避服兵役为目的,拒绝履行职责或者逃离部队的,按照中央军事委员会的规定给予行政处分;战时逃离部队,构成犯罪的,依法追究刑事责任。"第 435 条"违反兵役法规"的空白罪状的条文设置,使得是否成立逃离部队罪需要借助《兵役法》第 62 条的具体规定。由于《兵役法》明确规定战时逃离部队,构成犯罪的,依法追究刑事责任。那么,非战时逃离部队的,是否应当作为犯罪处罚,确实值得考虑。在分析此问题时,应当区分附属刑事责任条款与填补空白罪状的非刑事规范内容。填补空白罪状的非刑事规范内容发生变化,会导致《刑法》中具体犯罪的构成发生相应变化。但是其中的附属刑事责任条款虽然与《刑法》的规定不一致,同样不影响《刑法》的适用。在这一点上,混合的刑事责任条款和单纯的刑事责任条款没有区别。具体分析《兵役法》第 62 条规定,虽然附属刑事责任条款和拟填补空白罪状的行为构成放置于同一条文中表述,但是两者在结构和内容上还是区分得比较明显的,不存在混淆的问题。事实上实务部门也是主张采用《刑法》而弃用《兵役法》的规定。2000 年 12 月 5 日,最高人民法院、最高人民检察院发布了《关于对军人非战时逃离部队的行为能否定罪处罚问题的批复》,其中明确:"军人违反兵役法规,在非战时逃离部队,情节严重的,应当依照《刑法》第 435 条第 1 款的规定定罪处罚。"

综上可以看出,非刑事规范中的附属刑事责任条款对于判定某一行为是否构成犯罪是没有意义的,也就是附属刑事责任条款对于判定行为是否构成犯罪的无涉性。其对于经济刑法中处理具体问题的意义在于:(1)非刑事规范中,对某一具体行为附设了"情节严重构成犯罪的,依法追究刑事责任"的刑事责任条款,而《刑法》没有明确规定该行为为犯罪行为的,应作无罪处理;(2)非刑事规范中,对某一具体行为没有附设"情节严重构成犯罪的,依法追究刑事责任"的刑事责任条款,而《刑法》却明确规定该行为为犯罪行为的,应作为犯罪定处。

三、补充规范相对于刑法规范的从属性

经济刑法条文中设有大量的空白罪状,需要非刑事规范加以填补。通过相应非刑事规范的补充,从而明确经济刑法条文的内容。用以补充空白罪状的非刑事规范,就是补充规范。非刑事补充规范补充空白罪状的,包括两种情形。其一是《刑法》明确规定。《刑法》条文通过"违反国家规定""违反规定"等表述,指明空白罪状的补充应当参照具体的非刑事规范。如《刑法》第 186 条规定的违法发放贷款罪,指"银行或者其他金融机构的工作人

员违反国家规定……"的行为。又如,《刑法》第 228 条非法转让、倒卖土地使用权罪,指"违反土地管理法规……"的行为。上述空白罪状都需要借助对应非刑事规范的内容进行补充。其二是实际要求指引。如《刑法》第 176 条规定的非法吸收公众存款罪,"非法吸收公众存款或者变相吸收公众存款……"对于什么是非法吸收公众存款,如何认定其具体构成要件,虽然《刑法》没有明确说明,但司法实践适用时,要借助相应的法律、行政法规来明确其具体所指。与判定构成非法吸收公众存款行为相关的法律法规有《商业银行法》,国务院发布的相关法规等。2015 年修订的《商业银行法》第 11 条第 2 款规定了,"未经国务院银行业监督管理机构批准,任何单位和个人不得从事吸收公众存款等商业银行业务"。该法第 81 条规定了刑事责任条款:"未经国务院银行业监督管理机构批准,擅自设立商业银行,或者非法吸收公众存款、变相吸收公众存款,构成犯罪的,依法追究刑事责任;并由国务院银行业监督管理机构予以取缔。"国务院于 2021 年 1 月 26 日发布的《防范和处置非法集资条例》第 2 条规定:"非法集资,是指未经国务院金融管理部门依法许可或者违反国家金融管理规定,以许诺还本付息或者给予其他投资回报等方式,向不特定对象吸收资金的行为。"通过上述规定,就可以明确《刑法》第 176 条的空白罪状的具体内容。

现在问题在于,补充规范的变更导致对行为是否构成犯罪的刑法评价发生变化的场合,如何理解补充规范的地位及补充规范变更的效力,需要进一步明确。试举一例如下:2000 年 9 月 15 日至 2002 年 9 月 15 日,被告人黄某承包某一金矿的坑口,共生产黄金约 3 万克。2002 年 9 月 21 日,黄某携带自产黄金和从另一金矿及私人手中收购的黄金共 5 万克,欲运往省城出售,被民警抓获。在此案审理过程中,国务院于 2003 年 2 月 27 日以国发〔2003〕5 号文件发布了《国务院关于取消第二批行政项目和改变一批行政审批项目管理方式的决定》(以下简称"《国务院决定》")。《国务院决定》第 131 条废除了中国人民银行的黄金收购许可制度。由《国务院关于发布〈中华人民共和国金银管理条例〉的通知》(国发〔1983〕95号)、《国务院办公厅关于取缔自发黄金市场加强黄金产品管理的通知》(国办发〔1994〕73号),取消了上述两个规范性文件设立的黄金由中国人民银行统购、统配的规定,个人从事黄金交易的行为,不再"违反国家规定",也不存在"未经许可"的情形。

本案中,由于《国务院决定》等非刑事规范的变化,影响到对行为人行为性质的刑法评价。那么,非刑事的补充规范的变更,是否就是刑法规范的变更,非刑事规范的变化,如何能影响到行为的刑法评价,值得讨论。在经济刑法中,补充规范规定某种犯罪的全部或者部分构成要件。当补充规范发生变化时,该罪名的构成要件的内容相应改变。但是,补充规范不能独立地决定某一行为是否构成犯罪。补充规范对行为类型的入罪依据在于刑法的授权。没有刑法设置的空白罪状的授权,补充规范规定的内容不能独自成立犯罪。因此,补充规范是从属于刑法规范的。没有刑法条文的设定,补充规范就没有刑法意义。

明确非刑事规范相对于刑法规范的从属性,在经济刑法解释上的意义在于:(1)行为由于补充规范的修改,不再符合犯罪构成,对补充规范修改之前的行为,不追究其刑事责任;(2)行为由于补充规范的修改,变为符合犯罪构成,对补充规范修改之前的行为,不追究其刑事责任。对补充规范修改之后的行为,应当追究其刑事责任。

思考题

1. 如何判断经济刑法规范适用中的从属性?
2. 经济刑法规范适用的独立性体现在哪些方面?

第六章
经济犯罪中的违法性认识与解释规则

第一节 经济刑法中的违法性认识

作为风险社会的典型犯罪形态,经济犯罪近年来呈数量增多、危害加重的趋势,大量经济犯罪案件涉及违法性认识的界定问题,给司法裁量带来困惑。关注经济犯罪中的违法性认识问题,期望该要素能够在经济犯罪案件裁量中的充分运用,以消弭民众认知与司法裁判的紧张关系,彰显经济刑法与刑事政策的正当性,提升司法的公信力及民众的守法约束水平。

一、经济刑法中违法性认识的体系性地位

违法性认识问题之所以在经济犯罪中地位凸显,源于经济犯罪的法定犯属性,而实现行政违法与刑事违法的跨越,违法性判断都无法规避。在违法性认识领域中,一个重要争议问题是,违法性认识的体系性地位,在什么层面予以判断?或者说,违法性认识与故意的关系?需要进一步明晰。

我国《刑法》中规定的故意与过失,究竟是单纯的主观心理状态,还是包含了规范评价要素?对此的不同回答,形成了心理责任论与规范责任论的分野。[1]违法性认识在刑法学体系中,是故意的要素还是责任的要素,成为

---

[1] 陈兴良:《违法性认识研究》,《中国法学》2005年第4期。

心理责任论与规范责任论争论的焦点问题。

一种观点认为,违法性认识属于故意的要素,不具备违法性认识则排除故意。虽然存在四要件与三阶层不同犯罪构成理论的分野,但都将违法性认识置于故意之内。有的学者认为,故意的内容包括违法性认识,而且应当在社会危害性认识与违法性认识之间建立关联,"只要行为人认识到自己的行为是具有社会危害性的违法行为,都应该视为有违法性认识"。①还有的学者虽然赞成违法性认识是故意的要素,但是认为应当区分社会危害性认识与违法性认识。②还有的学者认为:"在我国《刑法》中,应当坚持社会危害性认识与违法性认识相一致的观点。社会危害性认识只不过是我国《刑法》使用的特定用语,其法理上的含义应当是指违法性认识。"③这些观点尽管在社会危害性认识与违法性认识的关系上存在差异,④但是均赞同违法性认识属于故意要素,⑤由此形成"严格故意理论",并进一步发展出的"限制故意理论",认为现实的违法性认识(可能性)是故意的要素,包含于故意内容之中。没有违法性认识,就没有故意。⑥

但是,否定的观点则对此提出了疑问。他们认为:"犯罪本质不是违反法律要求,而是对共同体价值的漠视,因此,犯罪故意指向的是后者而非前

---

① 刘明祥:《刑法中违法性认识的内容及其判断》,《法商研究》1995 年第 3 期。
② 贾宇:《论违法性认识应成为犯罪故意的必备要件》,《法律科学》1997 年第 3 期。
③ 陈兴良:《违法性认识研究》,《中国法学》2005 年第 4 期。
④ 刘明祥认为"只要行为人认识到自己的行为是具有社会危害性的违法行为,都应该视为有违法性认识"。参见刘明祥《刑法中违法性认识的内容及其判断》,《法商研究》1995 年第 3 期。贾宇同样赞成违法性认识是故意的要素,但是认为应当区分社会危害性认识与违法性认识。参见贾宇《论违法性认识应成为犯罪故意的必备要件》,《法律科学》1997 年第 3 期。陈兴良认为,社会危害性认识在法理上的含义就是指违法性认识。参见陈兴良《违法性认识研究》,《中国法学》2005 年第 4 期。
⑤ 将违法性认识视作故意要素的观点,在德国早期也有不少学者主张。例如,宾丁(Binding)很早就提出,行为人只有认识到行为的违法性时,才能够故意地实施犯罪行为。不法意识是犯罪成立的一个条件,是"定性的和构成性的故意要素"。Ralf Glandien, *Der Verbotsirrtum um Ordnungswidrigheitenrecht und im Nebenstrafrecht*, 2000, S.51.
⑥ 陈兴良:《本体刑法学》,商务印书馆 2001 年版,第 345 页;[意]杜里奥·帕多瓦尼:《意大利刑法学原理》(注评版),陈忠林译,中国人民出版社 2004 年版,第 187 页。

者。"同时"故意与过失都要求存在违法性认识（可能性），两者要求的程度不同，决定了故意与过失的处罚轻重程度的差异。如果将违法性认识视作故意要素，就会消解故意与过失之间的根本区别"①。如果因为欠缺违法性认识而否定故意，但是又没有相应的过失犯罪规定的场合，就会形成难以忍受的处罚漏洞。此外，按照这种"（限制）故意理论"，事实认识错误与违法性认识错误之间的区分变得含糊不清，混淆了注意力不足与价值偏误之间的差别。②

由此学者们认为，违法性认识独立于故意。作为责任要素，违法性认识的欠缺或错误，不影响犯罪该当性的判断，而仅在具备罪过的前提下，在责任层面发挥作用，进一步明确违法性认识是犯罪论体系中的责任要素。

现代经济犯罪中，将违法性认识作为责任的要素，更是贯彻依法治国公共利益的需要。市场背景下，经济行政管理法规大量涌现，刑事立法技术逐步成熟，对社会公众的"知法期待"也日益提升。将违法性认识问题排除出故意的要素，有助于满足社会发展对于刑事政策的需求，漠视法律者不得以"不知法"而豁免犯罪，对藐视漠视法律者激活刑法的教育功能；同时保障了崇法守法公民的合理信赖，减轻了国家的普法成本，增进了国民的守法水平，也与过失犯中的"超越罪责理论"相呼应。③

二、经济刑法中违法性认识的对象

既然违法性认识是犯罪论体系中不可或缺的要素，那么，违法性认识的内容究竟是刑事法还是前置法？而以行政执法人员的明确告知或法学专家

---

① 周光权：《违法性认识不是故意的要素》，《中国法学》2006年第1期。
② 王莹：《论法律认识错误》，载陈兴良主编《刑事法评论第24卷》，北京大学出版社2009年版，第225页。
③ 车浩：《法定犯时代的违法性认识错误》，《清华法学》2015年第4期。"超越罪责理论"，是指通常情况下，刑法奉行实行行为与责任能力同时存在的基本原则，但是如果行为人明知其缺乏预见或者回避结果发生的能力，仍然实施特定危险行为，从而导致结果发生，则尽管其在实施实行行为之时没有注意能力，仍可以认为其违反了注意义务，成立过失犯。

等法律专业人士的建议作为"合法"依据而实施的不法行为,行为人能否以此作为抗辩事由,进而主张"不知法"而生阻却犯罪故意的效力?显然,只有直面并厘清上述问题,才能科学解决违法性认识与犯罪认定和刑事归责的关系。

对于违法性认识的内容,虽然学界有"违背道德说""限制刑法认识说""严格刑法认识说"[1]和"违反整体法规认识说"[2]等不同主张,但其实这些观点不过是不同时代不同法系、不同语境下的不法认识内涵的反映,其所折射的是不同时代的刑法理论对于法与道德、前置法与刑事法之间关系的认识。而基于法秩序统一的中国特色社会主义法律体系中的前置法与刑事法之间的规范关系,笔者以为,违法性认识应当是对前置法规范的认识,而不是行为刑事违法性的认识。

从自然犯向法定犯的演进变迁来看,古罗马法时代,道德与法律同一,严重离经叛道即为法律禁止,道德的违背作为判定违法认知的标尺,所以有"不知法不免责"的传统。启蒙运动时代即将,道德与法律分离,刑法与民法、行政法分离,从以民事犯为治理核心的前现代刑法到以行政犯为治理核心的现代刑法,公民的行动准则由公民内心的道德戒律转变为国家承认或者制定的法律,对于公民而言,忠诚于前置法设定的权利义务,尊重前置法确立的法益,是公民的基本道德义务的提升,其行为犯罪性的判断的标尺也应相应调整为前置的民事法与行政法、经济法,违法性认识的对象也应为前置法。

从部门法之间的规范关系来看,前置法与刑事法的规范使命均在于践行宪法要求而调整保护法益。法益的确立,是宪法基本价值秩序在前置法中的具体展开和呈现;而法益保护,其实是宪法比例原则要求在前置法责任和刑责任分配中的结构展开和实现。由此决定,刑事"不法"的质,包括刑事

---

[1] 张明楷:《刑法学(第6版)》,法律出版社2021年版,第413—414页。
[2] 贾宇:《罪与刑的思辨》,法律出版社2002年版,第170页。

"不法"的构成及其要素,主要取决于前置法规范的规定;而刑事"不法"的量,包括刑事"不法"的类型及其程度,主要取决于刑事法规范的设定。从这个意义上看,违法性认识作为犯罪论体系中的要素,应该是对前置法的认识。

其从经济社会部门法共治的要求来看,现代法治是法秩序统一下的前置法与刑事法的协同治理,首先经由前置法规范调整、确认,成为法秩序中的"法益";前置法为第一保护性规范,《刑法》为第二保护性规范,这符合宪法价值秩序的社会生活核心利益。所以,对于《刑法》而言,其所担负的法益保护使命的根本核心,乃在于其作为二次保护法所致力于保护的前置法所确立的法益不被侵犯;其所坚守的规范忠诚的终极目标,乃在于其通过刑事威慑所致力于保障的前置法的规范效力得以实现。

与此同时,无论是传统的自然犯还是现代法定犯,对罪量的认识始终不是违法性认识的要素,对行为人来说,对行为的道德违反性(社会危害性)和前置规范违反性认识即为已足,对行为是否已经达到刑事违法的程度、是否应当移送司法机关追究刑事责任,无须作出清晰的认识和准确的判断。所以,将违法性认识的对象限定为前置法的认识,是对现代法秩序的坚守,也是对《刑法》保障法地位和使命的捍卫。

三、经济犯罪违法性认识的判断准则

前置法违法性判断是法定犯定罪过程的第一步,而经济犯罪中违法性判断的主体、判断的依据、判断的标准、判断的方法等,这些问题均需予以进一步厘清。

(一)判断主体:行政机关抑或司法机关?

行政机关和司法机关都会涉及对行为人的违法性认识判断问题。行政机关因对社会生活的介入广度与深度的不断扩展,专业日益细分,对相关的行政法规的掌握和理解相对司法机关更全面而及时、深入专业,但这并不是

剥夺司法机关违法性认识判断主体资格的理由,经济犯罪定罪过程中的违法性认识判断主体仍然应当是司法机关而非行政机关。

我国《宪法》第131条和136条分别规定了人民法院和人民检察院依法独立行使审判权和检察权,不受行政机关、社会团体和个人的干涉。刑事司法不应依赖行政机关的意见作为裁判依据,是司法权独立于行政权宪政应有之义,也体现了刑事法在我国宪政架构下体现法治要求的法规范属性。也是,从司法权与行政权的区别来看,司法权的本质是判断权,其效力具有终极性;而行政权的本质是管理权,其效力只具有先定性,行政权的行使是否合法、合理,不能由行政机关自己判断,而需要由行使判断权的司法机关进行判断,司法审查权由此应运而生。①作为法定犯的经济犯罪,对于犯罪构成要件的判断,当然应当由司法机关来进行。

同时,行政权和刑事司法权的实际运行标准迥异。因涉及对公民基本权利的生杀予夺,刑事诉讼的证据资格要求最严、证明标准要求最高,行政机关认定行政违法所依据的证据和证明规格不可能达到刑事审判的要求。如直接援引行政机关的认定,会降低刑事证据的证据资格要求和证明力标准,影响了刑事审判的精准与公正。

对此,2008年1月,最高人民法院、最高人民检察院、公安部、中国证券监督管理委员会联合颁布的《关于整治非法证券活动有关问题的通知》第二点第(四)项就规定:"非法证券活动是否涉嫌犯罪,由公安机关、司法机关认定。公安机关、司法机关认为需要有关行政主管机关进行性质认定的,行政主管机关应当出具认定意见。"2011年前述四家机构又联合下发《关于办理证券期货违法犯罪案件工作若干问题的意见》(以下简称"《意见》"),《意见》第四点规定:"公安机关、人民检察院和人民法院在办理涉嫌证券期货犯罪案件过程中,可商请证券监管机构指派专业人员配合开展工作,协助查阅、

---

① 孙笑侠:《法权的本质是判断权——司法权与行政权的十大区别》,《法学》1998年第8期。

复制有关专业资料。证券监管机构可以根据司法机关办案需要,依法就案件涉及的证券期货专业问题向司法机关出具认定意见。"可见,最高司法机关也认可并采纳了司法机关作为违法性认识判断主体的意见,认为只有在公安机关、司法机关"认为有需要"的情况下,才要求有关行政机关出具认定意见,而非"必须"要求行政机关出具认定意见。而且行政机关出具的认定意见,并不具有当然的证明力,司法机关对其仍需进行形式和实质的全面审查,经过全面审查后可以采纳也可以不予采纳。

(二)判断的依据:规范还是理论?

与违法性认识内容紧密相关的另一问题是:行为人获知前置法的途径是什么?是仅限于有权机关制定的法律和颁布的解释,还是亦包括专业人士给出的法律意见?即特定人员、部门的告知,能否成为违法性认识的抗辩事由?例如,专业人士对法律问题的解读,能否成为行为人的知法途径?这也是司法实践中亟待解决的问题之一。

对此,德国不仅开创"不知法可免责"之现代刑法先河,甚至承认对律师意见的合理信赖也可以构成不可避免的法律错误。[①]"除非律师是以一种明显不严肃的方式建议行为人使用'愚蠢的阴谋诡计'来规避法律,否则,没有经过法学教育的普通公民咨询律师之后所发生的违法性认识错误,应当认定行为人为知法而做了真诚的努力,从而认定此违法性认识错误不可避免而免除行为人的刑事责任。"[②]而英国虽然承认法律没有公布或者不可知可以成立抗辩事由,但并不接受任何以对官方建议的信赖为基础的错误成立抗辩事由,其理由是:允许这样的抗辩事由将使官员行使某种免使公民履行遵守法律之义务的悬置权或处置权。[③]

---

① 劳东燕:《责任主义与违法性认识问题》,《中国法学》2008 年第 3 期。
② [德]克劳斯·罗克辛:《德国刑法学总论:犯罪原理的基础构造》,王世洲译,法律出版社 2005 年版,第 557—558 页。
③ See A.T.H Smith, "Error and Mistake in Anglo-American Criminal Law," *The Anglo-American Law Review*, vol.14, no.1(1985), p.20.

至于我国,有学者基于责任主义立场,赞同德国的做法:"人们无法解释,为什么确保给出法律意见的机构或个人实际上被允许代表国家发言会关系重大,或者说为什么对官方声明的合理信赖更容易成为抗辩事由,而对律师建议的合理信赖与对制定法的合理的私人性误读就不该免责。"[①]但同时,也有学者反对:"从律师、税务代理人等中介组织人员处,而非国家权威机关处得到一些信息,从而认为自己的行为合法,但实质上违反法规范的,不认为欠缺违法性认识可能性。"[②]

对此,应当说作为前置法的规范,只有经由国家制定或承认的法律、法规,才具有法律效力,成为法规范体系的组成。法律专业人士对法律所作的解释,包括法学教授在课堂上所讲授的法学教案、出版发表的法学论著,尽管可为立法、执法、司法机构提供立法理论支持和法律适用参考,但无论在大陆法系还是英美法系抑或我国,并不具有法律效力。学理解释之所以被认为是无权解释,一个公认的事实是:相同的原则、相同的制度、相同的术语,不同解释者得出的结论往往迥然有异。所以,如果允许法律专业人士或者法律执业者的意见可以成为公众知法的认知途径,如果允许因对法律专业人士或者法律执业者的意见的信赖而发生的违法性认识错误阻却故意之刑事责任,不仅是对法治秩序的废弛和罪刑法定的否定,而且是对"文本随我所欲"的人治的回归,而这显然不是法治的福音和我们期待的公共福祉的增进。

所以,从法规范效力来看,违法性认识之"法",必须是具有法律效力的规范性文件,包括立法机关所制定或承认的制定法、习惯法及其立法解释,以及司法机关和行政执法部门所适用的有效的解释性规范文件或者指导性案例。

(三)判断标准:形式抑或实质?

经济犯罪的认定,是将抽象的法律规范与具体的案件事实相结合的法

[①] 劳东燕:《责任主义与违法性认识问题》,《中国法学》2008年第3期。
[②] 周光权:《违法性认识不是故意的要素》,《中国法学》2006年第1期。

律适用过程。形式标准,是指根据前置法规的字面含义所显示的形式特征理解法规范并将之与案件事实的形式特征相对比,得出行为是否具有违法性的结论;而实质标准,则是指分析前置法规的目的,把握法规范中各要素的本质,并将之与案件事实的本质特征相对比,得出行为是否具有违法性的结论。

在经济犯罪领域,充斥着经济、金融等专业术语与日益翻新、层出不穷的犯罪手法之间的冲突与平衡,采用形式标准还是实质标准,体现出经济犯罪治理与刑事政策规范与价值的博弈。对前置法规的实质解释,即根据前置法规所调整领域的专业知识和社会发展的具体环境确定某一概念的本质特征,对法律进行解释,而非拘泥于法条的字面意思或立法者当时的意思。成文法的生命力在相当程度上取决于法律解释活动。法律解释活动越发达,科学性越强,成文法的生命力就越长久,其在社会生活中的规范效果就越明显。[1]一方面,经济犯罪的前置法规,与《刑法》相比,具有更强的易变性,在适用过程中必然会发生许多立法者当时未曾预料的情形,一律以立法目的或立法原意为解释目标,势必不能适应社会对法律的需求。另一方面,经济犯罪常为高智商犯罪、白领犯罪,行为人具有一定甚至是相当的法律规避意识,从而使犯罪行为呈现出众多迷惑性表象,需要司法官从纷繁复杂的案件表象中,提炼出行为的本质特征。

由此,对经济犯罪的违法性认识判断标准,应采用实质标准,通过对前置法规的实质解释和对案件事实的实质提炼双向对应、涵摄,判断出行为的性质及其在前置法规中是否具有违法性。

(四)判断方法:一元还是综合?

虽然违法性在整体法秩序的意义上具有统一性,但法本身同时也预定了多元的、相对的概念,以解决各种利益、价值复杂交错的现代社会中所出

---

[1] 王利明:《建构符合中国国情的法律解释学》,《法制日报》2012 年 6 月 13 日第 11 版。

现的问题,①这是从界分民事违法、行政违法与刑事违法的角度对违法多元论所作的阐述。经济犯罪的罪状中常见"违反法律规定"等表述,该"违反法律规定"的判断标准,涉及一元判断还是综合判断的问题。

一元的判断方法,是将所有的经济行政法规视作一个整体,任何违反都构成经济犯罪的行政违法前提。而综合的判断方法,则认为经济犯罪违法性具有多元性,只有具备刑事可罚性的行政违法行为才能被视为符合行政犯罪违法要素的行为。在对经济犯罪定罪过程中,对违法性的判断,应适用综合判断方法,并非任何违反了行政法规的行为都可以被认定为《刑法》上的"非法"行为,而应将具有多元化表现的行政违法行为从违法性的"质"和"量"两个维度,区分行政法规上的行政违法性和经济犯罪所要求的前置规范违法性。

四、经济犯罪中违法性认识的出罪效能

在转变立法和司法理念的前提下,经济犯罪刑法规制还要合理设置罪名的打击口径,设置合理的经济犯罪出罪机制。经济犯罪中,违法性认识问题可以充分发挥其出罪效能。

首先,前置救济用尽规则。即,该危害行为是否经由刑法之外的其他法律部门调整;其他法律部门调整该危害行为的方法是否确当;在社会政策方面是否存在治理该行为的替代性选择。②应当坚持刑法"守门员"的角色地位。刑法作为最具强制力和制裁效果的社会规范,是保障各种法律执行的最后一道屏障,不能在经济犯罪规制中冲在最前面。在穷尽所有前置救济,仍无法恢复受损经济关系的,才有启用刑法的必要性。

其次,中间地带豁免规则。经济犯罪中,因其二次违法的特征,应充分

---

① 于改之:《刑民分界论》,中国人民公安大学出版社2007年版,第190页。
② 刘沛谞:《出罪与入罪:宽严相济视阈下罪刑圈的标准设定》,《中国刑事法杂志》2008年第1期。

考虑：该危害行为是否经由刑法之外的其他法律部门调整；其他法律部门调整该危害行为的方法是否恰当；在社会政策方面是否存在治理该行为的替代性选择。①也即，从促进市场创新和维护市场主体权利角度，对处于违法和犯罪行为中间地带的灰色行为，刑法应保持克制，不要轻易触及。在经济行为的罪与非罪之间，需要大量行政法规范的引入，以规范和调整这一类"非罪"的经济行为，这就需要建立起一条"行政法缓冲带"。这条"缓冲带"应有足够宽度，以给触碰经济行政管理禁止性法律规范的经济违法行为留有自我纠正和调整的法律空间。在经济行为行政违法性尚不明确的情况下，保持足够的"自制力"和"克制"精神，发挥行政法在经济犯罪认定中的"第一次筛选"作用。

同时，违法性认识的可能性属于阻却有责性经济犯罪出罪理论之一，具有出罪机能，可以适用于司法实践中对经济犯罪的出罪认定。基于现代刑法的责任主义原则，域外刑法理论和刑事立法逐渐肯定违法性认识错误对罪责的影响，承认在违法性认识错误不可避免的场合，不知法律可以成为罪责的阻却事由。如果行为人处于不具有违法性认识可能性的情况下，违法性认识错误就属于阻却责任事由。②

再者，行政许可也可阻却经济犯罪。经济刑法规范的适用中，违法性的阻却也具有行政从属性，行政机关的许可或核准可以成为阻却经济犯罪的犯罪构成。在经济犯罪中，行政许可既可以阻却构成要件的该当性，也可以阻却违法性。如果未经行政许可或核准是经济犯罪的构成要件要素，取得行政许可就阻却构成要件的该当性；如缺乏行政许可或核准是一种专门的违法性要素，取得行政许可便阻却违法性。所以说，行政许可可以成为经济犯罪的阻却事由。③

---

① 刘沛谞：《出罪与入罪：宽严相济视阈下罪刑圈的标准设定》，《中国刑事法杂志》2008年第1期。
② 孙国祥：《违法性认识错误的不可避免性及其认定》，《中外法学》2016年第3期。
③ 刘伟：《经济刑法规范适用中的从属性问题》，《中国刑事法杂志》2012年第9期。

第二节　经济犯罪行政违法的解释规则

一、问题与立场

近年来"陆勇代购抗癌药品案""王力军非法经营案"[①]等曾经为公众关注的,既与行政违法有关又与刑事犯罪认定关联的行刑竞合案件,最终以作为行政犯的行为人行为不符合相关犯罪的构成条件而尘埃落定。但司法中类似的案件仍然频频发生,而其他案件的当事人却没有陆勇、王力军那样的幸运,大多被定罪处刑。其中"王力军非法经营案"就涉及"兜底条款"的适用问题。如果说,刑法是"二次法",是第二次规范,那么作为行政犯的经济犯罪,则是最为典型必须体现着"刑法的二次规范性""刑法的片段性"和刑法的"谦抑性"[②]基本要求的案件类型。在"法定犯时代已经到来"[③]的现实语境下,对于行刑竞合案件如何进行刑法适用,也面临着越来越多的考验与挑战,也对经济犯罪裁判中如何发挥前置法的功能,遵循市场经济的基本规律乃至保障人权与市场主体权利带来新课题。

事实上,行刑竞合案件的复杂性在于,一方面,行政法律法规,以及事实上对犯罪判断有重要影响的行政规章极其复杂,其内部的规范性与体系性值得关注;另一方面,行政法律法规与刑法之间的关系与一体解释更需学术上的梳理,因为行政规制的目的与刑法规范的旨趣之间有着不同的定位。学者指出,在对行政犯的认定中,机械适用行政法规范,直接将相关行政行为作为定案依据,以行政不法判断取代刑事违法判断的"司法保守主义"盛

[①] 两个案情分别参见劳东燕:《价值判断与刑法解释:对陆勇案的刑法困境与出路的思考》,《清华法律评论》第9卷第1辑;阮齐林:《刑事司法应坚持罪责实质评价》,《中国法学》2017年第4期。
[②] [日]松宫孝明:《刑法总论讲义》,钱叶六译,中国人民大学出版社2013年版,第11页。
[③] 李运平:《储槐植:要正视法定犯时代的到来》,《检察日报》2007年6月1日。

行,极有可能导致行政犯的范围被不当地扩大。①因此,如何在一体化思考与体系性解释基础上,确定并明晰行政犯的刑法规制的目的,就成了行政犯司法解释与适用过程必须关切的问题,也成为行政犯能否司法正确适用的关键。体系解释与目的限缩对于行政犯的刑法适用的制约功能应当得以体现。

二、类型化行政违法后果的差异是刑事违法判断的前提

行政犯以行为违法作为刑法前置法的行政法律规范存在为前提,因此,行政犯的刑事违法就必然依赖于行政违法的规定作为基础。表现之一就是,如果在前置法中,没有行政不法的规定,那么,经济犯罪的行政犯认定就没有基础。同时,一旦作为行政犯的前置法发生了变动,行政犯的适用就必须随着前置法的变化而适用,并坚持从旧兼从轻原则。②从这个意义说,行政犯具有"行政从属性"③的基本特征。

就此,行政犯刑事违法的判断,除在前置法与刑事法之间进行体系性解释要求之外,还应当在前置法之间作体系性的一体化思考。因为行政法律法规的背后,是海量的行政规章作为行政法律法规的"细胞"与"血管",支持并支撑着行政法律法规的"躯体"。如果不能结合大量的行政规章,就不可能对行政法律法规所涉行政不法的内容与层次有系统的认知,也不可能对行政违法与刑事违法的体系性作全面的理解。

无论是立足于理论还是关注于实践,我们应当意识到的是,行政规章的内容客观地渗透到行政犯的认识与判断之中,行政违法是包含行政规章在内的行政整体法的判断。

---

① 简爱:《我国行政犯定罪模式之反思》,《政治与法律》2018年第11期。
② 谭兆强:《论行政刑法对前置法规范变动的依附性》,《法学》2010年第11期。
③ 庄乾龙:《环境刑法定性之行政从属性——兼评〈两高关于污染环境犯罪解释〉》,《中国地质大学学报(社会科学版)》2015年第4期。

以《海关法》《刑法》《进出口商品检验法》《进出口商品检验法实施条例》《进出境非食用动物产品检验检疫监督管理办法》等法律、法规与行政规章规定的相关内容为分析规范文本,以行为人不如实提供属于法定检验的进出境非食用动物产品的真实情况,取得检验检疫部门的有关证单并通关的行为(比如,行为人提供了虚假的单证,将来自疫区的非食用动物及其制品进行报检,在检验检疫合格后顺利报关通关的情形)为分析对象,就行为人的行为是否构成走私国家禁止进出口的货物、物品罪(兜底罪名)为例,我们可以清晰地意识到行政犯体系性解释的问题之所在。

第一,《海关法》关于走私行为的规定,包括基本的两种类型,即偷逃应纳税款的走私行为类型,以及逃避国家关于进出境的禁止性或者限制性管理的行为类型。构成犯罪的,就应当追究刑事责任。根据《海关法》,逃避海关监管,逃避国家有关进出境的禁止性或者限制性管理规定的行为,构成犯罪的,依法追究刑事责任。就此,行为人提供了虚假的单证,将来自疫区的非食用动物及其制品进行报检,在检验检疫合格后顺利报关通关的行为,是可能构成走私国家禁止进出口的货物、物品罪的。《海关法》第82条第1款规定:违反本法及有关法律、行政法规,逃避海关监管,偷逃应纳税款、逃避国家有关进出境的禁止性或者限制性管理,有下列情形之一的,是走私行为:(一)运输、携带、邮寄国家禁止或者限制进出境货物、物品或者依法应当缴纳税款的货物、物品进出境的;(二)未经海关许可并且未缴纳应纳税款、交验有关许可证件,擅自将保税货物、特定减免税货物以及其他海关监管货物、物品、进境的境外运输工具,在境内销售的;(三)有逃避海关监管,构成走私的其他行为的。第3款规定:"有第一款所列行为之一,构成犯罪的,依法追究刑事责任。"根据上述规定,行为人的行为属于逃避国家关于进出境的禁止性或者限制性管理的行为,符合《海关法》第82条第1款第3项规定的走私行为的"兜底条款"所能涵盖的内容。

第二,根据《刑法》有关走私国家禁止进出口的货物、物品罪的规定与相关司法解释,只要是走私国家禁止进出口的货物、物品,达到一定数额或者数量的,就可以构成犯罪。《刑法》第151条第3款规定:"走私珍稀植物及其制品等国家禁止进出口的其他货物、物品的,处五年以下有期徒刑或者拘役,并处或者单处罚金;情节严重的,处五年以上有期徒刑,并处罚金。"2014年最高人民法院、最高人民检察院《关于办理走私刑事案件适用法律若干问题的解释》第11条规定:"走私国家禁止进出口的货物、物品,具有下列情形之一的,依照《刑法》第一百五十一条第三款的规定处五年以下有期徒刑或者拘役,并处或者单处罚金……(四)走私来自境外疫区的动植物及其产品五吨以上不满二十五吨,或者数额在五万元以上不满二十五万元的。"从形式上看,行为人走私了国家禁止进出口的货物、物品,属于《海关法》所列"逃避国家关于进出境的禁止性或者限制性管理的行为",无论是否检验检疫合格,是否报关通关,对于来自境外疫区的动植物及其产品,只要行为人走私达到一定数量,或者一定数额,就可以构成走私国家禁止进出口的货物、物品罪。

第三,作为行政法律,就必须经商检机构检验检疫,如果行为人提供虚假的单证,取得检验检疫合格证明的进口行为,《进出口商品检验法》规定了相应的行政责任,但没有规定相关的附属刑法规范内容。《进出口商品检验法》第32条只规定了"违反本法规定","将必须经商检机构检验的进口商品未报经检验而擅自销售或者使用的,或者将必须经商检机构检验的出口商品未报经检验合格而擅自出口的,由商检机构没收违法所得,并处货值金额百分之五以上百分之二十以下的罚款;构成犯罪的,依法追究刑事责任"。由此可知,在这部法律中,只规定了"经商检机构检验的进口商品未报经检验而擅自销售或者使用的,或者将必须经商检机构检验的出口商品未报经检验合格而擅自出口的"可能构成犯罪的情形,但没有涉及不如实提供属于法定检验的进出境非食用动物产品的真实情况,取得检验检疫部门的有关证单的刑事法律责任的规定。对于刑法规范及其刑事责任的解释与分析,是否需要结合《进出口商品检验法》已经类型化的行为及其后果的内容,值得研究。

第四，作为行政法律配套的行政法规《进出口商品检验法实施条例》只规定了不如实提供进出口商品的真实情况，取得出入境检验检疫机构的有关证单的行政责任，没有规定刑事责任的条款。国务院颁行《进出口商品检验法实施条例》第45条第1款规定："进出口商品的收货人、发货人、代理报检企业或者出入境快件运营企业、报检人员不如实提供进出口商品的真实情况，取得出入境检验检疫机构的有关证单，或者对法定检验的进出口商品不予报检，逃避进出口商品检验的，由出入境检验检疫机构没收违法所得，并处商品货值金额5％以上20％以下罚款。"根据这一行政法规的规定，不如实提供属于法定检验的进出境非食用动物产品的真实情况，取得检验检疫部门的有关证单的行为，只有行政责任，没有涉及刑事法律后果的规定。

第五，作为具体落实法律、法规的部门规章，《进出境非食用动物产品检验检疫监督管理办法》（以下简称《管理办法》）对违反进出境非食用动物产品检验检疫规定所涉及的法律责任作了类型化的规定，且不同的行为，具有不同的法律后果，有的行为明确规定了刑事法律后果，①有的则只有行政法律责任。《管理办法》第74条第1款规定：进出境非食用动物产品的收货人、发货人、代理报检企业或者报检人员不如实提供属于法定检验的进出境非食用动物产品的真实情况，取得检验检疫部门的有关证单，或者对法定检验的进出境非食用动物产品不予报检，逃避进出口商品检验的，由检验检疫部门按照《进出口商品检验法实施条例》第46条第1款的规定没收违法所得，并处非食用动物产品货值金额5％以上20％以下罚款。但《管理办法》第74条涉及的违法行为没有"构成犯罪的，依法追究刑事责任"规定。②值

---

① 行政规章中能否规定涉及刑事法律后果的内容，从权限上看，本身也是值得研讨的问题。
② 需要说明的是，2018年4月20日起，国家质量监督检验检疫总局的出入境检验检疫管理职责和队伍划入海关总署。在《管理办法》根据海关总署令第238号、240号修改后，上述内容未作任何变动。

得特别注意的是,在该《管理办法》的第71条至第73条,分别规定了违反该《管理办法》,"擅自销售、使用未报检或者未经检验的属于法定检验的进境非食用动物产品的";"擅自出口未报检或者未经检验的属于法定检验的出境非食用动物产品的";"销售、使用经法定检验、抽查检验不合格的进境非食用动物产品,或者出口经法定检验、抽查检验不合格的非食用动物产品的"相关的行政处罚内容,同时规定"构成犯罪的,依法追究刑事责任"的内容。需要研究的是《管理办法》这样的类型化规定的行为及其后果,对于认定不如实提供属于法定检验的进出境非食用动物产品的真实情况,取得检验检疫部门的有关证单并通关的行为,对能否构成走私国家禁止进出口的货物、物品罪的解释,有无行政规章的制约价值与适用意义。

综观上述刑事法律、行政法律、法规与行政规章,需要研究与探讨的是,对于必须经过检验检疫环节的进出口商品所涉及的走私犯罪的认定,是否可以不需要结合《进出口商品检验法》《进出口商品检验法实施条例》《进出境非食用动物产品检验检疫监督管理办法》,直接按照《刑法》《海关法》以及相关的司法解释,就认定行为人的行为构成走私国家禁止进出口的货物、物品罪。

应当说,与《刑法》立法一样,行政法律、法规乃至行政规章的内容设定及其相应的法律后果的设置,应当是立法者、行政规章制定者在充分考虑各种行为及其法益侵害程度基础上,秉持法秩序统一性原则,进而审慎与缜密理念的一体化、体系化思考的结果。"所谓法秩序的统一性,是指由宪法、刑法、民法等多个法领域构成的法秩序之间互不矛盾,更为准确地说,在这些个别的法领域之间不应作出相互矛盾、冲突的解释。"[1]按照这一基本要求,在同一部法律法规、行政规章当中规定了不同行为的不同法律后果,应当是立法者或者规章制定者深思熟虑的反映与体现,其集中表达了立法者或者

---

[1] 王骏:《违法性判断必须一元吗?——以刑民实体关系为视角》,《法学家》2013年第5期。

规章制定者的价值判断、价值权衡与立法目的选择,此时对《刑法》与相关的行政法律、法规与行政规章,必须作整体的体系性解释,而不能无视前置法(规)本身的独立价值的存在,以及在立法上或者规章制定上的行为性质的已有判断,这是体系解释的基本规定性。体系解释的基本要求是"整体只能通过对其各部分的理解而理解,但是对其各部分的理解又只能通过对其整体的理解"①。因此,对于行政法律法规、规章上规定的各自行为不同的法律后果,刑事司法者与解释者必须予以基本的尊重,"体系解释要求把需要解释的对象置于整个法律体系之中,或者说置于所有法律制度和法律规范组成的有机融合的统一体之中"②。否则,作为刑法适用必须考虑的前置法中分别规定的"行为类型"及其后果就失去了立法的价值,行政犯的"行政从属性"就失去了基础。况且,即便不考虑行政违法的类型化行为及其后果的差别,在行政违法的基础上认定刑事违法,我们还要意识到的是,直接将行政违法作为刑事违法的认定,本身还面临着程序与证据,乃至行政立法与刑事法律不同目的的拷问。③

就此,需要研讨的是,作为走私国家禁止进出口货物、物品犯罪的"兜底罪名",走私国家禁止进出口的货物、物品罪,是否可以不考虑禁止进出口货物、物品的类型,是否不需要考虑作为非食用动物产品进口必须经过的前置程序与前置过程的进出口检验检疫相关的法律、法规与行政规章的内容,以及已经类型化行为与法律后果的规定,只需要对走私国家禁止进出口货物、

---

① 张明楷:《刑法学(第 6 版)》,法律出版社 2021 年版,第 43 页。
② 吴镝飞:《法秩序统一视域下的刑事违法性判断》,《法学评论》2019 年第 3 期。
③ 学者指出,根据行政处罚与犯罪的包容性原理、两种处罚后果的阶层性理论以及两种事实错误的成本理论,我们将行政不法事实与犯罪事实视为处于两个不同位阶的法律事实,两者无论是在证明对象、调查举证的方式、对非法取证的救济上还是在事实认定标准上,都存在着实质性的差异。按照这一理论,法律对行政证据向犯罪证据的转化要施加严格的限制,行政机关所作的行政处罚认定结论对于刑事司法机关并不具有预决的效力。参见陈瑞华:《行政不法事实与犯罪事实的层次性理论——兼论行政不法行为向犯罪转化的事实认定问题》,《中外法学》2019 年第 1 期。

物品罪作形式的理解与解释即可。

"不服从有关国家规定是法定犯的重要特质,因此,如何准确理解这些形式要素,特别是作为法定犯法源的法律法规等形式性行政要素,成为决定法定犯成立与否的重要因素。"①走私国家禁止进出口货物、物品罪属于走私刑法明确列明之外的国家禁止进出口的货物、物品的"兜底罪名",理应按照作为前置法的行政法中类型化规定进行判断。国家禁止进口、限制进口的货物、物品,种类繁多,性质也千差万别,它们涉及的除对海关监管制度的一般法益侵害外,因为各种货物、物品的差异,危及的其他法益类型与实害程度也可能轻重有别,因此,有没有更为重要也更为具体的法益需要保护,更值得关注。由常识就可得出结论,对于"进出口商品"的禁止或者限制,与其他货物、物品不同,即便同为进出口商品,食用、非食用动物及其产品,其实害或者危险也有重大的差别。

对于不如实提供属于法定检验的进出境非食用动物产品的真实情况,取得检验检疫部门有关证单并通关的行为,前置法中涉及《海关法》《进出口商品检验法》《刑法》适用,或者《刑法》解释应当结合《海关法》《进出口商品检验法》与《刑法》作体系性思考,并且对进口商品检验检疫与报关、通关行为之间的先后关系与工作衔接有基本的认知,尊重立法的类型化规定与判断,进而对"货物、物品"作限制解释。对于走私来自疫区的非食用动物及其产品的行为,受《海关法》《进出口商品检验法》双重规制与一体考量,即便行为人通过伪造单证,不如实提供属于法定检验的进出境非食用动物产品的真实情况,但取得检验检疫部门的有关证单并通关的行为,结合《进出口商品检验法》,其行为应当不属于《海关法》所规定的"构成犯罪的,依法追究刑事责任"的情形,其货物、物品也不属于走私国家禁止进出口的货物、物品罪中的"货物、物品"规定的范围,进而将达到检验检疫合格情况的"货物、物

---

① 刘艳红:《"法益性的欠缺"与法定犯的出罪》,《比较法研究》2019年第1期。

品",排除出该罪的刑法规制范围。对于经济领域行刑竞合案件的入罪判断,学者指出,经济刑法的发展,事关人的经济活动的自由度与政府权力的界限。虽然犯罪化是目前经济刑法发展无可避免的选择路径,但在这一进程中,仍需要追问和明辨犯罪化的实质理由,防止经济刑法扩张过程中对国民的经济自由过度干预、过度犯罪化而造成经济刑法的"肥大化"。①

三、目的限缩:不符合规范目的的行刑竞合行为应当出罪

如前所述,作为行政犯的前置法与《刑法》,前置法内部行政法律、法规之间如果不能在法秩序统一性意义上作体系性解释,这种入罪的判断就可能是不合理、不适当的。也许有人主张,无论作为行政犯的前置法有多少,只要行为人违反了前置法中任何一部法律、法规,都属于"违反国家规定"情形,就具有行政违法的性质,都可以作为《刑法》进行入罪判断合理性的前提与基础。比如,以伪造方式不如实提供属于法定检验的进出境非食用动物产品的真实情况,取得检验检疫部门的有关证单并通关的行为,根本不需要行为人以违反《进出口商品检验法》为条件,只要行为人具有违反《海关法》的行为就已足够,《刑法》中的相关走私犯罪就可以认定。再者,就行政违法与刑事违法的关系,到底是刑事违法性判断是独立的还是具有相对性,有不同的观点与主张。学者指出,行政法规、部门规章和地方法规中是否有刑事责任条款,不影响对某一行为的定性。即对于某一具体行为样态,非刑事规范没有附设刑事责任条款,但《刑法》明确规定为犯罪的,也可以追究刑事责任。②还有学者进一步指出,违法判断相对性的立论依据在于,刑法具有相对独立性,并不从属于民法、行政法,因而也不能以民事不法、行政不法作为刑事违法判断的当然前提。③有学者指出,行政犯司法解释认定某行为为犯

---

① 孙国祥:《经济刑法犯罪化须秉承审慎精神》,《检察日报》2017年12月17日。
② 涂龙科:《论经济刑法解释的独立性》,《政治与法律》2011年第5期。
③ 徐文文:《行政犯之司法解释与行政法规和行政解释关系论要》,《法治研究》2014年第1期。

罪不以行政法规中明确规定刑事责任为前提；相关行政法规的变动不必然影响行政犯的司法解释。[①]即便这种观点能够成立，也必然面临基本的逻辑问题：如何看待行政法的差异化规定，行政立法的类型化规定是否没有意义。行政法律、法规本身的规范内容是否具有意义。有学者认为，"事实上，某些行政法规关于追究刑事责任的规定，本来就是宣言式的，也有随意性，并无规范上的意义，即使行政法有追究刑事责任的规定，没有《刑法》对应性的规定，该行为仍然无法追究刑事责任"。法律当中无废话，法律规范的内容，哪怕是宣言式的，也有它作为价值宣示的意义，任何一个法条，我们很难断言其没有"规范上的意义"，否则，没有规范意义的法律就失去其基本的正当性。一方面，从行政犯的构成来说，从整体上说，没有行政法律、法规中规定的刑事责任条款，确实不代表《刑法》不可以作独立的判断与认定，因为行政法与刑法的立法目的与宗旨不同，行政法并不一定必须规定刑事责任条款，行政法与刑法的任务、目的与手段并不相同。另一方面，如果行政法律、法规中，已经就不同的行政违法行为类型化且有不同的后果，有的规定了刑事责任后果，有的只规定行政责任条款，我们就一定不能得出此时的行政法律、法规规定的刑事责任内容，只是"宣言式""随意性"和"无规范上的意义"结论。而且，即便行政法有追究刑事责任的规定，《刑法》并无对应性的规定，也绝对不意味着行政法的规定没有意义，因为它起码代表着立法者对某些行为的不法程度及其后果基本判断的类型化考量，一旦《刑法》具有解释空间或者有后续的立法规定，行为的刑法规制就变成现实。

与上述问题相关联的是，前置法的变化，一定对《刑法》解释有改变的制约作用，特别是前置法的立法内容有重大改变的情形下。比如，2019年12月1日生效的修正后《药品管理法》对"假药"范围作了重大修改，删除了拟制的"假药"中的未经许可进口的药品属于假药的规定。哪怕司法解释没有

[①] 孙国祥：《行政犯违法性判断的从属性和独立性研究》，《法学家》2017年第1期。

跟着进行新的解释,此时还能说,它不会对《刑法》中的法定犯认定有实质的影响?而且行政法规制范围与刑法处罚的界限本来就不同,刑法只会处罚值得刑罚制裁的行为,因此,立足于行政立法与刑事立法的不同目的与旨趣,从法益保护目的的视角与规范目的的制约,也绝对不意味着具有行政违法性质的行为,当然具有刑事违法的属性。行政法律、法规与刑法规制的不同目的定位(有时,它们可能具有共同的立法目的追求),是将某些形式上符合构成要件的行为出罪化最为重要的理由与依据。就某些行政规范或者刑法规范,根据立法目的或者法益保护的客观定位,对某些概念或者规范进行限缩,就体现了司法的价值立场以及对立法的敬畏态度。

对于经济领域的犯罪,其实我们还应当进一步思考的问题是,行刑竞合的法定犯之所以应当受到处罚,仅仅是因为违反了国家所禁止的行为而体现出来的行政不服从?在市场经济领域,国家行政法规制定的目的就是单纯的经济秩序的管制与市场秩序的维系?其背后没有更为具体的通过维护市场经济秩序进而达到的更重要的目标?可以说,即便是市场领域的管制行为,其背后一定承载着立法者的价值期许或者法益保护期待。问题是,市场领域中违反行政禁止行为的法益侵害到底是什么?行政法律、法规以及《刑法》到底是为了什么而禁止某些行为的发生。对这一问题的思考,刑法形式解释论与刑法实质解释论的相关观点为这个问题提供了丰富的论证基础。

实质解释论认为,刑法的理解和适用应当从刑法处罚的必要性出发,并以侵犯的具体法益为根据,依托刑法的立法目的作出实质判断。对成立要件的解释必须以法条的保护法益为根据或者为指导,而不能仅停留在法条的字面含义上;当某种行为并不处于刑法用语的核心含义之内,但应具有处罚必要性和合理性时,应当在符合罪刑法定原则的前提下作出不利于被告人的扩大解释,从而实现处罚的妥当性。[①]从逻辑上看,刑法的实质解释在

---

① 张明楷:《实质解释论的再提倡》,《中国法学》2010年第4期。

强调罪刑法定原则坚守的同时，突出价值判断或者实质性判断的优先性，即在有法益侵害进而具有处罚必要性和合理性时候，再进行形式判断，但就条文含义有可能不能涵盖之时，可以扩大刑法的"覆盖圈"，通过扩大解释的方式，使刑法条文的含义具有必要的张力，进而规范相关的"应当处罚的行为"。尽管其强调罪刑法定原则，但由于实质判断优先，就解释方法的选择与运用而言，往往会动用尽可能的解释工具，来"榨干"或者"撑开"刑法条文的含义与边界，达至入罪判断的目标。因而，实质解释论逻辑演绎的结果是：实质判断优先，实质判断具有的是入罪评判的功能，犯罪化或者重刑化往往是自然的逻辑结果。"实质判断过于前置带来的后果是消解了形式要件的限制机能，使构成要件从承担排除在形式上不具备构成要件该当性行为的出罪机能转向从实质上认定具有处罚必要性行为的入罪机能。"①

就形式解释论而言，其基本的主张是，坚守罪刑法定原则的人权保障功能，在规制犯罪行为时，解释者应当追求罪刑法定的形式合理性，忠实忠诚于罪状的核心意义，即便有处罚的必要性，但是不可能在刑法规范里找到刑法适用可以"安身立命"的内容，就应当放弃刑法适用的念头，进而保护国民基本预测可能性与刑法的基本安定性与国民在刑法面前的基本安全。形式解释论并非不考虑实质解释，但实质解释的功能却是一种出罪化的功能，即符合形式合理性的行为，如果实质上不具有实质的法益侵害性，则应当通过实质解释将行为出罪化。"在罪刑法定原则下，基于法无明文规定不为罪的理念，其所要限制的是司法权的滥用，即将法无明文规定的行为通过刑法解释而予以入罪。但罪刑法定原则从来不禁止法官对法有明文规定的行为通过刑法解释而予以出罪。因此，所谓刑法解释的边界是指入罪解释的边界，这是一个逻辑前提。"②形式解释论在作了形式解释以后还要进行实质解释，即符合构成要件的行为，如果客观上不具有法益侵害的危险或者现实，

---

①② 陈兴良：《形式解释论的再宣示》，《中国法学》2010年第4期。

就可以通过实质解释,将某些行为出罪化,就此而言,刑法的形式解释,就有了实质解释的内容,但其功能是出罪化的判断,而不是入罪化的理由。从这一意义上说,刑法的形式解释就是形式与实质的双重限制,其解释结论就是限制解释。

其实,刑法的形式解释论与实质解释论,都有一个基本的底线:罪刑法定原则是必须遵循的"铁律",无论是刑法形式解释论者还是刑法实质解释论者,都不敢逾越和违反罪刑法定原则,都必须在罪刑法定前提和框架范围内解释刑法,[1]都关心与关注刑法的法益侵害与法益保护,并作为入罪或者出罪的理由与根据。法益保护与立法目的密切相关。目的论的解释是探究刑法法规的规范目的,追求与规范目的的适应性的解释。[2]就法益保护而言,对于不同的经济犯罪,其法益侵害或者法益保护的内容,其立法目的确立与定位,就显得尤为重要。

应当说,经济领域行为的入罪化或者出罪化的根本,对于司法,最为重要的,不是扩张国家的刑罚权或者限制国家的刑罚权的简单关系,而是如何构建国家与市场主体之间平衡的权力(权利)、义务关系,使之形成有活力、体现平等、规范、公平要求,同时保有底线规则的市场秩序,并在此过程中形成良性的司法适用原则。学者指出,我国目前的经济刑法仍保留着较强的管制主义色彩,主要表现在对经济秩序的过度重视和刑法适用的泛化。其深层原因在于对经济刑法的法机能即保护法益的重心缺乏清楚的认识。在从管制经济刑法观向自治经济刑法观转变的过程中,需要根据保护法益重心的不同将经济刑法区分为"制度依存型经济刑法"与"权益保障型经济刑法"两种类型。在制度依存型经济刑法中,应当树立国民权益与经济秩序并重的新法益观。在权益保障型经济刑法中,则应当以国民权益作为唯一的保护法益。经济刑法理念重塑的具体措施则涉及经济刑法性质的重新确

---

[1] 李晓明:《论行政刑法教义学的前提和基础》,《法治现代化研究》2017年第4期。
[2] [日]关哲夫:《论禁止类推解释与刑法解释的界限》,王充译,载陈兴良主编《刑事法评论(第20卷)》,北京大学出版社2007年版,第360页。

定、保护法益的调整、特别刑法立法工作的启动、兜底条款的废除等,由此使自治经济刑法能够在保障国民权益和维系经济秩序之间达到平衡。①

经济犯罪中刑法规范的本质,是通过一种制裁的手段,对某些违反管制规则并有法益侵害后果的行为进行刑罚评价,来维系、维持市场经济的底线秩序,进而保护并发展出一个符合市场规则、规律与秩序的、有交易安全、交易效率的市场,并保障社会公共安全与公民的生命与健康,这才是行政法律、法规规制的正当性目的所在。"人们应当记住,刑法仅仅是辅助性地保护法益,在例如不具有牟利目的和占有目的时,如果使用民法手段就足以对付的情况下,就不应当考虑刑法手段。"②管制的目的是有秩序的、更好的市场经济发展。因此,禁止性规则的合市场性、合目的性,就成为行为是否应当评价为犯罪必须进行的实质评价内容,无论是对规则的违反判断,还是对法益侵害的准确理解,都是如此。仅仅违反了行政法规,不对行政法规作实质性理解,不对刑法中的法益侵害作符合市场规律与公共安全以及公民生命、健康要求的解释与适用,只是简单的形式化的解释与判断,那么,经济犯罪的规范适用就不可能是准确、正确、合理、科学的,甚至可以说,这种适用就可能是反市场化、不公平的。持行为无价值的学者也指出,违法性的本质是违反行为规范。同时,侵害法益也是违法性判断的根据之一,在没有法益侵害或危险时,不能仅根据行为的规范违反性进行处罚。③在市场领域发生的行刑竞合问题,我们应当牢记的是"目的的基本贡献是提高了法律推理的合理性"。"法律的富于经验性促使神秘的语言、虚构的分类和各种歪曲的类比逐渐被清除。法律探究摆脱形式主义和程式的影响,就能更有系统性,更具经验性。这种发展提供了一种更有效的法的前提。"④

---

① 张小宁:《经济刑法机能的重塑:从管制主义迈向自治主义》,《法学评论》2019 年第 1 期。
② [德]克劳斯·罗克辛:《德国刑法学总论(第 1 卷)》,王世洲译,法律出版社 2005 年版,第 26 页。
③ 周光权:《行为无价值论的中国展开》,法律出版社 2015 年版,第 62 页。
④ [美]诺内特、塞尔兹尼克:《转变中的法律与社会》,张志铭译,中国政法大学出版社 2002 年版,第 92 页。

为此,对法益侵害应当作具体的解释,而不能将纯粹的行政不服从作为笼统的法益侵害加以描述。"刑法的最终目的不在于保护社会秩序,而在于透过对相应社会秩序的维护来确保具体的法益不受侵害。"①用刑法惩罚纯粹的没有具体法益侵害的行政不服从,既不符合刑法立法的目的,也不符合市场主体的基本人权保护要求与市场规律,也是刑法冲动、越位与失控的表现。同时,更为重要的是,法益的内容应当是具体的,而不是抽象的。"法益的实质内容,必须是直接保护个人的核心利益或是可以回归到个人核心利益之保护者,才具有法益的资格。"②刑法在任何时候,都不应当沦为社会管理与经济管制的工具与手段,尽管我们并不否认刑法具有经济社会管理的二次规范属性,从这个意义上说,单纯的经济管制,很难说有具体的法益保护内容。从这一意义上,学者指出,行政义务的确定或行政命令的发出本身并不是目的,而是实现一定目的的手段,值得通过刑罚进行保护的,应当是更根本的目的。应抛弃"法定犯是指单纯因为被实定法禁止而成立的犯罪"这种观念。③

按照上述的基本立场与逻辑,陆勇案之所以不应当被认定为销售假药罪,是因为从规范层面看,除检察机关认定的,其行为不属于"销售"行为之外,更为关键的理由应当是,陆勇行为所涉及的药品,尽管在修正前的《药品管理法》中属于"假药",形式上也完全符合《刑法》第 141 条第 2 款规定的"假药"的范围,但陆勇的行为及其所涉的药品,除违反了行政禁令之外,不但没有"假药"可能的危险与危害,反而对特定病友生命的维系、身体健康的促进、用药权益的保护有益。"各种法律基于其固有目的,而产生不同的法律效果;目的不同,违法性的内容便不同。"④修正前的《药品管理法》第 1 条

---

① 简爱:《权利行使行为的法律评价》,《政治与法律》,2017 年第 6 期。
② 王皇玉:《刑法总则》,台北新学林股份有限公司 2014 年版,第 26 页。
③ 石亚淙:《污染环境罪中的"违反国家规定"的分类解读》,《政治与法律》2017 年第 10 期。
④ 张明楷:《诈骗罪与金融诈骗罪研究》,清华大学出版社 2006 年版,第 218—219 页。

明确了药品管理的目的与宗旨:"为加强药品监督管理,保证药品质量,保障人体用药安全,维护人民身体健康和用药的合法权益,特制定本法。"①即便按照《药品管理法》的规定,陆勇的行为不仅不违背行政法的立法宗旨,反而更加契合《药品管理法》的立法目的,无论对于行政法还是对于《刑法》,不但没有实质的法益侵害,而且对法益保护有积极作用。因为"人命关天""命比天大",敬畏生命、呵护健康,保护人民的用药权利,是比任何的行政管理、管制更为重要的追求,也更值得追求与捍卫的价值,这是一种具有行政违法性质的"善"行、"义"举。销售行为违反了行政法,应当受到行政法处罚,但《刑法》的销售假药罪评价必须止步,否则就可能是毁灭天理、无视人性的规范判断。就此而言,即便《药品管理法》对"假药"的范围不作修改,陆勇案出罪化的最正当理由,不是不属于"销售"行为,而是陆勇行为完全契合法益保护与立法目的,进而不具有实质的刑事违法性而出罪,《刑法》第141条第2款必须作为具体危险犯来解释,而不能当成抽象危险犯来对待。王力军案的认定思路与解释理由也应当遵循同样的逻辑。从实质层面来看,王力军的行为并未造成有形或无形的损害,相反有利于当下粮食流通体制改革。从形式层面来看,王力军的行为既在行政违法性上存疑,又因附属刑法条文空心化而根本不具备刑事违法性,因而也不符合构成法定犯所必需的"二次违法性"。②

同样的逻辑与理由,对于走私来自疫区的非食用动物及其产品,行为人不如实提供属于法定检验的进出境非食用动物产品的真实情况,取得检验检疫部门的有关证单并通关的行为,是否符合走私国家禁止进出口的货物、物品罪的认定,也必须结合该罪的立法目的与法益保护的内容判定。走私国家禁止进出口的货物、物品罪是在2009年通过的《刑法修正案(七)》中修

---

① 修正后的《药品管理法》第1条规定的立法宗旨与目的的表述,相对于原来的内容,没有实质性变化:"为了加强药品管理,保证药品质量,保障公众用药安全和合法权益,保护和促进公众健康,制定本法。"
② 宁利昂、邱兴隆:《"无证收购玉米"案被改判无罪的系统解读》,《现代法学》2017年第4期。

正的条文,将原来的列名规定进行了调整补充,进而使得本罪成为一个走私国家禁止进出口的货物、物品的"兜底罪名"。①在《刑法修正案(七)》之前,对于没有被刑法典列明的走私货物、物品,除非涉及偷逃关税的行为,会按照走私普通货物、物品罪定罪处罚。否则,按照罪刑法定原则,是不可能在走私犯罪中进行刑法评价的。就立法宗旨与法益保护问题,在《刑法修正案(七)》的立法草案说明中,全国人大常委会这样说明修改理由:《刑法》以具体列举的方式对走私武器、弹药等以及国家禁止进出口的文物、贵重金属、珍稀动植物及其制品等货物、物品的犯罪作了专门规定,对走私所列举的违禁货物、物品以外的普通货物、物品的,则按照偷逃关税的数额定罪量刑。海关总署提出,除了《刑法》所具体列举的禁止进出口的货物、物品外,国家还根据维护国家安全和社会公共利益的需要,规定了其他一些禁止进出口的货物、物品,如禁止进口来自疫区的动植物及其制品、禁止出口古植物化石等。对走私这类国家明令禁止进出口的货物、物品的,应直接定为犯罪,不应也无法同走私普通货物、物品一样,按其偷逃关税的数额定罪量刑。为适应惩治这类危害较大的走私行为的需要,经同有关部门研究,建议对《刑法》第 151 条第 3 款的规定作适当修改,增加走私国家禁止进出口的其他货物、物品的犯罪及刑事责任的规定。②我们不难发现,刑法修正的立法目的指向非常明确:"维护国家安全和社会公共利益"。但是,对于司法者或者解释者而言,对国家安全和社会公共利益的理解与解释,不应当在抽象意义上解读,而必须在具体意义上看待,即具体危及哪些国家安全和社会公共利益,否则,任何行为都可以在危害国家安全和社会公共利益上被刑法规制与适用,刑法的明确性要求就会落空。根据《刑法修正案(七)》草案的说明足

---

① 修正后的法条规定:"走私国家禁止进出口的珍稀植物及其制品或者国家禁止进出口的其他货物、物品的,处五年以下有期徒刑或者拘役,并处或者单处罚金;情节严重的,处五年以上有期徒刑,并处罚金。"
② 中国人大网:《刑法修正案(七)草案全文及说明》,http://www.npc.gov.cn/zgrdw/huiyi/lfzt/xfq/2008-08/29/content_1447399.htm,2008 年 8 月 29 日。

以证实,在刑法修正之前,这种走私来自疫区的动植物及其产品的行为,除非是涉及逃避海关监管并逃避关税的,才可能因为逃税构成走私普通货物、物品罪,或者构成其他犯罪。比如,根据《进出境动植物检疫法》第42条、第43条,以及《进出境动植物检疫法实施条例》规定"引起重大动植物疫情的",或者"伪造、变造动植物检疫单证、印章、标志、封识的"应当按照《刑法》追究刑事责任。否则,只要不涉及有涉嫌其他犯罪的可能性,这种走私行为最多构成行政法上的违法而受到行政处罚而已。因此,结合立法目的与法益保护定位,下列的结论就应当是合理的、科学的,也是符合逻辑的:走私来自疫区的动植物及其制品,经检验检疫合格的并报关通关的行为,不可能给"国家安全和社会公共利益"造成具体而非抽象意义上的损害,就没有实质的刑事违法性,就应当排除在走私犯罪圈之外。目的限缩解释原则以及对法益侵害的实质判断,是行刑竞合案件适用的基本要求。

四、基本结论

对于行刑竞合案件的解释与适用,应当坚持如下的基本认知与逻辑。从形式上看,法定犯是单纯违反禁止规范的犯罪,是对国家规定的单纯不服从。[1]不具有行政不法性质的行为,就不应当具有刑事不法的属性。从这个意义上说,行政犯的刑事违法判断具有从属性。如果行为本身并不符合行政犯基本的构成,就应当从构成要件的层面排除刑法的适用,而不能用结果的同质性作为行为同质性的理由,进而无限扩张刑法规范的字面含义,[2]否则罪刑法定原则的堤坝就可能被撕开豁口,进而形成类推适用的"管涌",危

---

[1] 刘艳红:《"法益性的欠缺"与法定犯的出罪》,《比较法研究》2019年第1期。
[2] 从这个意义上说,最高人民法院、最高人民检察院2014年《关于办理走私刑事案件适用法律若干问题的解释》第21条规定的"未经许可进出口国家限制进出口的货物、物品,构成犯罪的,应当依照《刑法》第151条、第152条的规定,以走私国家禁止进出口的货物、物品罪等罪名定罪处罚"的解释内容,就有从走私禁止进出口货物、物品与未经许可走私国家限制进出口的相对不可以,即未经许可不可以。在行政犯中,如果说"禁止"情形的走私是一种绝对"恶",那么"限制"情形的走私只能是相对"恶",二者的性质有质的区别。

及刑法的明确性、可预期性以及国民在刑事法律面前的基本安全。

行政法律法规内部的法秩序原则统一性要求应当得到贯彻与落实。学者指出,本应该拾遗补阙的刑法反倒与前置法结伴而行,甚至走在前置法的前面,那就实际上是刑法在引导前置法,刑法可以不顾前置法的立法和执法效果而自谋自画,行为可以不经前置法的阻截而直接闯入各种违法行为的禁区。①这是非常危险的选择,也是不符合基本法理的举动,"前置行政法的存在,并不必然继之以相应的行政刑法保障。行政刑法虽以前置行政法为必要条件,但却并未以前置行政法为充分条件,无论刑法法益的考量还是行为犯罪类型的选取,行政刑法均有其独立的价值考量和使命追求"②。但这不意味着行政法律、法规整体上都没有规定相关刑事责任法律后果的,刑事法律不可以根据刑法规范作刑事入罪的认定。

对于行政犯,立法目的或者目的解释具有出罪化的功能而不是入罪化的理由。即便行为完全具有行政不法的条件,形式上也完全具备刑法入罪的标准,那么对于司法或者解释者,是否可以直接将行政不法的认定作为刑事不法的依据进行入罪判断,进而得出行为可以入罪的结论,答案应该是否定的。没有对规范目的的准确定位,就不可能有行政犯的适当、适正的适用,行政犯的范围被不当地适用的现实状况就很难得到实质性改变。目的限缩解释原则应当成为行刑竞合案件正确处理必须坚持的理论与实践的基本立场。

思考题

1. 如何理解违法性认识问题在经济刑法犯罪论体系中的地位与作用?
2. 经济刑法中违法性认识的对象与判断标准是什么?
3. 经济犯罪中如何解释经济行政违法?

---

① 杨兴培、田然:《刑法介入刑民交叉案件的条件——以犯罪的二次性违法理论为切入点》,《人民检察》2015 年第 15 期。
② 田宏杰:《知识转型与教义坚守:行政刑法几个基本问题研究》,《政法论坛》2018 年第 6 期。

第七章
经济刑法中的单位犯罪

单位犯罪,是指公司、企业、事业单位、机关、团体为单位谋取利益,以单位名义实施的《刑法》所规定单位应当承担刑事责任的危害社会的行为。单位犯罪,在刑法理论上也称为法人犯罪。这两者并没有实质的区别,只是单位比法人的范围更广一些。单位犯罪的外延虽然不能等同于经济犯罪,但单位犯罪产生的背景是商品经济的高度发展,无论是《刑法》的规定,还是现实的犯罪,单位犯罪也都主要表现为经济犯罪,《刑法》分则第三章中主要条文规定经济犯罪,百分之七十以上的条文规定有单位犯罪,占《刑法》规定单位犯罪条文百分之六十以上。因此,单位犯罪的惩治重点是单位经济犯罪。

第一节 单位经济犯罪的构成要件

一、单位经济犯罪的主体

顾名思义,单位犯罪的主体是单位,但单位本身是一个含义模糊的概念。在《刑法》上,单位作为犯罪主体是与自然人作为犯罪主体相对称的。自然人以一定生理机能的存在作为犯罪主体条件。单位则是一种社会组织,它虽然是自然人建立和控制的,但它在社会上不是以个人而是以独立的社会有机整体活动的。因此,刑法典关于自然人刑事责任年龄和刑事责任能力的规定,对单位都是不适用的。同时,也不是任何单位都能成为单位犯罪的主体,《刑法》所规定的单位犯罪的主体,同样需要一定的条件。

(一) 就组织形式而言,《刑法》规定的单位犯罪的主体是公司、企业、事业单位、机关、团体

"公司、企业",都是指依法成立、以营利为目的、从事商品生产、经营或社会服务的经济组织形式。公司本来是企业的一种基本形态,是指依照法律规定,由股东投资设立的以营利为目的的独立法人;企业,则是泛指以营利为目的,具有独立财产基础,能够独立享有民事权利并承担民事义务的经济组织。[①]"事业单位",是指国家为了社会公益目的,由国家机关举办或者其他组织利用国有资产举办的,从事教育、科技、文化、卫生等活动的社会服务组织。[②]"国家机关",是指国家各级权力机关、行政机关、司法机关等单位。[③]从《刑法》规定看,机关只能成为一部分单位犯罪的主体,有一些单位犯罪明确只能是"公司、企业"才能构成。"团体",是指为了一定的宗旨自愿组成、进行某种社会活动的合法组织。团体有社会团体、人民团体和群众团体等多种形式和称谓。

(二) 单位应是合法成立并现实存在的组织

作为犯罪主体的单位,本身必须是合法的组织。犯罪单位的合法性包括:一是单位的组织形式必须是合法的,即履行了相关法定程序而成立。二

[①] 公司、企业本来不是两种并列的经济组织,企业应该包括公司,因此,《刑法》对公司、企业加以并列,并不科学。就逻辑关系而言,企业是属概念,公司是种概念,两者之间是包容和被包容的关系。立法将企业与公司并列,是有悖概念的种属关系的。

[②] 参见 2004 年国务院修订后的《事业单位登记管理暂行条例》第 2 条。

[③] 关于国家机关能否成为单位犯罪的主体,理论上存在着争议。否定的观点认为,应把一切国家机关排除在犯罪主体之外。因为国家机关是代表国家行使管理职能的,它的活动体现的是国家意志,这种意志与犯罪的意志是不能共存的,否则就必然会得出国家犯罪的结论。此外,机关的财产来源于国库,对单位判处罚金等于国家自我处罚,也等于把金钱从一个口袋装入另一个口袋,没有实际意义。再从国外的情况看,大都没有把国家机关作为犯罪主体。肯定的观点认为,现实生活中确实存在着机关犯罪的情况,且已经成为腐败现象的一个重要表现,必须予以打击,规定机关可以成为单位犯罪的主体,与国家赔偿法的精神是一致的。

是单位设立的宗旨是合法的,如果单位本身就是以犯罪的目的组织起来的,尽管可以以单位的名义实施犯罪,但实际上是共同犯罪,不是单位犯罪。①三是单位的现实性。即能够成为犯罪主体的单位应该是已经设立、现实存在的单位。正在设立中的单位是否可以视为《刑法》中的单位?最高人民检察院2000年制发的《关于挪用尚未成立的公司资金的行为适用法律问题的批复》指出:"筹建公司的工作人员在公司登记注册前,利用职务上的便利,挪用准备设立的公司在银行的临时账户上的资金……应当根据《刑法》第272条追究刑事责任。"即应当以挪用资金罪论处。亦即认为筹建中的单位也属于单位。但理论上一般认为,无论单位是否具备法人资格,单位的法定资格,就像自然人的身份始于出生一样,开始于其依法成立之日,终止于其撤销、解散之时。②

单位成立以后,基于某种原因被撤销、破产、倒闭的,则丧失了其主体资格,如有人继续以单位名义实施犯罪的,则应构成自然人个人犯罪。实践中,一些单位实施犯罪以后被注销或者进行合并、分立、资产重组的改制,原单位不存在,新单位承接了原单位的资产和债务。在民事诉讼中,新单位可以代替原单位诉讼地位,成为民事原告或者被告。而在刑事诉讼中,原单位的刑事诉讼主体地位已经丧失,根据罪责自负的原则,新单位不能代替原单位成为犯罪主体,其单位犯罪的刑事责任无法实现。对此,有观点认为,由于我国对单位犯罪仅规定了财产刑,单位刑事责任本质上仍然是财产责任。因此,原实施犯罪的单位其刑事责任应通过其原有财产实现,单位资产重组

---

① 有学者认为,《刑法》中的单位与是否属于单位犯罪的主体,并不完全是一回事。《刑法》中的单位只要是依法成立,即具备形式上的合法性就可以成立,例如通过虚假注册而成立的公司,已经被合法批准为公司,其工作人员就能成为职务犯罪的主体。但这一单位能否成为单位犯罪的主体必须看其是否具备实质的合法性。鉴于个人犯罪的处罚一般比单位犯同种罪重,从有利于打击个人利用公司、企业、事业单位等社会组织形式,谋取个人利益而实施的犯罪角度出发,对其犯罪不视为单位犯罪而应以个人犯罪论处。参见王作富:《刑法中的"单位"研究》,载赵秉志主编:《刑法评论(第2卷)》,法律出版社2003年版,第5—7页。
② 阮方民:《论单位犯罪的概念和构成》,赵秉志主编:《刑法论丛(第3卷)》,法律出版社1999年版,第51页。

和变更属于民事财产权利变更,并不能因此影响到该单位刑事责任的承担。具体而言,应在新成立单位中原单位的财产范围内追究刑事责任。①最高人民法院审判长会议也认为:单位犯罪后,该单位发生分立、合并或其他资产重组等情况的,该单位虽主体发生变更,因其实质上并未消灭,其权利义务由变更后的单位承受,故对其所实施的犯罪仍具备刑事责任能力,仍应追究该单位的刑事责任。②

(三) 单位应具备承担刑事责任的能力

单位的刑事责任方法主要是罚金。因此,只有依法成立,拥有一定的财产和经费,能够以自己的名义承担法律责任(民事责任和刑事责任)的单位才能成为单位犯罪的主体。如果一个单位没有任何独立的财产和经费,就无法以自己的名义承担刑事责任,也就不能成立单位犯罪主体,如公司、企业内的职能部门等。"至于单位的经费和财产的具体来源如何,是来源于国家财政拨款,抑或是来源于私人投资、社会捐赠等,在所不问。"③

(四) 单位应有一定的独立性

单位的独立性表现为单位与单位成员是分离的。无论是具有法人资格的单位还是不具有法人资格的单位,并不以某个成员的参与或退出为转移,能够独立地享有权利,承担义务。如果单位与个人不能作实际的区分,单位缺乏独立性,则不能成为单位犯罪的主体。

(五) 不同的单位犯罪对单位的性质可能有特殊的要求

有些单位犯罪只能是国有性质的单位才能构成。如单位受贿罪、私分国有资产罪等罪都必须是国有单位才能构成;《刑法》第 186 条规定的违法发放贷款罪、违法向关系人发放贷款罪,都必须由银行或者其他金融机构才

---

① 王明等主编:《经济犯罪名案精析》,群众出版社 2003 年版,第 46—47 页。
② 《关于单位犯罪后,犯罪单位发生分立、合并或者其他资产重组情况的,以及犯罪单位被依法撤销、宣告破产等情况下,如何追究刑事责任及裁判文书中应如何表述问题的意见》,最高人民法院刑事审判第一庭、第二庭编:《刑事审判参考(总第 31 辑)》,法律出版社 2003 年版,第 206 页。
③ 王作富:《刑法中的"单位"研究》,载赵秉志主编:《刑法评论(第 2 卷)》,法律出版社 2003 年版,第 8 页。

能实施,这可以称为特殊主体的单位犯罪。

此外,刑法理论上,对单位犯罪主体单复数的界定,有不同的观点。一种观点认为,法人犯罪,实际上是一个犯罪(即法人犯罪),两个犯罪主体(法人和作为法人构成要素的自然人),两个刑罚主体(在两罚制的情况下),或者一个刑罚主体(在单罚制的情况下)。①单位犯罪主体具有双重性,即一是单位犯罪的形式主体,单位组织本身;二是单位犯罪的行为主体,即单位犯罪的具体自然人实施者。②另一种观点认为,法人犯罪是一个犯罪,即相对于自然人的法人犯罪。一个犯罪主体,即法人犯罪主体。自然人包括法人内部对法人犯罪行为负责的主管人员和其他直接责任人员,都不是法人犯罪的主体。③还有观点认为,单位犯罪是包容自然人的组织体犯罪,单位犯罪中,单位与直接责任人员不能简单地称是"一个犯罪主体""两个犯罪主体"或者"双重犯罪主体",二者之间是复合关系,一方面"直接责任人员的行为包容于单位行为",另一方面"直接责任人员在单位构成犯罪的前提下,其刑事责任可以独立于单位"。④我们认为,单位犯罪的主体地位是独立的,单位(特别是法人单位)是社会活动的主体,享有民事权利并能够履行民事义务,并具有对违法行为承担责任的能力。单位本身缺乏自然人身体组织尤其是四肢,故不能发出直接作用于外部的动作,它的危害行为要通过直接责任者或其他成员的行为为媒介来实施,但这些自然人的行为,体现的是独立存在的单位的意识和活动,其行动的范围和内容都是由单位所规定的,是单位整体行为的具体化。单位内部自然人的行为与单位组织的行为是一体的,不可分割的。⑤就此意义而言,认为直接责任人员的行为包容于单位行

---

① 何秉松主编:《法人犯罪与刑事责任》,中国法制出版社1991年版,第481页。
② 龚培华、肖中华:《刑法疑难争议问题与司法对策》,中国检察出版社2002年版,第78页。
③ 李僚义、李恩民:《中国法人犯罪的罪与罚》,中国检察出版社1996年版,第68页。
④ 熊选国、牛克乾:《试论单位犯罪的主体结构》,《法学研究》2003年第4期。
⑤ 日本学者有所谓"组织体责任论",将企业组织体活动视为一体之企业组织体责任论。自然人的行为是法人行为的一个组成部分,即使无法具体地特定分担企业组织体活动之何人为可罚行为,亦可能处罚法人。参见川端博:《刑法总论二十五讲》(中译本),中国政法大学出版社2003年版,第11页。

为的观点并不确切,两者不是包容关系,本身就是无法分割的整体。易言之,离开了直接责任人员的行为,单位犯罪行为也就无从谈起。

但是,在刑事责任的分配上,除单位要承担刑事责任外,其直接负责的主管人员或者其他直接责任人员也要分担刑事责任。

单位直接负责的主管人员,是指在单位实施的犯罪中起决定、批准、授意、纵容、指挥等作用的人员。是否为单位直接负责的主管人员,应从两方面把握:一是直接负责的主管人员是在单位中实际行使管理职权的负责人员,一般是单位的主要负责人,包括法定代表人;二是对单位具体犯罪行为负有主管责任。只有在单位犯罪中起着组织、指挥、决策作用,所实施的行为与单位犯罪行为融为一体,才能成为单位犯罪直接负责的主管人员,对单位犯罪承担刑事责任。虽然是单位的领导,但对单位犯罪不知晓的,也不能认定为《刑法》上的直接负责的主管人员。①

所谓其他直接责任人员,是指在单位犯罪中具体实施犯罪并起较大作用的人员,既可以是单位的经营管理人员,也可以是单位的职工,包括聘任、雇用的人员。此外,单位以外的代理人员在取得单位的授权以后,其代表单位并为单位利益而实施的犯罪行为,也应归咎于单位,代理人也可以作为直接责任人员认定。②

二、单位经济犯罪的客观方面

单位经济犯罪的客观方面表现为以单位名义实施的《刑法》规定的与单

---

① 《如何认定单位犯罪直接负责的主管人员》,载最高人民法院刑事审判第一庭、第二庭编:《刑事审判参考(总第33辑)》,法律出版社2003年版,第1—6页。
② 这在国外一些国家的《刑法》中也有类似的规定。例如,法国总检察长皮埃尔·特津什和巴黎第一大学教授海马尔·戴尔马斯在为《法国刑法典》中译本在中国出版所作的序中指出:"有些情况下,法人和代表并非一定是法人的机关。除由临时管理人管理的企业这样一种特殊情况外,我们应当考虑到法人委托一个自然人或委托另一法人实施法律行为的情况。在这种特殊代表权的状况下,该代表亦有机会'为法人的利益'实行犯罪行为,这种犯罪行为可以归咎于法人。"参见《法国刑法典》(中译本),中国人民公安大学出版社1995年版,第9页。

位业务活动有关的危害社会的组织行为。①

(一) 单位经济犯罪是以单位名义实施的

单位犯罪是否需要"以单位名义"实施,理论上有不同的观点。最高人民法院 2001 年印发的《全国法院审理金融犯罪案件座谈会纪要》指出,"以单位名义实施犯罪,违法所得归单位所有的,是单位犯罪"。强调"以单位名义"是单位犯罪的特征。不过,理论上也有观点认为,现实生活中,并非所有以单位名义实施的犯罪都是单位犯罪,利用单位名义,为个人谋利益而非为单位谋利益的犯罪,应不属于单位犯罪。另一方面,也并非所有单位犯罪都是以单位名义实施的,很多犯罪行为都是秘密进行的,而且很多犯罪行为并无相对人,没有机会、没有必要也没有可能去表明该行为是单位行为,因此,"以单位名义"不应是单位犯罪的一个特征。②我们认为,以单位名义应该是单位犯罪的重要特征。以单位名义并不是指单位在着手实施犯罪时一定是以单位的名目出现,而是指单位犯罪行为是一种组织行为,其犯意是由单位形成的,其行动的范围和内容都是由单位所规定的,直接责任人员接受的是以单位名义下达的指令。

(二) 单位经济犯罪与单位的业务活动有关

所谓与单位的业务活动有关,即单位犯罪行为是在单位的业务活动过程中实施的。从司法实践中看,单位犯罪与业务活动有关主要表现在以下几种情况:(1)在业务活动中从事非法经营。在我国,每个单位在社会生活中具有不同的职能。在市场经济条件下,单位的超范围经营虽然不会泛泛

---

① 关于单位犯罪行为是由谁实施的,理论上有不同的见解。一种观点认为,单位是个虚拟主体,不具备自然人身体组织尤其是四肢,故不能发出直接作用于外部事物的身体之动静,因此,单位犯罪行为实际上就是自然人的行为。另一种观点认为,单位犯罪行为实际上是一种组织行为,虽然单位行为要通过单位成员的具体行为为媒介实施,但那些自然人的行为体现的是独立存在的单位的意识和活动,其行动的范围和内容都是单位所规定的,因此,应评价为单位行为而不是个人行为。
② 赵秉志主编:《犯罪总论问题探索》,法律出版社 2003 年版,第 163 页。

地作为犯罪处理,但属于国家规定的专营专卖物品,如军工产品、火工产品、烟草产品、精神药品等,单位如没有取得相应的经营许可而经营这些产品,可构成犯罪;(2)在业务活动中非法侵权。例如在业务活动中侵犯他人的专利权、商标权、所有权等;(3)在追求业务目标时从事法律禁止的其他犯罪行为。例如生产、销售假冒伪劣产品、偷税抗税、走私贩私等。正因为单位犯罪行为与其业务活动有关,所以单位只能成为部分犯罪的刑事责任主体,《刑法》中大部分犯罪,单位都不可能构成。

(三) 单位经济犯罪行为形式

单位犯罪行为也有作为与不作为之分,如单位实施欺诈发行股票、提供虚假财会报告、妨害清算、偷税等犯罪,均可以以不作为的方式实施。就表现形式来看,单位犯罪行为主要有三种形式:(1)单位组织内单个代表人或代理人的犯罪活动,这种犯罪形式在单位犯罪中较为普遍。例如单位走私、偷逃税款等犯罪,往往是单位中个别成员的行为。当然,这些个别成员能够代表单位,是单位的主管人员和责任人员;(2)单位组织内数个人实施的犯罪行为。这也是比较常见的犯罪活动方式。单位形成犯罪故意后,由数个人去实施;(3)单位组织内全体成员的行为。这是在单位决策机关的指挥下协调一致实施犯罪的情况。例如生产、销售假冒伪劣产品的犯罪,往往是有关企业的全体人员所实施。当然,不管单位犯罪行为的表现形式如何,实际上都是单位的整体活动。

(四) 单位经济犯罪的涉案数额是定罪量刑的重要情节

经济犯罪的涉案数额是经济犯罪定罪量刑的重要情节。单位经济犯罪也不例外,对大部分单位经济犯罪而言,查明涉案数额是分析单位犯罪客观要件的重要内容,特别是在法律明文规定数额标准时,是否达到一定的数额就成为罪与非罪的界限。有的单位犯罪形式上没有规定数额标准,只是以"情节严重"作为区分罪与非罪的界限,但数额多寡往往是情节是否严重的重要依据。例如,《刑法》第180条规定的内幕交易罪,必须情节严重才能构成。根据公安部《关于公安机关管辖的刑事案件立案追诉标准的规定(二)》(以下简称"《追诉标准》"),内幕交易获利或避免损失数额的 50 万元以上的,属于"情节严重"的情况之一。

(五) 单位经济犯罪的法定性

从分类上看,单位经济犯罪行为都是法定犯,具有法定性的特征。因此,一种行为是否界定为单位经济犯罪,应依照《刑法》的规定作判断。从《刑法》分则对单位犯罪的规定看,有以下三种情况:一是在一个条文中先用一款规定自然人犯罪的罪状与法定刑,然后再用一款以"单位犯前款罪的"引出单位犯罪和对该单位犯罪的处罚。大部分单位犯罪都是以这种形式出现的。二是在一节末尾处用一条对单位犯本节若干条文中的罪集中作出规定。例如,《刑法》分则第 3 章第 1 节在 140—148 条规定了各种生产、销售伪劣商品的犯罪以后,第 150 条规定,"单位犯本节第一百四十条至一百四十八条规定之罪的,对单位判处罚金,并对直接负责的主管人员和其他直接责任人员,依照各该条规定处罚。"三是在一个条文中,用叙明罪状规定某一个单位犯罪,这只存在于纯正的单位犯罪规定中。

由于单位只是我国《刑法》所规定的部分犯罪的主体,现实生活中有些犯罪(例如贷款诈骗罪)尽管也可以由单位实施,但《刑法》没有明文规定的,不能作单位犯罪认定。①

---

① 值得研究的是,为单位利益、体现单位意志而实施的但刑法没有规定可以由单位构成犯罪的危害行为,如何处理,理论上存在着较大的分歧。例如,单位盗窃行为,不构成单位犯罪,能否构成自然人个人盗窃,据此追究相关责任人员盗窃罪的刑事责任? 理论上有观点认为,行为尽管对社会有危害,但法律没有规定为单位犯罪的,仍然不能构成单位犯罪,在这种情况下,如果单位所实施的行为危害后果严重,情节恶劣,可以以滥用职权、玩忽职守罪追究单位直接负责的主管人员的刑事责任,有的可以具体行为触犯的罪名追究直接责任人员的刑事责任。参见马长生、胡凤英:《论新刑法对单位犯罪的规定》,载于志刚主编:《刑法问题与争鸣》(1999 年第 1 辑),中国方正出版社 1999 年版,第 208 页。2002 年 8 月 13 日公布并施行的最高人民检察院《关于单位有关人员组织实施盗窃行为如何适用法律问题的批复》指出:根据《刑法》有关规定:"单位有关人员为谋取单位利益组织实施盗窃行为,情节严重的,应当依照《刑法》第二百六十四条的规定以盗窃罪追究直接责任人员的刑事责任。"但理论上也有观点认为,从严格意义上讲,《刑法》既然没有规定单位盗窃罪,对单位盗窃不能按自然人盗窃犯罪处理。参见(转下页)

三、单位经济犯罪的主观方面

单位经济犯罪的主观方面一般表现为故意。即单位的决策机关明知某种行为会发生一定的危害结果,而希望或放任这种危害结果的发生。主观故意是推动和支配人们实施某种故意犯罪行为的内在动力。

(一) 单位是否存在犯罪的主观方面

单位没有自然人的生理能力,古罗马法就认为,法人没有意识,如同婴儿痴癫,不能为法律行为,须由自由人或奴隶代为之,其职权由法人的章程规定之。[①]在我国刑法理论界,也有观点据此认为,主观罪过是人类所特有的主观心理活动的产物,法人是拟制之体,是抽象的社会组织,它没有自己的意志,不具有实施犯罪的能力。

我们认为,不能从纯生理的角度来判断单位犯罪的意识和意志能力。作为社会组织,单位是一种超个人的社会人格化的主体,单位的行为不是盲目的,它有自己的局部利益,有自己的动机和目的,能够将自己的动机和目的化作行动的意志,而在行动中得以实现。也就是说,单位在追求自己的局部利益时,是有能力对行为的性质(是否给社会造成危害)作出判断,并作出实施与不实施的决定,社会通过法律要求单位在实施任何行为时,都应该按照一定的原则在合法的范围内进行选择,既然每一个单位都有这种选择能力,这就难免造成部分单位为追求自己的局部利益进行错误的选择,这就反映了该单位的主观罪责。

(二) 单位经济犯罪的罪过形式

就罪过形式而言,单位经济犯罪主要表现为故意。对于是否存在单位

(接上页)王礼仁:《盗窃罪的定罪与量刑》,人民法院出版社1999年版,第92页。我们认为,前一种观点是正确的。《刑法》没有将某种行为规定为单位犯罪,只是排除了单位的刑事责任,但并不因此必然排除相关自然人的刑事责任。是否以单位名义以及是否为单位牟利是在存在单位犯罪的前提下,区分自然人犯罪与单位犯罪的界限,但不构成单位犯罪的情况下,利益的归属应不影响犯罪性质的认定。2014年全国人大常委会《关于〈中华人民共和国刑法〉第三十条的解释》也认可了该观点。

[①] 周枏等:《罗马法》,群众出版社1983年版,第92—93页。

过失经济犯罪,理论上有较大的争议。肯定的观点认为,单位犯罪的主观罪过既可以是故意,也可以是过失,只不过单位故意犯罪比过失犯罪更加普遍,因而从理论和实践中都不应当把单位过失犯罪排除于单位犯罪范围之外。也有观点认为,单位过失犯罪,通常是指决策失误与管理不善,由此造成一定的损害结果。这种后果应当由自然人承担,在这种情况下,不仅国家要追究有关人员的刑事责任,法人组织也要追究有关人员的行政责任,单位此时是受害人而不是犯罪主体。由此,从法理上来说,应否定单位过失犯罪。我们认为,肯定说的观点是正确的。否定说的观点并不全面。既然承认单位是有意识、有意志的人格主体,就不能否认单位也存在意识错误的情况。单位决策机关决策失误,反映的是单位决策失误,本单位可能遭受损失,但许多情况下可能损害了其他单位的利益或者社会公共利益。例如,中介组织人员出具证明文件重大失实罪,主要损害的是社会公共利益。尽管可以追究有关人员的行政责任,但不能因此排斥单位本身的过失责任。从刑法规定看,虽然《刑法》分则规定的大多数单位经济犯罪是故意犯罪,但同时规定了少数单位过失经济犯罪。因此,单位经济犯罪的罪过形式包括了故意和过失。

(三)单位犯罪故意的形成与认定

单位犯罪的故意是由代表单位的决策机关形成的。单位的内部决策机构有两种基本的形式:一种是个人,如董事长、总经理;一种是集体,如股东会、董事会等。不论是哪个机构,以何种形式进行决策只要是其权限内的事务符合决策形式要求,都是以单位意志出现在社会上的。[①]

单位犯罪故意形成的过程也不是无序的,通常是先由某种信息(能够产生犯意的信息)传入单位的决策机关,决策机关经过整理、加工、分析,形成整体意志,然后再将这种意志及时反馈于单位的执行机关,使其成为行动的

---

① 张明楷等:《刑法新问题探究》,清华大学出版社2003年版,第23页。

指南。由于单位的管理模式和决策程序的差异,单位犯罪的故意可以是决策机关集体决定而形成的,也可以是有权代表单位决策的个人形成的,如公司的董事长、总经理,企业的厂长等。在决策机构形成单位犯罪故意时,一方面体现了单位整体性的意志,另一方面也体现了一定量的决策者的个人意志,特别是单位将日常的决策权授予某个个人(董事长或总经理)的情况下,决策中的个人意志就更为明显,这就为单位犯罪采取"两罚制"和"代罚制"奠定了主观基础。

单位犯罪故意形成以后,或直接由决策机关或由意志执行机关通过三种形式反映出来:(1)指挥。即直接由单位决策机关形成某种犯罪故意,并指使执行人或代理人去实施犯罪;(2)批准。即某一犯罪活动经单位成员和成员之外的第三人先产生犯意后,由单位决策机关认可批准;(3)默许。指具体执行人员为单位利益而实施犯罪时,决策机关知晓并暗示同意。

单位的一般从业人员在没有得到单位明确授权的情况下,为单位利益实施的犯罪行为能否认定为单位犯罪?理论上有不同的观点,肯定的观点认为,这种情况同样要追究单位的刑事责任。因为单位作为其下级从业人员的监督者(通过单位代表或上级管理阶层的成员)和利益归属主体,对于其下级从业人员在业务活动过程中的违法行为负有监督责任。当单位没有履行这种责任而引起严重的违法后果时,就得追究单位自身的刑事责任。[①]否定的观点认为,如果实施违法行为的单位成员采取隐瞒真相的方法欺骗单位领导实施犯罪,由于单位领导缺少主观故意,就不能成立单位故意犯罪,只能追究行为人的刑事责任。[②]我们认为,否定说是正确的,为单位谋利益只是单位犯罪的一个特征,对故意犯罪来说,成立单位犯罪应具备经"决策机构决定"这一特征,将单位的监督责任视为决策机构的决策,是十分牵

[①] 张明楷等:《刑法新问题探究》,清华大学出版社 2003 年版,第 25 页。
[②] 马长生、胡风英:《论新刑法对单位犯罪的规定》,载于志刚主编:《刑法问题与争鸣(第 1 辑)》,中国方正出版社 1999 年版,第 206 页。

强的。如果单位个别成员为了单位的利益实施犯罪，其犯罪所得的利益实际也归属于单位，但单位和单位的决策机构根本就不知晓，则该犯罪不能认定为单位犯罪。如单位的会计申报纳税时，为单位利益故意多报支出，偷税数十万元，已经达到了偷税罪的定罪标准，但单位和单位决策机构并不清楚，则该偷税罪应认定为个人犯罪。①

单位犯罪故意既可以表现为直接故意，也可以表现为间接故意。直接故意通常表现为单位决策机构批准或者决定犯罪的场合；间接故意通常表现为决策机构知晓或者默认单位成员实施犯罪的场合。

(四) 单位经济犯罪的动机

犯罪动机，是指行为人实施犯罪的内心冲动和起因。有一定的犯罪目的必然与有一定的犯罪动机相呼应。单位犯罪的动机是为单位谋取利益，这一特殊动机是单位犯罪与自然人犯罪的重要界限。理论上，对于"为单位谋取利益"是否为单位犯罪的成立要件有分歧。我们认为，"为单位谋利益"是单位实施犯罪的起因，同时也是自然人个人犯罪与单位犯罪的界限，应该是我国《刑法》中成立单位犯罪的必备特征。②在我国，单位犯罪的这一动机被形象地称为"为公谋利"，当然此处所谓的"公"不是国家和社会的利益，而是小集体、小团体的利益。立法者规定单位犯罪，考虑的是犯罪行为的社会危害性和利益的非法性，至于"为公谋利"的动机，只能说明单位犯罪的主观恶性没有自然人犯罪那样强烈，这一点在刑事责任的轻重上已有相应的区

---

① 理论上也有观点认为，在单位犯罪的情况下，某一个决定是否为单位的决定，不仅看这个人是否单位的主要负责人，还应当看这个人与业务有无关系，是否一种职务行为。如果是职务行为，且是为本单位牟取非法利益，就得将其行为视为单位行为。参见陈兴良：《刑法适用总论》，法律出版社1999年版，第611页。

② 理论上，有不少著述将"为单位牟取利益"作为单位犯罪的目的。我们认为，许多情况下，单位犯罪的目的与动机有同一性，例如，单位实施合同诈骗罪，"非法占有"既是单位实施合同诈骗的直接目的，也是单位实施合同诈骗的动机。但有的单位犯罪，动机和目的还是有区分的。例如，单位实施损害商业信誉、商品声誉的犯罪，直接的目的是损害他人的商业信誉、商品声誉，其动机可能是为了排挤竞争对手。目的和动机内容并不一样。

别。司法实践中,有些人尽管以单位的名义实施犯罪,但将非法所得归私人所有或私分的,表面上体现的是单位意志,而从其非法所得的归属上体现的是个人意志,应属自然人犯罪。

理论上有观点认为:"为本单位牟取非法利益,是故意单位犯罪的重要主观特征之一。"我们认为,这种观点未必妥当。有些单位犯罪,就其谋取利益的性质看,未必是非法利益,只是因为手段的不正当性,才构成了犯罪,如单位行贿所谋取的利益未必都是为了谋取非法利益。因此,单位犯罪的主观目的是为单位谋取利益,至于利益的属性,不应是构成单位犯罪的评价对象。

"为单位谋取利益"中的利益是否仅指物质利益?理论上同样有不同的理解。有观点认为,此处的"利益"是为单位谋取非法经济利益。我们认为,这种观点是不全面的。虽然大多数情况下,单位犯罪的动机是为单位谋取物质利益,但也不排除有的单位犯罪出于非物质利益的动机而实施犯罪。例如,单位实施损害商业信誉、商品声誉的犯罪,直接的目的是损害他人的商业信誉、商品声誉,其动机可能是为了排挤竞争对手,获取竞争优势,也可能纯粹是为了诋毁对方,自己并没有经济利益可求,"损人并不利己"。

第二节　单位经济犯罪的认定

认定单位经济犯罪,应注意将单位犯罪与自然人个人犯罪、单位犯罪与共同犯罪区别开来。

一、单位犯罪与个人犯罪

在《刑法》中,单位和自然人是不平等的刑事主体,自然人构成犯罪的行为,单位不一定构成,即使是单位与自然人都能成立的犯罪,单位犯罪与自然人犯罪刑事责任轻重上也往往有较大差异。立法上无非考虑单位犯罪的行为人,绝大多数情况下毕竟是在为单位谋取利益,其主观恶性没有那些出于中饱私囊目的的自然人犯罪那样强烈,故刑事责任相对较轻也就不难理解。也正因为刑事责任轻重程度不同,正确地区分单位犯罪与自然人犯罪的界限,不仅是个刑法理论问题,更是一个轻罪重罪甚至是罪与非罪的实践问题。

(一)单位所有制性质与主体性质的认定

由于单位犯罪主体主要是公司、企业,而在现行经济体制下,对公司、企业可按照所有制的性质进行分类。国有、集体性质的公司、企业能够成为单位犯罪主体,这是明确的。私有的公司、企业能否成为单位犯罪的主体?在理论上有争议,立法上曾有不同的规定。①从《刑法》的规定看,除《刑法》分则另有规定的以外,《刑法》第 30 条对单位的性质并没有限制。②公司、企业既包括国有的、集体所有性质的公司、企业,也应包括私有性质的公司、企业;既包括具有中国法人资格的公司、企业,也包括在中华人民共和国领域内犯罪的具有外国法人资格的公司、企业。最高人民法院《关于审理单位犯罪案件具体应用法律有关问题的解释》(以下简称"《解释》")第 1 条指出:《刑法》第 30 条规定的"公司、企业、事业单位",既包括国有、集体所有的公司、企业、事业单位,也包括依法设立的合资经营、合作经营企业和具有法人资格的外商独资、私营等公司、企业、事业单位。这一解释明确将私有公司、企业纳入了单位犯罪主体范围,肯定了所有制性质与是否成立单位犯罪没

---

① 一种有代表性的观点认为:无论何种形式的私有企业,都是私人所有,私有企业的一切行为与活动都是由个人决定与支配,其代表的是个人利益,符合自然人犯罪的特征。1989 年最高人民法院、最高人民检察院《关于当前处理企业、事业单位、机关、团体投机倒把犯罪案件的规定》第 3 点第 3 款指出:"私营企业或者个人非法成立的经济组织投机倒把构成犯罪的,应按个人投机倒把认定。"
② 《刑法》中,有部分单位犯罪,对单位的所有制性质有特殊要求。如《刑法》第 387 条单位受贿罪的主体,必须是国家机关、国有公司、企业、事业单位、人民团体才能构成;《刑法》第 396 条私分国有资产罪,也只能由如上单位构成,等等,这可谓单位犯罪的特殊主体。

有直接的联系。

(二)"公司设立瑕疵"的主体性质

公司、企业取得独立的法人资格,应具备一定的条件,包括实体要件和程序要件。实体要件主要包括股东(发起人)的人数、法定的注册资本、必要的生产经营场所;程序要件主要是指法定的登记程序等。"公司设立瑕疵",是指公司设立中存在着实体与程序要件的欠缺。

1. 公司设立存在实体瑕疵的主体性质

就民事、行政责任而言,公司设立的实体瑕疵结果有两种:一是公司设立虽然有瑕疵,但属于一般性的瑕疵,可采取相应的补救措施,法律承认其主体地位。例如,公司注册资金没有全部到位,但达到了法定最低注册资本的要求,公司的法人地位应予以承认;二是公司设立存在着严重的瑕疵,其虽然形式上完成了登记行为,公司设立可被认定为无效,自始不存在独立的法人地位。例如,根据《公司法》第47条规定:"有限责任公司的注册资本为在公司登记机关登记的全体股东认缴的出资额。全体股东认缴的出资额由股东按照公司章程的规定自公司成立之日起五年内缴足。"有限责任公司在设立时,应当在法定的时间内缴足其认缴的出资,这是公司取得独立人格并承担独立责任的物质条件,在此基础上,股东对公司的责任仅以其认购的股份数额为限,承担有限责任。但由于我国现阶段法人制度的不完善,一无设备、二无资金、三无营业场所的"空壳公司"大量存在,他们形式上的法人地位是通过虚报注册资本取得的,或者注册时虽然没有虚报,但取得公司登记后即抽逃出资而形成空壳。行政责任上,对注册资金不到位的企业,应由公司登记部门责令改正,并可以行政罚款。民事责任上,公司的财产对外不足以承担债务的,公司的股东应承担出资不到位的责任。如果公司的资金达不到其认缴的注册资本金的,则实际上不具备公司的人格,公司成立无效,进而否定股东有限责任,即股东对公司的债务应承担无限责任。

具有严重"设立瑕疵"公司的民事责任归责原则是否适用于刑事责任?

即类似于"空壳公司"实施犯罪时,其犯罪主体能否直接界定为股东而不是公司?刑事责任能否像民事责任一样直接转移至股东?有观点认为,单位的法律主体资格源于法律确认的拟制。一旦法律程序上的确认完成就体现为一种存在状态,非经法律程序宣告不得随意否定其状态资格以免除或者规避法律责任,故仍应视为单位犯罪处之。我们认为,对存在实体瑕疵的公司主体地位,应分别认定,对于公司设立过程中存在一般性的瑕疵,《刑法》应承认其单位主体地位。例如,公司注册资金没有全部到位,但达到了法定注册资本的要求,公司的法人地位应予以承认。对于设立中存在着严重瑕疵的公司,其单位的主体地位应予以否认,因为这样的公司实际上并不具备法人资格,应对其法人人格予以否定,在股东为自然人时,所谓公司的利益实际上就是开办者个人利益,公司与股东联为一体,其实施的犯罪理应由个人负责,如果股东原本是单位,则仍应成立单位犯罪,其主体应是作为股东的单位,而不是新设立的单位。

2. 公司设立存在程序瑕疵的主体性质

公司设立的程序瑕疵也有两种情况:一是公司、企业已经过登记注册,但在设立的过程中,有违反设立程序的情况,如应该得到行业主管部门批准备案而没有履行这一手续,这种设立瑕疵不影响公司、企业法人地位的取得,仍可成为单位犯罪的主体。二是公司、企业已经有关行业主管部门批准,并成立相关的筹建、筹备处,但还没有完成工商登记程序。民法上,对这种设立中的公司、企业不承认其独立的主体地位,设立公司行为所产生的债务,在公司成立之前或者当公司不能成立时,由全体出资人或者发起人承担连带清偿责任;在公司成立后,由公司承担责任。①

不过,设立中的公司、企业能否成为单位犯罪的主体?有观点认为,该筹建机构实施了犯罪活动的,可以作为单位犯罪看待,因为筹建机构本身是

---

① 设立公司行为,始于全体出资人或者发起人签订设立协议或者公司章程之日,终于公司成立之日或者确定公司不成立之日。

一个合法存在的组织体。[1]我们认为,这种观点是不正确的。无论单位是否具备法人资格,单位的法定资格,就像自然人的身份始于出生一样,开始于其依法成立之日,终止于其撤销、解散之时。没有完成登记注册的公司的筹建机构不能独立成为单位犯罪主体,其实施的犯罪应归责于负责筹建该公司、企业的自然人或者单位。

(三) 公司的法人人格否定与主体性质

《公司法》中,公司的法人人格否定(disregard of corporate personality)[2],是指为保护公司债权人利益和社会公共利益,在具体法律关系中,根据特定的事由个案否定公司的人格,使股东对公司债权人或者公共利益直接承担责任的法律制度,其实质是对已经丧失独立人格特性的法人状态的一种揭示和确认,是对公司股东有限责任的一种排除。公司法人人格否定的法律制度同样可适用于单位犯罪主体的认定上。尽管有些公司取得了法人人格,但基于特定的事由,可根据公司法人人格否定的理论,否定其单位犯罪的主体资格。

1. 为规避法律而设立的公司的主体性质

如果一个单位虽然从程序上取得了主体资格,但其本身就是以实现一定犯罪目的组织起来的,背离了设立单位的社会目的,尽管可以以单位的名义实施犯罪,但实际上是共同犯罪,不是单位犯罪。[3]即当个人为了规避法律、实施犯罪而设立公司、企业时,尽管这些公司、企业都经过了合法的登记,但它的活动宗旨违背了法律法规的规定,此时,就不应承认其法人地位。美国首创公司人格否认法理的桑伯恩法官在其经典判例中指出:"就一般规则而言,公司应该被看做法人而具有独立的人格,除非有足够的相反证据出

---

[1] 胡启忠:《金融刑法适用论》,中国检察出版社 2003 年版,第 236 页。
[2] 公司法人人格否定,又称之为"刺破公司面纱"(piercing the corporation's veil)或者"揭开公司的面纱"(lifting the veil of the corporation)。
[3] 王作富:《刑法中的"单位"研究》,载赵秉志主编:《刑法评论》(第 2 卷),法律出版社 2003 年版,第 5—7 页。

现:如公司的法人特征被作为损害公共利益、使非法行为合法化、保护欺诈或为犯罪抗辩的工具,那么法律应当将公司视为无权利能力的数人组合体。"在构成犯罪的情况下,其刑事责任表现为对自然人的处罚,而不是对法人的处罚。在《法国刑法典》中,对法人犯罪的刑罚主要是罚金,但根据第131—139条规定:"如法人之设立即是为了实施犯罪行为,或者法人被转移了经营目标而实施犯罪行为,其所犯重罪或轻罪对自然人可处五年以上监禁者,法人予以解散。"在英国,"当公司被用于作恶,以达行为人之非法目的,那么,公司的行为就被视为以实现该非法目的而组成该公司的人的活动,公司的面纱就要给揭开"。也就是说,这种情况下,对法人并不处罚金,而是宣告解散,由自然人承担相应的刑事责任。前述《解释》第2条规定:"个人为进行违法犯罪活动而设立的公司、企业、事业单位实施犯罪的……不以单位犯罪论处。"这些立法和司法解释所体现的精神是一致的。有的公司、企业成立以后,进行过正常的经营活动,但也经常实施违法犯罪活动,对此,是构成单位犯罪还是自然人犯罪?同样不无异议。前述《解释》第2条规定:"公司、企业、事业单位设立后,以实施犯罪为主要活动的,不以单位犯罪论处。"这一规定试图以公司、企业成立后实施的正当经营行为与犯罪行为的比例作为单位犯罪的划分标准。但正如有学者指出的,在理论上如此划分不无道理,司法实践中很难把握,主张"应当根据案件具体情形进行认定涉案单位是否'以实施犯罪为主要活动','对于'主要活动'把握,不应仅仅局限于数量、次数等简单的量化标准,还要结合考虑犯罪活动的影响、后果等因素"。我们认为,这种分析当然是必要的,但为了防止实践中的随意性,量化标准应该是判断的主要依据。

2. 滥用公司、企业法人人格

就公司、企业而言,其本身就是一个独立的具体存在,公司、企业成员与公司、企业本身在人格上是分离的。不过,从另一个角度看,公司、企业又是自然人建立和控制的,公司、企业成员具有复杂的身份,既是公司、企业的成员,又具有自然人的人格。这种复杂的身份决定了公司、企业成员的行为并不都是公司、企业的行为,公司、企业成员所实施的犯罪行为也并不都归责于公司、企业而成立单位犯罪,公司、企业成员只有在为单位利益实施犯罪时,才能认定为单位犯罪。我们认为,"为单位谋利益"是单位实施犯罪的起因,同时也是自然人个人犯罪与单位犯罪的界限,应该是我国《刑法》中成立单位犯罪的必备特征。当公司、企业沦落为个人牟取非法利益之工具,公司、企业成员或者股东利用其在公司中的优势地位,将自己的意思作为公司的意思,将公司作为个人交易的工具。此时,虽然不一定否定公司本身的法人人格,但要对滥用者公司成员或者代表公司的地位予以否定,直接追究个人犯罪的刑事责任。因此,前述《解释》第 3 条规定:"盗用单位名义实施犯罪,违法所得由实施犯罪的个人私分的,依照《刑法》有关自然人犯罪的规定定罪处罚。"

(四) 非法人型企业的主体性质

公司具有独立人格和股东承担有限责任是以严格贯彻公司财产和股东财产分离原则为前提的。根据承担民事责任方式的不同,可将公司、企业分为法人型公司、企业和非法人型公司、企业。法人型的公司、企业是以公司、企业的财产承担民事责任,其责任范围是有限责任。非法人型的企业不是以企业财产而是以个人财产对企业的债务承担民事责任,其责任范围是无限责任。从种类上划分,私有公司、企业包括私营有限责任公司、私营股份有限公司、私营合伙企业和私营独资企业,前两种类型的公司具有独立的法人资格,后两种类型的企业则是非法人型企业。对法人型的公司、企业,无论其所有制的形式如何,均能成为单位犯罪的主体。

前述《解释》第 1 条强调的是具有法人资格的独资、私营企业才能成为单位犯罪的主体。这就意味着非法人型的企业不能成为单位犯罪的主体。对此,有学者提出异议,认为个人独资企业、合伙企业虽然不具有法人资格,但仍属于一个单位,是一个独立的民事责任主体。将非法人的私营企业排除在单位犯罪之外,不符合现阶段国家鼓励私营企业发展的初衷。①我们认为,在个人独资企业的情况下,其单位利益与个人利益、个人行为与单位行为融为一体,企业就是股东,股东就是企业,自然人人格就是企业的人格,从民事责任的归责看,是由开办者个人承担无限责任的,因而,其犯罪符合自然人个人犯罪的特征。国外一些国家法人犯罪的立法也有类似的立法例。例如在法国刑法中,"'人合'性质的团体还应具备法人资格才能作为刑事法律的适用对象"。即成为法人犯罪的主体。根据这一认识,下列两种私有企业不能成为单位犯罪的主体:

1. 普通合伙企业不能成为单位犯罪的主体

根据《合伙企业法》第 2 条规定:"本法所称合伙企业,是指自然人、法人和其他组织依照本法在中国境内设立的普通合伙企业和有限合伙企业。普通合伙企业由普通合伙人组成,合伙人对合伙企业债务承担无限连带责任。本法对普通合伙人承担责任的形式有特别规定的,从其规定。 有限合伙企业由普通合伙人和有限合伙人组成,普通合伙人对合伙企业债务承担无限连带责任,有限合伙人以其认缴的出资额为限对合伙企业债务承担责任。"个人合伙是自然人和财产的集合,合伙人共同一致的意思表示是合伙存在的基础。在合伙企业内,合伙企业的意思只不过是全体合伙人的共同意思,合伙企业的财产只不过是合伙人的共有财产,合伙企业与其成员之间并无法律上的屏障,合伙的经营活动表现的实质是全体合伙人的个人人格。每个合伙人既可以对合伙事务进行干预,也可作为业务执行者亲自参与日常的经营活动。因此,如果合伙人协议一致实施犯罪,应视为共同犯罪。而某个合伙人单独以合伙企业的名义实施犯罪,由于缺乏共同犯罪的故意,应视为实施者个人单独犯罪,而无论是单独犯罪还是共同犯罪,均属自然人犯罪的范围。

---

① 王松苗:《私营企业,怎样才算单位》,《检察日报》2000 年 12 月 20 日。

2. 个人独资企业也不能成为单位犯罪的主体

根据《个人独资企业法》第2条的规定,"个人独资企业,是指依照本法在中国境内设立,由一个自然人投资,财产为投资人个人所有,投资人以其个人财产对企业债务承担无限责任的经营实体"。关于个人独资企业的法律性质,理论上存在着法人说、非法人团体资格说、自然人主体资格延伸说的分歧。法人说认为,应该允许个人独资企业成为法人,投资人对企业债务承担有限责任;非法人团体资格说认为,个人独资企业既不是自然人,也不是法人,而是享有相对独立法律人格的非法人团体,具有自己特定的权利能力;自然人主体资格延伸说认为,个人独资企业不具有独立法律主体资格,而与企业投资者是同一法律人格。我们认为,企业的法人地位本身就是法律赋予的,我国的法律并没有赋予个人独资企业法人地位。个人独资企业是以其个人的财产对企业债务承担无限责任的。因此,在法律地位上,个人独资企业仅仅是一种经营实体,是企业的一种类型,但不具有独立的法人人格,不是法人型的企业。独资企业与业主共享个人人格,企业主的意思即为独资企业的意思,独资企业的财产和责任同时为企业主个人的财产与责任。因此,个人独资企业以企业名义犯罪的,应以自然人个人犯罪论处。

现实经济生活中大量存在着"一人公司"的现象。"一人公司"是指股东只有一个人的公司,2005年《公司法》正式确定了"一人公司"在民商事领域的法人地位,从而奠定了"一人公司"在刑法领域的单位犯罪主体地位。"一人公司"如果不具有独立的人格,则无法独立承担刑事责任,不构成单位犯罪。刑法设立单位犯罪,本质上是因为单位成为了拟制的人,具有独立的人格,这是罪责自负原则的体现。一般情况下,单位犯罪,其直接责任人的法定刑比自然人犯罪的法定刑要轻,准确区分单位犯罪和自然人犯罪,在刑罚适用上有着现实意义。有无独立人格是单位独立承担刑事责任的决定性因素。在依法注册成立的前提下,"一人公司"是否具有独立人格应当从以下两方面进行判断:

一是"一人公司"是否具有独立的财产。公司的独立人格主要体现在财产的独立上。按照《公司法》的规定,股东将注册资金投入公司以后,随即公司取得资金所有权,进而取得对注册资金的法人财产权,并在注册资金范围内承担有限责任。要满足公司法所要求的法人治理结构,公司的财产必须和股东的财产分离,如此才能确保公司有独立人格,能成为责任主体,不会成为股东个人操纵的工具。如果"一人公司"的股东无法证明公司财产独立于股东自己的财产,应当对公司债务承担连带责任。如果以公司名义实施了犯罪行为,应当按照股东自然人犯罪处理,而不能处罚作为股东工具的公司。

二是"一人公司"是否具有独立的意志。"一人公司"要成为单位犯罪的主体,其意志必须独立于所有者和管理者。公司作为拟制的人,其意志只能由真实的人来体现。"一人公司"只有一个股东,决策通常由股东个人来决定,如何区分公司意志和股东个人意志,要看股东的决策是否为了公司的利益。如果决策之下公司行为带来的利益归属于公司,例如收益直接进入公司账户,作为公司的收入,那么决策就是为了公司的利益,体现了公司独立的意志。至于入账之后是用来分配给股东,还是用来维持公司继续经营,是公司对自己财产的处分与支配,不影响公司意志的独立性。反之,如果公司行为带来的利益并未完全归属于公司,则无法认定公司的独立意志。

综上,在依法注册成立的前提下,公司有无独立的经营地点、人员和经营范围,不是判断公司有无独立人格的标准,而应当抓住公司财产和公司意志是否独立这两个关键因素加以认定,进而准确判断"一人公司"实施了犯罪行为是单位犯罪还是个人犯罪。

(五) 境外公司、企业的主体性质

根据法人国籍的不同,可将公司分为本国公司、境外公司、跨国公司。本国公司是指"依照本法在中国境内设立的有限责任公司和股份有限公司"(《公司法》第2条)。境外公司,是指依照境外的法律和在境外登记的公司(包括国外的公司和我国港、澳、台地区的公司)。跨国公司,是指母公司与子公司分属不同国家的公司,母公司在本国登记注册,而子公司则是在所在地登记注册,母公司和子公司都具有独立的法人地位。本国具有法人资格的公司无疑可以成为单位犯罪的主体。由于法人的国籍是以其按照哪一个国家的法律设立、哪一个国家登记注册来确定的,境外的公司、企业在我国兴办外资企业,它就在我国取得了法人地位,应可以成立我国单位犯罪的主体。

在境外登记注册的境外公司、企业或者境外公司、企业在我国的分支机构以公司、企业名义在我国境内或在我国境外针对我国国家和我国公民实施的犯罪是否成立我国《刑法》上的单位犯罪?值得研究。理论上,有观点认为:"我国《刑法》第30条规定的公司,包括本国公司、外国公司和多国公司在内。对他们实施的单位犯罪,都应依照我国法律的规定,追究其刑事责任。"实践中,对境外公司、企业涉嫌犯罪是否做单位犯罪的认定处理不一,例如,境外的公司、企业组织运输走私货物入境,从司法实践看,司法机关对其处理就不统一,有按个人走私处理的,也有按单位犯罪追究直接责任人员刑事责任的。[1]如香港公司与内地不法分子勾结走私的,对香港公司的涉案人员往往是以个人走私犯罪论处。这样处理,随意性很大,也不公平。我们认为,我国《公司法》第243条规定:"本法所称外国公司,是指依照外国法律在中华人民共和国境外设立的公司。"民事诉讼中,境外公司具有独立的法人地位,相应地,刑事诉讼中,境外公司的法人地位也应得到承认。境外公司如系境外依法成立的有限责任公司,其实施的犯罪应以我国《刑法》中的单位犯罪论处。[2]不过,对境外的公司企业追究刑事责任,应根据《刑法》第8

---

[1] 苗有水:《〈最高人民法院、最高人民检察院、海关总署关于办理走私刑事案件适用法律若干问题的意见〉的理解和适用》,最高人民法院刑事审判第二庭编《经济犯罪审判指导与参考(2003年第1卷)》,法律出版社2003年版,第208页。

[2] 海关总署《走私犯罪侦查局关于境外公司能否作为单位犯罪主体追究刑事责任的批复》(侦法研字〔2001〕15号)中认为:"一、对于有证据能够证明境外公司以公司身份从事或参与走私犯罪活动且证明该公司合法主体资格的,可以单位犯罪追究境外公司的刑事责任。二、经侦查所获得的证据无法证明境外公司以单位身份从事或者参与走私犯罪活动,或者无法证明境外公司合法资格的,则以个人犯罪认定,追究行为人个人的刑事责任。"这一批复肯定了境外公司可以成为单位犯罪的主体。

条空间效力确定刑事责任范围,如发生在我国领域外的犯罪,必须符合犯罪地法律也应当受到处罚,且按《刑法》规定对主管人员和直接责任人员处罚的最低刑为三年以上有期徒刑的条件。①

(六)个人承包、租赁企业的主体性质

承包、租赁,曾经是一段时间内广泛采用的公司、企业的经营模式。各种形式的经济承包、租赁,使承包企业的性质、承包人主体身份等出现了复杂的情况。特别是对于个人承包中以单位名义进行犯罪活动的,如何确定行为主体的性质?是一个颇为棘手的问题。

理论上一般认为,行为人通过签订承包合同,取得对某一企业的经营管理权,并以该企业的名义从事经营活动,是一种经营权的转移,并不意味着所有制改变。

行为人通过签订承包协议,取得了企业的经营权,担任厂长或者经理,表明他已取得了企业主管人员的身份。他在经营活动中,不再是以个人名义从事活动,而是以承包企业的名义为该企业的利益从事活动,其行为不是个人行为,而是单位行为。因此,对于承包企业的犯罪行为应以单位犯罪论处。②我们认为,这种观点是不全面的,承包人以企业名义所实施犯罪的性质,是构成单位犯罪还是自然人个人犯罪,不能一概而论,应根据承包方式、承包性质以及承包方与发包方的权利义务关系等具体情况进行具体分析,区别对待。对于定额上缴承包(俗称"一脚踢"承包),即除上缴一定基数利润外,其余收益都归承包人所有。理论上,承包人只要上缴应上缴的固定利润,就不能构成贪污、挪用、职务侵占等犯罪。这实际上是认为单位的利益已转化为承包人个人利益。与此相应,承包人以单位名义实施犯罪的,从犯罪所得的归属上,属于承包人个人所有,其行为属于承包人个人行为,应作

---

① 对境外公司、企业以单位犯罪论,确实也存在着一些实际的困难,例如境外的公司、企业的性质难于查清,判决后难以执行,该单位在境外,也难以传唤诉讼代表人出庭,等等。
② 胡启忠:《金融刑法适用论》,中国检察出版社2003年版,第246页。

为自然人个人犯罪处理;对于经营性承包,资产、场地、流动资金等属单位所有,承包人在发包方的授权范围内经营,发包方仍然对承包人有管理职能,承包方的经营活动体现的是发包方的意志,所得利益仍然是发包方利益的一部分,承包人根据效益按比例提成的,承包人以单位名义实施犯罪,其所得的利益包含了单位的利益,由于从利益的归属上是为单位谋取利益,一般应作为单位犯罪论处。这里,利益的实际归属或可能的归属是判断单位行为与自然人个人行为的主要依据。

(七) 单位分支机构的主体性质

以公司之间的相互关系分类,可将公司分为总公司和分公司。①机关也是一样,机关内部有一些内设的职能部门,如某某局的分局、处室。以分支机构的名义为分支机构利益而实施的犯罪是单位犯罪还是个人犯罪? 理论上有争议。否定的观点认为:"单位犯罪中的单位原则上不包括下面的二级单位。如果二级单位符合单位犯罪,且是为了上级单位的利益,应认定为单位犯罪,归责于上级单位,否则就属于自然人犯罪。"肯定的观点主张:"在总公司不知情的情况下,如果分公司独立以分公司的名义并为分公司的利益决定实施犯罪时,分公司及其负责人就可以成为犯罪主体和承担刑事责任。"还有观点认为:"不具备法人资格但具有独立民事行为能力、可以独立承担民事责任的分支机构就具有刑事责任能力,可以成为单位犯罪的主体。"反之,就不能成为单位犯罪的主体。此外,还有学者强调,应当根据单位规定的双罚制和单罚制两种情形分别界定。就采双罚制的单位犯罪而言,应当以具有法人资格或者虽然不具有法人资格,但具有准法人地位,即依法成立,具有自己的名称和组织机构,有一定的财产能以自己的名义独立进行民事活动和承担民事义务的非法定民事主体和诉讼主体为限。但就采单罚制的单位犯罪而言,即对于《刑法》明文规定只直接处罚直接负责的主

---

① 总公司也称本公司,是指依法设立并管辖公司全部组织的具有法人资格的总机构。分公司是指在业务、资金、人事方面受本公司管辖而不具有法人资格的分支机构。

管人员和其他直接责任人员的单位犯罪,因其事实上不需要单位作为一个整体以自己的独立的财产承担罚金的刑事责任,所以,该种犯罪的成立,不受上述主体范围的限制。[1]我们认为,在民法上,单位的分支机构可以以分支机构的名义进行民事活动和参加民事诉讼,实践中,分支机构往往也有自身的独立的利益。因此,分支机构具有相对的独立性。当分支机构为了分支机构自身的利益,在上级不知情的情况下实施犯罪时,其单位犯罪的责任应由分支机构负责,而在上级指使或知情下实施犯罪的,则犯罪主体应为上级部门。[2]

二、单位经济犯罪与共同犯罪

在刑法理论上,单位犯罪与共同犯罪有着原则的区别,这种界限主要体现在以下几个方面:(1)从主体特征看,单位犯罪与共同犯罪虽都带有"集体"的外壳,但共同犯罪是两个以上自然人集合而成,带有"合伙"的性质,它以参加者的存在而存在,并且这种集合一开始就显示出社会危害性,就为《刑法》所禁止(《刑法》上将拉拢共同犯罪人及成立犯罪组织作为犯罪行为的方式)。而单位犯罪则不一样,单位犯罪的主体虽然是组织体,但单位本身是独立的具体存在,是能够独立享受权利和承担责任的主体。单位对其成员来说,具有相对的独立性,其成员生老病死、进退离合并不影响单位本身的存在,绝大部分成员不能成为刑事责任的主体,其主体就是单位本身和少数责任人员。此外,单位本身是依法成立的,其成立并不具有社会危害性。因此,单位是一种不同于自然人共同犯罪的特殊主体。(2)从主观方面

---

[1] 张明楷等:《刑法新问题探究》,清华大学出版社2003年版,第30页。
[2] 最高人民法院2001年1月21日下发的《全国法院审理金融犯罪案件工作座谈会纪要》明确:"以单位的分支机构、部门的名义实施犯罪,违法所得亦归分支机构或者内设机构、部门所有的,应认定为单位犯罪。不能因为单位的分支机构或者内设机构、部门没有可供执行罚金的财产,就不将其认定为单位犯罪,而按照个人犯罪处理。"这就是说,分支机构是否为独立的利益主体是认定其能否成为主体的关键。

看,单位犯罪故意与共同犯罪故意也是不一样的。共同犯罪故意是各共同犯罪人协议形成的,各共犯都明知自己是在与他人一起实施某种犯罪,对共同犯罪的危害结果都抱着希望或放任其发生的态度。单位犯罪的主观方面则较复杂。单位犯罪故意往往不是由单位成员共同形成的(许多情况下,绝大部分成员并不知情),而是由单位决策机关形成的。此外,单位犯罪的主观方面并不限于故意,还包括一些过失犯罪。(3)在犯罪客观方面,共同犯罪各共犯实施了共同犯罪行为,共同犯罪行为是指各共犯的行为都是指向同一目标的特定的犯罪。各共犯的活动可能有所不同,但他们都是为实施同一性质的犯罪而联合行动的,他们的行为是互相联系、互相配合的。单位犯罪则不一样,许多情况下,并非每一个单位成员都实施犯罪行为,犯罪行为的实施通常是单位的代表人或代理人所为,不过,由于这些人代表单位实施犯罪行为,有单位的资金为雄厚的物质条件,依靠各种复杂关系,其犯罪活动的规模和能量丝毫不亚于共同犯罪。(4)单位犯罪与共同犯罪承担民事责任与刑事责任的方式不同。共同犯罪是根据共同犯罪的结果和行为人在共同犯罪中所起的作用承担刑事责任,分担民事责任。而单位犯罪,则由单位或其直接责任人员承担刑事责任,由单位本身负民事责任。没有参加具体犯罪的单位成员,既不会受到刑事责任的追究,也不会直接承担民事责任。可见,单位犯罪的刑事责任是一种整体责任,它不同于共同犯罪的责任,更不同于株连责任。

第三节 单位经济犯罪的刑事责任

一、单位犯罪刑事责任概述

单位犯罪的刑事责任如何实现,取决于刑事责任方法的选择。世界上虽然规定单位犯罪的国家越来越多,但对单位犯罪如何处罚,各国却有不同

的做法,纵观规定单位犯罪的各国立法例,单位犯罪的刑事责任方法可归纳为三种类型:

(一) 代罚制

代罚制,是指对单位犯罪,仅处罚单位中的有关自然人。即由单位中的某些自然人(如法定代表人、直接责任人员)代替单位承担刑事责任和接受刑罚处罚。由于是由单位中的自然人代替单位承担刑事责任,因而在刑事责任的承担方法上,既可以适用财产刑,也可以适用自由刑。代罚制试图通过对单位中自然人的处罚来达到处罚单位的目的。但代罚制有明显的弊端,因为自然人本身是受单位控制的,他在为单位谋取利益,如果仅仅处罚他,就有失刑法公正原则。

(二) 转嫁制

转嫁制,就是对单位犯罪,只处罚法人本身,而不处罚单位中的自然人。即由单位本身承担其犯罪的刑事责任并接受刑罚的处罚。这一原则是基于"仆人过错、主人负责"的民事侵权行为归责原则推演而来的。例如在英国,法人犯罪,一般只对公司判处罚金,对直接责任人员则无处罚的先例。对单位能够适用的刑种仅限于财产刑,而且主要是罚金。直接处罚制强调单位组织的整体性,但单位本身又是自然人所组成的,单位的行为离不开自然人意志的支配,仅对法人处罚,刑罚的威慑作用不大。

(三) 两罚制

两罚制,是指对单位犯罪,既处罚法人机关中的有责任的自然人(可处财产刑和自由刑),同时也处罚单位本身(适用的刑种是财产刑,主要是罚金)。两罚制克服了代罚制和直接处罚制的弊端,符合单位犯罪的实际情况。因为在单位犯罪故意中,是掺杂了个人意志的,有责任的自然人也具备了承担刑事责任的主客观基础。此外,两罚制也有利于对单位犯罪刑罚目的的实现。因此,现代各国追究单位犯罪的刑事责任以两罚制居多。

二、我国《刑法》对单位犯罪的处罚

我国《刑法》第 31 条规定:"单位犯罪的,对单位判处罚金,并对其直接负责的主管人员和其他直接责任人员判处刑罚。本法分则和其他法律另有规定的,依照规定。"这就是说,我国《刑法》中的单位犯罪,其基本的处罚原则是两罚制,既处罚犯罪的单位,又处罚单位犯罪直接负责的主管人员和其他直接责任人员。对单位的刑罚方法,明确规定是判处罚金。不过,《刑法》分则中对少数单位犯罪采取的是代罚制。如第 161 条规定的违规披露、不披露重要信息罪等,只处罚对其直接负责的主管人员和其他直接责任人员,对单位本身不处罚。对主管人员和其他直接责任人员适用的刑种则没有限制。

就不纯正的单位犯罪而言,单位犯罪中主管人员和直接责任人员的刑事责任,是与同样性质犯罪的自然人同等处罚,还是分别处罚,理论上曾有不同的主张。从总体而言,修订后《刑法》对单位犯罪中单位主管人员和直接责任人员的处罚,要比自然人犯同种罪宽,但也不尽然,《刑法》根据犯罪的性质做了不同的规定:

第一,有的犯罪,单位犯罪的主管人员、直接责任人员与自然人犯同种罪一样处罚(定罪量刑的标准相同),如生产、销售伪劣商品的犯罪。

第二,有的犯罪,自然人犯罪的最高刑为无期徒刑,单位犯罪的主管人员和直接责任人员的处罚要轻得多。如《刑法》第 153 条规定的走私普通货物、物品罪,自然人犯走私普通货物罪的法定最高刑为无期徒刑,单位犯罪的主管人员和直接责任人员最高法定刑是 10 年以上有期徒刑。

第三,大部分不纯正的单位犯罪在定罪的标准上与自然人犯罪存在着很大的差异。例如,根据《刑法》第 153 条的规定,自然人实施走私普通货物、物品行为,偷逃应缴税额较大或者一年内曾因走私被给予二次行政处罚后又走私的,处三年以下有期徒刑或者拘役,并处偷逃应缴税额一倍以上五倍以下罚金。而根据相关解释,自然人偷逃应缴税款在 10 万元以上不满 50 万元的,认定为"偷逃应缴税额较大";而单位实施走私普通货物、物品行为的,只有在偷逃应缴税额在 20 万元以上不满 100 万元的情况下,才对单位判处罚金,并对其直接负责的主管人员和其他直接责任人员,处 3 年以下有期徒刑或者拘役。构罪的数额标准悬殊。这主要考虑到法人犯罪,绝大多数情况下毕竟是为法人牟取利益,其主观恶性没有那些出于中饱私囊的自然人犯罪那样强烈,故在刑事责任的轻重上做了区分。①

思考题

1. 如何理解经济犯罪中的单位主体?
2. 单位经济犯罪主体有哪些特殊的表现形式?
3. 如何认定单位犯罪与共同犯罪的区别与联系?

---

① 但立法上也存在着严重的不平衡。有些单位犯罪中主管人员、直接责任人员与自然人犯同种罪一样处罚,而有些单位犯罪中的主管人员、直接责任人员的处罚要远远低于自然人犯同种罪,例如,自然人行贿,法定最高刑可达无期徒刑,可以并处没收财产。而单位行贿,法定最高刑是 5 年有期徒刑。这种畸轻畸重的现象,反映出立法对单位犯罪刑事责任轻重的选择上存在较大的随意性。

第八章
经济犯罪的罪量

经济犯罪大多涉及经济性的利益,这种经济性利益的物质表现形态通常就是财物。财物可以通过数额和数量进行定量分析。经济犯罪的数额,是指经济犯罪行为所涉及的财物的货币金额。经济犯罪的数量,是指表现为一定物品的犯罪对象多少、大小的单位数目。对于经济犯罪来说,涉案的数额、数量不仅反映了犯罪行为所指向或者造成实际损失的财物的多少,而且还揭示了行为人的犯罪动机、目的等主观方面的情况,因此,数额、数量是衡量经济犯罪社会危害大小,从而决定罪与非罪、罪轻罪重的一个重要尺度。受立法定性、司法定量观念的影响,世界上多数国家的刑事立法对立法定量持否定态度,其刑法规定的构罪要件中一般没有对数额、数量的规定。我国《刑法》则强调数额、数量在定罪量刑中的作用,客观上有利于形式意义的罪刑法定原则的贯彻。

我国1979年《刑法》中只使用了数额概念,所以一段时间内,刑法理论上并没有数额与数量的区分。1997年修订后的《刑法》中,根据不同的犯罪对象,分别使用了数额和数量的概念:在生产、销售伪劣商品罪、部分妨害对公司、企业管理秩序罪、破坏金融管理秩序罪、部分危害税收征管罪、部分侵犯知识产权罪、部分扰乱市场秩序罪、部分侵犯财产罪、贪污贿赂罪中,《刑法》使用的是数额概念;在危害税收征管罪中部分有关发票的犯罪、部分破坏环境资源保护罪中的非法占用耕地罪等犯罪中则使用数量概念。分别涉及犯罪对象的数额、数量的故意犯罪,可以从理论上称为数额犯、数量犯。数额的单位用人民币(元)表示,数量则以重量、数目、面积等表示。当然,数额与数量的区分不是绝对的,数额往往是在数量基础上的进一步核算,具有更加精确的一面,只是个别犯罪,无法或者不需要进行核算时,才规定为数量犯。此外,有一些犯罪,定罪时数额、数量择一考虑,如伪造货币罪的定罪,既可考虑伪造货币的面额,又可考虑伪造货币的数量。

第一节 经济犯罪罪量的种类与计算

一、经济犯罪涉案数额、数量的种类

理论上,曾有观点将经济犯罪数额简单归结为犯罪人实际非法所得的财物的金钱数字。这显然不能完全包括《刑法》规定的全部经济犯罪数额的内在含义。在不同类型的犯罪中,数额的表现形式也是多种多样的。从《刑法》的规定看,数额的表现形式并不是单一的,根据《刑法》规定的不同,经济犯罪的数额可分为以下几类:

(一)以犯罪所指向财物与获取财物数额为标准,经济犯罪数额可分为**经营数额与所得数额**

经营数额是指行为人实施经济犯罪所指向或者营业的现金或者财物折算成现金的数额。如《刑法》第225条规定的非法经营罪,行为人在实施非法经营的过程中,所涉及的制造、储存、运输、销售产品的价值,就是其经营数额。行为人非法经营的数额就是其犯罪指向数额;又如在走私犯罪中,走私物品的价额就是其经营数额。

所得数额是指行为人通过实施犯罪行为而实际得到的现金或者财物折算成现金的数额,有时也称之为非法获利数。如实施走私、非法经营行为后的实际获利数。

虽然绝大部分经济犯罪都存在着经营数额与所得数额,但由于各种经济犯罪的性质不同,经营数额与所得数额表现亦常常不一样。如走私,其犯罪经营数额(走私物品数额)与所得数额(实际获得的非法利益)常常有一定的距离。例如,走私一辆高档轿车的经营数额可达100万元,但实际获利数可能只有20万元上下。在个案中,不排除有少数案件获利数可能是负数,如行为人进行非法经营行为,不但没有获利反而亏本的情况也非不可能。也有的经济犯罪的经营数额与所得数额重合一致。如犯罪人实施合同诈骗犯罪所得的赃款,既是其经营数额,又可能是所得数额。[①]

从经营数额与所得数额的关系看,经营数额是犯罪人获得所得数额的基础,而所得数额则是犯罪人追求的目的;经营数额反映着犯罪活动的规模,而所得数额则表现为犯罪人犯罪目的的实现程度。一般情况下,经营数额的大小和所得的多寡具有正比的关系,[②]二者都从不同的侧面反映着社会危害性的大小。

在追究经济犯罪的刑事责任时,由于犯罪性质的不同,《刑法》对上述两个数额的运用颇不一致:有时只考虑经营数额,例如,1998年12月29日全国人大常委会《关于惩治骗购外汇、逃汇和非法买卖外汇的决定》规定的骗购外汇罪,考虑的是骗购外汇的数额,而不考虑其获利数额;有时只考虑获利数额,如《刑法》第175条的高利转贷罪,以非法所得数额作为定罪的依据;有时则可能两个数额择一考虑。例如,根据最高人民法院、最高人民检察院《关于办理侵犯知识产权刑事事件具体应用法律若干问题的解释》(法释〔2004〕19号)伪造、擅自制造或者销售伪造、擅自制造的注册商标标识数

---

① 当然,即使是诈骗犯罪案件,也可能出现经营的数额与所得数额不一致的情况。例如,犯罪分子在签订履行合同中约定的标的是100万元,而犯罪分子实际没有得到或者所得没有100万元(可能只有60万元)。如果没有得到,则是犯罪未遂,应以经营的数额为依据,如果实际已经得到,则应以实际得到的数额为定罪量刑的依据。

② 当然,所得数额还与非法所得率分不开,同样规模的经营数额,所得率的高低,直接决定了所得数额的多寡。

量在 2 万件以上,或者非法经营数额在 5 万元以上,或者违法所得数额在 3 万元以上的,为该罪追究刑事责任的起刑点。

应当指出,即使定罪时《刑法》选择了一个数额为标准,但对量刑来说,另一数额的考虑也绝不是毫无意义的。例如,非法经营数额固然是非法经营罪定罪的主要依据,但犯罪人获利的多少,同样也会成为该罪量刑考虑的一个重要酌定情节。

(二) 以商品是否销售为标准,数额可分为货值金额和销售金额

在经济犯罪案件中,涉案财物可能处在不同的流通阶段,以商品是否销售为标准,数额可分为货值金额和销售金额。尚未在市场销售的财物,其数额表现为货值金额;而行为人出售商品所获得的货币额,则为销售金额。大部分经济犯罪的涉案数额并没有货值金额与销售金额的区分。只是一些特殊犯罪是以销售金额作为定罪量刑的依据,如果没有形成销售金额,则不能构成犯罪或者不能构成犯罪的既遂。例如,行为人生产了大量的伪劣产品,但没有来得及销售就案发,已经生产的产品的总价额就是货值金额,由于没有形成销售金额,一般不构成犯罪既遂,但可以构成犯罪未遂。[①]

(三) 以同样数额在不同地区的意义,经济犯罪指向数额可分为全国统一数额与地区数额

当经济犯罪的数额表现为一定数额的金钱时(或赃物折算成金钱),同样数额的金钱在不同地区的价值并不完全一样,以致该项数额在不同地区所体现的社会危害程度也高低不一。因此,在一些司法解释中,对一些常见多发的经济犯罪数额仅作原则性规定,同时强调各省、自治区、直辖市司法机关可根据本地区经济发展和社会治安等情况,参照全国的数额幅度,规定本地区应掌握的数额标准,诸如挪用公款、诈骗等。因此,所谓全国统一数

[①] 根据最高人民法院 2001 年 4 月 9 日制发的《关于办理生产、销售伪劣商品刑事案件具体应用法律若干问题的解释》规定:"伪劣产品尚未销售,货值金额达到《刑法》第 140 条规定的销售金额三倍以上的,以生产、销售伪劣产品罪(未遂)定罪处罚。"

额,是指立法或司法机关确定的某种经济犯罪数额的幅度;地区数额,是指省、自治区、直辖市根据全国统一的数额幅度,结合本地区的实际情况确定的具体数额。

从表面上看,有了地区数额,同一种罪在各地掌握的数额标准不同,有违国家法制统一之原则。但从社会危害性的量来看,根据经济发展水平的不同、社会治安的变化确定的不同数额反映的社会危害性大体是平衡的。由于目前经济犯罪数额的规定随意性较大,可设想将某种经济犯罪全国数额确定为多少个月的人均生活费,各地区在确定本地区某种经济犯罪数额标准时,以该地区一定时期的月均生活费用为标准。例如,设某地区某经济犯罪数额标准为 A,全国确定的某种经济犯罪的数额统一为人均生活费的 X 月,而某地区月人均生活费用为 Y,那么,某地区某种经济犯罪数额标准的计算公式应为:

$$A = X \cdot Y$$

这样得到的数额标准也不是绝对的,还须参考当地经济犯罪的发案情况,预测其趋势,在上述数额标准的基础上做适当的上下浮动。

在追究行为人刑事责任时,应该以犯罪地的数额标准作为定罪量刑的依据,但在隔地犯中,行为地与结果地不一样,行为地与结果地的数额标准又不一致,应该以受犯罪行为实际侵害地区(结果地)的数额作为追究刑事责任的标准。

(四) 以经济犯罪给受害人造成现有财产和可预期财产的损失,可将经济犯罪的数额分为直接损失数额和间接损失数额

最高人民检察院《关于人民检察院直接受理立案侦查案件立案标准的规定(试行)》(以下简称"《立案标准》")的"附则"中规定,"直接经济损失,是指与行为有直接因果关系而造成的财产损毁、减少的实际价值"。如走私普通货物、物品罪中的"应缴税额"、偷税罪中的"偷税数额"等,就是指给国家税收所造成的直接损失数额。"间接经济损失,是指由直接经济损失引起和

牵连的其他损失,包括失去的在正常情况下可能获得的利益和为恢复正常的管理活动或者挽回所造成损失所支付的各种开支、费用等。"简言之,直接损失数额是指犯罪行为直接使受害人现有财产数量的减少或丧失的价值,间接损失数额是指由犯罪行为引起或牵连的其他物质损失数额。例如,某甲利用签订经济合同诈骗某厂10万元,某厂的直接损失就是10万元,而某厂由于资金被骗以后,因资金短缺,无力购买原材料,结果造成停工停产,这种因停工停产造成的经济损失就是间接损失。

一般情况下,经济犯罪的直接经济损失容易确定。但也有些经济犯罪的直接经济损失则较难确定。例如,2020年最高人民检察院、公安部《关于修改侵犯商业秘密刑事案件立案追诉标准的决定》(以下简称"《决定》")规定,侵犯商业秘密"造成损失数额在30万元以上的"属于"情节严重",但经济损失是指被盗窃商业秘密本身及其载体的价值,还是指商业秘密被侵犯后给权利人造成的实际损失,则要区分不同情形认定。由此,《决定》进一步规定:"(一)以不正当手段获取权利人的商业秘密,尚未披露、使用或者允许他人使用的,损失数额可以根据该项商业秘密的合理许可使用费确定;(二)以不正当手段获取权利人的商业秘密后,披露、使用或者允许他人使用的,损失数额可以根据权利人因被侵权造成销售利润的损失确定,但该损失数额低于商业秘密合理许可使用费的,根据合理许可使用费确定;(三)违反约定、权利人有关保守商业秘密的要求,披露、使用或者允许他人使用其所掌握的商业秘密的,损失数额可以根据权利人因被侵权造成销售利润的损失确定;(四)明知商业秘密是不正当手段获取或者是违反约定、权利人有关保守商业秘密的要求披露、使用、允许使用,仍获取、使用或者披露的,损失数额可以根据权利人因被侵权造成销售利润的损失确定;(五)因侵犯商业秘密行为导致商业秘密已为公众所知悉或者灭失的,损失数额可以根据该项商业秘密的商业价值确定。商业秘密的商业价值,可以根据该项商业秘密的研究开发成本、实施该项商业秘密的收益综合确定;(六)因披露或者允许他人使用商业秘密而获得的财物或者其他财产性利益,应当认定为违法所得。前款第二项、第三项、第四项规定的权利人因被侵权造成销售利润的损失,可以根据权利人因被侵权造成销售量减少的总数乘以权利人每件产品的合理利润确定;销售量减少的总数无法确定的,可以根据侵权产品销售量乘以权利人每件产品的合理利润确定;权利人因被侵权造成销售量减少的总数和每件产品的合理利润均无法确定的,可以根据侵权产品销售量乘以每件侵权产品的合理利润确定。商业秘密系用于服务等其他经营活动的,损失数额可以根据权利人因被侵权而减少的合理利润确定。商业秘密的权利人为减轻对商业运营、商业计划的损失或者重新恢复计算机信息系统安全、其他系统安全而支出的补救费用,应当计入给商业秘密的权利人造成的损失。"在侵犯商业秘密罪中被害人遭受的重大损失,是指实际损失,而实际损失既包括直接损失也包括间接损失,因为间接损失也是受害人必然失去的现实利益。又如,损害商业信誉、商品声誉罪,其直接损失是否包括无形资产减少,都是存在争议的。

应当指出,间接损失并不包括非物质的损失,因为经济犯罪的非物质的间接损失往往是难以估算的。因此,有学者认为,财产的间接损失应具有以下三个基本特征:(1)损失了的是一种未来可得利益尚须经历一个过程;(2)这种丧失的未来利益是具有实际意义的,而不是想象或假设的;(3)这种可得利益必须是一定范围内的,即损害该财物的直接影响所及的范围,超出这个范围不能认为是间接损失。这些基本特征对人们正确地认定间接经济损失的范围无疑是有帮助的。

在追究经济犯罪的刑事责任时,直接经济损失是定罪量刑的主要依据,间接损失则是定罪量刑的酌定情节(在情节犯的情况下,间接损失是判断情节是否严重的一个重要因素)。例如,根据2022年最高人民检察院、公安部《关于公安机关管辖的刑事案件立案追诉标准的规定(二)》(以下简称"《追诉标准(二)》")第4条的规定,虚假出资或者抽逃出资,"造成公司、股东、债权人的直接经济损失累计数额在五十万元以上的",或者虽未达到上述数额标准,但"致使公司资不抵债或者无法正常经营的",应予追诉。此处"致使公司资不抵债或者无法正常经营"则可能是该犯罪行为衍生的间接后果。可见,对司法工作人员来讲,查清经济犯罪事实,不仅要查清犯罪造成的直接损失数额,而且要查清间接损失数额。

在刑事附带民事诉讼的案件中,"物质损失"范围是赔偿范围的重要依据。根据2021年最高人民法院制发的《关于适用〈中华人民共和国刑事诉讼法〉的解释》第192条:"对附带民事诉讼作出判决,应当根据犯罪行为造成的物质损失,结合案件具体情况,确定被告人应当赔偿的数额。犯罪行为造成被害人人身损害的,应当赔偿医疗费、护理费、交通费等为治疗和康复支付的合理费用,以及因误工减少的收入。造成被害人残疾的,还应当赔偿残疾生活辅助器具费等费用;造成被害人死亡的,还应当赔偿丧葬费等费用。"可见,被害人因犯罪行为而遭受的损失,包括被害人因犯罪行为已经遭受的实际损失和必然遭受的损失,而必然遭受的损失实际上是可预见的损失,属于间接损失的范围。

(五)以经济犯罪人涉案财物是否被实际追回,可将数额分为挥霍、损失数额和追缴、退赔的数额

挥霍数额,是指犯罪人将其非法所得的公私财物用于腐化生活和非法活动而不能返还的数额。挥霍型的经济犯罪是目前经济犯罪的重要特点,不少经济犯罪人作案后将所得赃款大肆挥霍,赌博嫖娼;还有的犯罪人犯罪得手后,又进行其他营利活动,如挪用公款后进行炒股、炒期货,结果造成资金受损失而无法弥补,从而形成实际损失数额。

追缴数额,是指将犯罪人所得的财物通过司法程序强制予以追回的数额。根据法律规定,追缴的对象是犯罪人违法所得的一切财物。若犯罪人通过出售违法所得的财物,得到了对价,则应追缴其所得之对价。如若以贱卖方式取得价金或其他财产利益,可追缴其所得的价金或其他财产利益,不

足部分,可责令退赔。如若犯罪人将违法所得财物赠与他人,受赠人没有支付对价,根据物权法理论,受害人可以行使物上请求权,要求受赠人返还赠与物,若无受害人或难以确定受害人,国家当然可以取得赠与物的所有权,可以追缴方式实现。①此外,如果追缴的赃物已经贬值,对于贬值部分,应继续追缴。

退赔数额是指将犯罪人犯罪所得退回给被害人或者责令将原物照价赔偿的数额。退赔反映了被告人归案后对赃款、赃物的心态,直接反映其认罪悔罪态度。被告人如能退赃,无论是主观恶性还是客观危害相应小一些。退赃有两种情况:一是主动积极地全部退赃;二是亲属应被告人请求或征得被告人同意后代为退赃。

在通常情况下,追缴、退赔数额的多少与社会危害性大小成反比。查清经济犯罪数额,应注意查清犯罪人已经挥霍、损失的数额以及追缴、退赔数额的情况,以作为酌定从重或从轻的情节。

(六) 以犯罪人获得赃物原值与销赃值的不同,可将数额分为赃物数额和销赃数额

赃物数额,是指赃物本身按照一般计算原则所计算出的数额;而销赃数额则是犯罪人销赃实际所得的数额。这两个数额通常并不一致,销赃数额一般低于赃物本身的数额。此时,应以赃物本身数额作为定罪量刑的依据,而销赃数额作为量刑的情节考虑,②而当销赃的数额高于赃物的实际价值,

---

① 王文轩:《论刑法中的追缴》,《人民检察》2002年第6期。
② 此种案件常见于盗窃等犯罪中。例如,2001年6月3日,被告人查某在一仪器研究办公室窗外,用钢筋将室内一根外壳为不锈钢的管子钩出盗走,后以16元的价格卖与他人。案发后发现,查某盗窃的这根管子是山东煤田地质局数字测井站历时4年研制出来的一种新型探井仪器,名为散射伽马能谱测井探管,属高科技产品,造价5万余元。法院经审理认为,被告人查某以非法占有为目的,盗窃他人财物,其行为已构成盗窃罪。被告人盗窃高科技产品、赃物未追回,社会危害性大,损失严重,应依法严惩。鉴于被告人归案后认罪态度较好,有悔罪表现,且系初犯,可以酌情从轻处罚。以盗窃罪判处被告人查某有期徒刑7年,并处罚金1万元。参见《人民法院报》2001年8月29日。

则应以犯罪人销赃数额计算。①

(七) 特殊数额

《刑法》中还规定了经济犯罪涉案的一些特殊数额,如走私罪中的"应缴税额"、伪造货币罪中的"票面数额"、逃税罪中的"逃避缴纳税款数额占应纳税款的比例"等。

二、经济犯罪数额的计算

经济犯罪案件中,犯罪行为指向的一定数额的钱和物,形成赃款赃物。赃款的数额直接表现为人民币或可以换算成人民币(如外币),其计算自不成问题,②但若犯罪人行为指向一定的物,就要对赃物进行计算,即计算赃物折合成人民币的数量,这样才有统一尺度,才能使各种数额有一定的可比性。由于经济犯罪的赃物是多种多样的,有生产资料,也有生活资料;有正品,也有残品、次品;有外销品,也有内销品;有金银珠宝,也有各种票证。因此,对赃物的计算,应分情况进行处理。

(一) 不同流通领域赃物的计算

现实生活中各种物品,处于不同的流通阶段,便会有不同的价格。未出厂的产品有出厂价,等待批发的产品有批发价,投放市场零售的有零售价。如果犯罪人的赃物来自不同的流通阶段,价格应如何计算。根据相关的法

---

① 例如,被告人通过合同诈骗,骗得李某精装"五粮液"10箱(该酒是李某以每箱700元进价购买入库的)。被告人以每箱2 000元将其倒卖,获赃款2万元。案发后被告人被抓获,公安机关委托物价部门对被告人所骗取的赃物作价,每箱"五粮液"酒价值700元,遂以数额为7 000元的事实,向检察机关提出起诉意见。此案中,被告人销赃数额高于实际价值,应当按照其销赃数额2万元来认定。但如果行为人取得赃物后没有销赃,则应当按照赃物的实际价值来计算盗窃数额。不过,理论上也有观点认为,犯罪的本质是侵害权益,不管行为人销赃数额多高,被害人的财产损失数额并不因此增加,既然如此,就只能按照被害人的实际损失数额计算行为人所获得的数额。参见张明楷等:《刑法新问题探究》,清华大学出版社2003年版,第193页。
② 一般而言,经济犯罪的数额尺度是人民币,但也不尽然。有些特殊的犯罪,例如骗购外汇罪,数额尺度表现为美元,如系其他外汇,也应统一折算成美元计算。

律和司法解释,赃物一般应以零售价计算。因为行为人一般是把赃物拿到市场上去销售,得到的是零售价数额。如果无法查明行为人实际销售价格的,有标价的,应按照标价计算;既没有实际销售,也没有标价的,则按照同类产品的市场中间价计算;在没有销售价格和标价,也没有同类产品的市场价的情况下,应委托指定的估价机构估价。

(二) 不同质量的赃物的计算

在实践中,赃物的质量也是多种多样的,有正品,也有次品;有新品,也有旧品;有成品,也有半成品。正品、新品、成品则应以该种商品的零售价计算;次品,则应以主管部门核定的价格计算;已陈旧、残损或使用过的物品,应结合作案当时,当地同类物品的价格和作案时的残旧程度,由有关部门估价;半成品可根据其在生产过程中实际所经过的阶段,比照成品价格进行计算。

假冒伪劣产品有无价值?能否计价?实践中曾经有不同的观点。一种观点认为,既然是假冒伪劣产品,就没有价值,国家也不应承认其价值,否则无异于承认伪劣产品交易机制的合法性,应予销毁。另一种观点认为,伪劣产品是国家禁止买卖的商品,但并非所有的伪劣产品都没有价值。因为伪劣产品的生产、制造也投入了一定的成本和社会必要劳动时间,其本身也凝聚着一定的价值,并且通常也具有一定的使用价值。[1]我们认为,后一种观点是正确的。虽然国家禁止生产、销售伪劣产品,但人们注重的是其使用价值,有些伪劣产品并不一定没有使用价值,应实事求是地估价。

伪劣产品如何计算数额,应根据不同的犯罪分别处理。对生产、销售伪劣产品的犯罪而言,应以销售金额作为数额计算的依据。在公司、企业人员受贿等犯罪中,如果收受的是伪劣产品,则应由有关部门评估其实际

---

[1] 王明等:《经济犯罪名案精析》,群众出版社 2003 年版,第 16—17 页。

的价值,作为其受贿的数额加以认定。对于生产、销售伪劣商品犯罪,其销售金额的认定应根据其生产、销售伪劣产品的标价计算,没有标价的,应以同类合格产品的市场中间价格计算。①"销售金额"难以确定的,按照国家计划委员会、最高人民法院、最高人民检察院、公安部1997年4月22日联合发布的《扣押、追缴、没收物品估价管理办法》的规定,委托指定的机构确定。对于销售侵犯知识产权的犯罪,其"销售金额"应为销售该侵权产品后所得和应得的全部违法收入。未销售的侵权产品的价值不应计入销售金额,但应作为"非法经营数额"的计算内容,一般是按照标价或者已经查清的侵权产品的实际销售平均价格计算。在没有标价或者无法查清其实际销售价格时,应以被侵权产品的市场中间价格计算其非法经营数额。

(三) 不同时空的赃物的计算

经济犯罪从作案、发案至审判,有个时间跨度问题;某些流窜型的经济犯罪,除有时间跨度外,还有地域跨度。而物品的价格,不仅会随时间的变化而变化,而且还存在地区差价。赃物的计算是以发案时的价格为准还是以审判时的价格为准？是以行为地的价格为准还是以销赃地或发案地的价格为准？实务中有观点主张,哪个时间或者哪个地方价格高就以哪个价格计算。这种计算方法是值得商榷的。只有作案时的数额才比较准确地反映了行为社会危害性的大小,作案后到案发间的价格变动情况,赃物的自然升值或者贬值,对业已造成的社会危害性而言,已经没有多少影响。因此,不

---

① 实践中,对被查获的假冒伪劣商品,应如何计价,有不同的观点,有主张已销售的按标价、市场价计算;未销售的按成本价计算。如:某企业假冒国外的名牌照明灯,技术质量监督局做了行政处罚,外国公司不服,要求追究该民营企业及其责任人的刑事责任。由于认识的原因,公安机关没有立案,检察机关提前介入后,公安机关才立案侦查,一度受到国外公司的好评。但是对于该案假冒产品认定价格上存在不同理解,如果按照市场价,则构成追究刑事责任的标准,且数额特别巨大;如果按照未销售的产品的成本价计算的话,就达不到追究刑事责任的立案标准。如何认定假冒伪劣产品的价格,由于公检法三家对两高解释的理解、认识不同,使案件难以办结。参见卢志坚等:《打假成效如何要看刑法"脸色"》,《检察日报》2004年6月23日。

同时空的赃物计算,应以行为时、行为地的价格为准。①

有些赃物,境内外价格不一,其数额的计算也是值得注意的。例如,犯罪人在境外收受贿赂的财物带回境内被查获的,此类案件,根据有关规定,应按犯罪查获时当地的商业零售中间价计算,价格无法计算的,由有关部门估定。有的犯罪人长驻境外,贪污、受贿的财物在境外使用的,则应按境外的商品零售价计算。

此外,赃物实际购置的价格如低于作案当时当地商业零售价的,赃物的计算仍应按作案当时当地的零售中间价计算。

(四)有价证券数额的计算

根据有关规定,对涉案有价证券数额的计算应分情况处理:

第一,不记名、不挂失的有价支付凭证、有价票证、有价证券,不论能否随即兑现,均按票面数额和案发时应得的利息、奖金或奖品等一并计算。股票应按照作案当时证券交易所公布的该种股票成交的平均价格计算。

实践中,经济犯罪涉案的对象有可能是所谓"干股"。②因股票有三个价格:一是票面价格,就是股票上所记载的价格;二是发行价格。就是发行股票时所代表的价格,通常是溢价发行;三是交易价格。指在股票交易所进行交割时,股票所代表的价格。在没有支付股本金的情况下,其"干股"的金额按照实施犯罪行为时所涉案股票的市场交易价格计算,行为时股票没有上市,按照股票的实际价格计算。

第二,记名的有价证券、有价支付凭证、有价凭证,如果是票面价值已定且票面价值能随即兑现的,如活期存折、已到期的定期存折和已填上金额的支票

---

① 例如,被告人某甲通过合同诈骗的手段,于2002年诈骗了某单位的一套别墅。该别墅当时的价格是200万元,到2012年案发时,该别墅已经升值至400万元,检察机关以被告人诈骗200万元起诉,法院以被告人某甲诈骗400万元判决。应该说,法院以案发时价格计算是不正确的。案发时房屋升值后的数额,是不动产事后的自然升值,不能作为认定赃物数额的依据。
② 所谓干股,是指股东或合伙人占有的,没有投入资本,没有参加经营,没有分担风险,却分享利润的特殊的资本基本构成单位。依照现行公司法,尚没有管理股等干股的法律地位。

以及不需证明手续即可提取货物的提货单，应按票面数额（有利息的应包括案发时应得的利息）或者可提货物的价值计算。如果是票面价值未定，但能随即兑现的（如已盖好印章的空白支票），应以实际兑现的财物价值计算。不能随即兑现的记名有价支付凭证、有价证券、有价票证，或者将能随即兑现的有价支付凭证、有价证券、有价票证销毁或丢弃，而失主可以通过挂失、补领、补办手续等方式避免实际损失的，不按票面数额计算，可作为量刑情节考虑。

（五）多次实施同种经济违法行为或经济犯罪数额的计算

行为人实施同种经济违法行为或者经济犯罪行为，其数额应该累计计算，为强调这一计算原则，有的条文作了提示性规定。例如，《刑法》第153条（走私普通货物、物品罪）第3款规定："对多次走私未经处理的，按照累计走私货物、物品的偷逃应缴税额处罚。"第201条第3款也规定："对多次犯有前两款行为，未经处理的，按照累计数额计算。"但在累计计算时，又会遇到一些复杂情况需要分析。

第一，行为人多次实施的行为每次都能单独构成某种经济犯罪。如行为人实施走私行为四次，每次偷逃的应缴税额均在5万元以上，对此，则应累计计算数额。行为人实施的某次或某几次行为已超过追诉时效的，则不应累计计算。①

第二，行为人实施的行为有的能单独成罪，有的不能单独成罪，不能独立成罪的行为谈不上追诉期限的问题，因此计算时应有所区分，如果行为人第一次实施的行为单独能够成罪，而以后实施的行为虽不能独立成罪，但在第一次犯罪行为的追诉期限内的，则应累计计算。如第一次走私偷逃应缴税额5万元，后来第二次、第三次走私偷逃的应缴税额分别是3万元、4万

---

① 但应注意时效中断的情况，如后一次实施的行为发生在前次行为的追诉期限内，则仍应累计计算。例如，某甲2003年诈骗1 000元，2011年诈骗2 000元，2014年又诈骗7 000元而案发，形式上，某甲2003年诈骗行为已超过追诉时效（10年），但2011年的诈骗是在第一次诈骗行为的追诉期限内实施的，第一次诈骗追诉期限应从2011年开始重新计算，故某甲诈骗数额仍应以1万元计算。

元,走私偷逃应缴税额应是12万元。如果行为人第一次实施的行为不能单独成罪,后来的行为能单独成罪,则前面不能成罪的行为应按某罪最低档次的法定最高刑确定追诉时效。例如,某甲2015年走私偷逃应缴税额3万元,2019年又因走私偷逃应缴税额7万元而案发,2015年走私偷逃应缴税额3万元应按走私普通货物、物品罪的最低档次的法定最高刑(3年有期徒刑)确定5年的追诉时效,则某甲计算走私偷逃应缴税额应为10万元。不过,如果某次不构成犯罪的行为已作过行政处理的,无论何种情况,都不能累计在总数额中。

第三,行为人实施的行为分开来看,每一次都不能单独构成犯罪,如果累计计算,则可能构成犯罪。如刑法第383条规定:"对多次贪污未经处理的,按照累计贪污数额处罚。"又如在盗窃罪中,2021年最高人民法院、最高人民检察院发布的《关于常见犯罪的量刑指导意见(试行)》第11条规定:"多次盗窃,数额达到较大以上的,以盗窃数额确定量刑起点,盗窃次数可以作为调节基准刑的量刑情节;数额未达到较大的,以盗窃次数确定量刑起点,超过三次的次数作为增加刑罚量的事实。"对于多次贪污、多次盗窃,累计数额达犯罪标准的,可以以贪污罪、盗窃罪追究行为人刑事责任。

第四,行为人多次实施的经济犯罪处于不同犯罪形态(既遂、未遂、预备)数额的计算,实践中,行为人实施的经济犯罪有的处于既遂形态,有的处于未遂形态,其数额计算应分情况处理:行为人多次经济犯罪中既遂数额累计达到了构罪条件,则无论未遂的数额是否达到构罪条件,均应以既遂数额作为定罪的基础,未遂数额不应累计在犯罪数额中,但应将未遂的数额作为量刑酌定从重情节。例如,行为人多次走私犯罪中的偷逃应缴税额已在5万元以上,而未遂的数额无论多少,全案应当认定为既遂,将未遂的数额作为从重处罚情节加以考虑。如果多次经济犯罪未遂的累计数额达到定罪的标准,既遂的数额达不到定罪标准的,则全案应认定为未遂,既遂的数额作为一个量刑情节。例如,生产、销售伪劣产品的未遂数额在30万元以上,既遂的数额在5万元以下,则全案应认定为未遂,既遂数额不能累计在犯罪数额中,可作为一个量刑情节予以考虑。

(六) 销售金额和货值金额的计算

一般认为,销售金额是指单位或者个人出售(包括接受其他单位或者个人委托代销)商品的收入金额。根据最高人民法院、最高人民检察院《关于办理生产、销售伪劣商品刑事案件具体应用法律若干问题的解释》第2条的规定,生产、销售伪劣商品刑事案件中的"销售金额",是指生产者、销售者出售伪劣产品后所得和应得的全部违法收入。

何谓"货值金额",理论界有不同的观点,有主张以成本为基础,综合影响销售量的诸多因素而估算。①前述"两高"《关于办理生产、销售伪劣商品刑事案件具体应用法律若干问题的解释》第2条则规定,货值金额以违法生产、销售的伪劣产品的标价计算;没有标价的,按照同类合格产品的市场中间价格计算。货值金额难以确定的,按照国家计划委员会、最高人民法院、最高人民检察院、公安部1997年4月22日联合发布的《扣押、追缴、没收物品估价管理办法》的规定,委托指定的估价机构确定。相比较而言,主张在成本基础上估算的观点使"货值金额"计算带有极大的不确定性,实际上是无法操作的。前述"两高"的解释可操作性较强。

(七) 渎职型经济犯罪经济损失的计算

签订、履行合同失职被骗罪、国有公司、企业、事业单位人员失职罪、国有公司、企业、事业单位人员滥用职权罪、徇私舞弊低价折股、出售国有资产罪等属于渎职型的经济犯罪,均以造成公共财产、国家和人民利益重大损失为构成要件。如何计算经济损失,值得研究。一是损失的范围,有观点认为,此类案件损失的范围应当把造成的直接经济损失与间接经济损失一并考虑在内。②但最高人民法院2003年制发的《全国法院审理经济犯罪案件工作座谈会纪要》指出:公共财产的重大损失,通常是指渎职行为已经造成

---

① 史卫忠、张径楠:《生产、销售伪劣商品犯罪定罪量刑》,中国民主法制出版社2003年版,第53页。
② 但伟:《妨害对公司、企业的管理秩序罪的定罪与量刑》,人民法院出版社2001年版,第406页。

的重大经济损失。既然是已经造成的损失，无疑是指直接经济损失。二是损失的时间。渎职型经济犯罪的特点，其渎职行为的实施与经济损失的形成往往有一定的时间间隔，行为人尽管一开始有失职行为，但后来没有造成实际的经济损失，或者在案发前经过自己的努力挽回了损失，就不应构成犯罪。但如果是案发前侦查机关立案后或者案件在审理过程中，经过侦查、审判机关努力"挽回经济损失"的，则不影响行为人犯罪的成立，但可以作为酌情从轻量刑的情节。如果是犯罪嫌疑人所在单位或者其上级主管部门，通过民事诉讼、仲裁等途径挽回的经济损失，应当从直接经济损失的数额内扣减。

在查处渎职型经济犯罪实务中，行为人常常以单位有合法的债权存在，否认已经给单位造成了损失，或者认为损失是不确定的。如签订、履行合同失职被骗罪，行为人失职被骗后，向对方提起了诉讼，法院也确认了行为人单位的债权，但债权暂时或者已经永远得不到实现。能否认定已经造成了损失？一般认为，债权明显得不到实现的（如债务人已经不知去向、债务人已经破产、倒闭等），应认定为损失已经形成。前述《全国法院审理经济犯罪案件工作座谈会纪要》指出，"在司法实践中，有以下情形之一的，虽然公共财产作为债权存在，但已无法实现债权的，可以认定为行为人的渎职行为造成了经济损失：(1)债务人已经法定程序被宣告破产；(2)债务人潜逃，去向不明；(3)因行为人责任，致使超过诉讼时效；(4)有证据证明债权无法实现的其他情况"，均属于损失已经形成的情况。

第二节 经济犯罪罪量与定罪量刑

一、经济犯罪的涉案数额、数量与定罪

数额是否为经济犯罪的定罪要件，《刑法》理论和司法实践中有不同的

理解。一种观点认为,数额是经济犯罪的构成要件,只有当经济犯罪形成一定数额时,才能构成犯罪,否则就不是犯罪。另一种观点则认为,数额不是经济犯罪的定罪要件,只是影响量刑的一个重要因素,因为许多条文并没有明确要以数额作为犯罪构成要件。例如,有论者在评论贪污贿赂犯罪数额时曾指出:数额标准实际上是客观标准,将数额作为受贿罪定罪量刑的起点,无疑带有客观归罪的色彩,也不符合立法的精神和刑事解释学的基本原则。前一种观点实际上是我国古代立法"按赃论罪"的传承,在《唐律》中,对监守自盗、受贿等犯罪都有数额的规定。我国现行立法中对某些经济犯罪也往往有数额的规定。后一种观点实际上是目前大多数国家的立法例。如前所述,国外的刑事立法很少有关于涉案数额的规定。

我们认为,上述两种观点都是失之偏颇的。行为的社会危害性及其程度是定罪量刑的总标准,而经济犯罪的社会危害性首先表现在物质损失上,反映这种物质损失的经济犯罪数额就是衡量经济犯罪的社会危害程度进而决定罪与非罪、罪轻罪重的重要标准。数额在经济犯罪的定罪中具有特殊意义,那种将经济犯罪的数额与经济犯罪一般情节等同起来,否定、降低数额在定罪中的作用的观点是错误的。但同时应看到,数额并不是客观要件的唯一因素,与数额并列的还有其他一些客观因素(如作案的原因、次数、手段、造成非物质损失的情况以及认罪态度、退赃情况等),这些非物质因素同样反映了行为的社会危害性大小,从而成为定罪考虑的因素。因此,绝对夸大数额的作用,把数额与其他定罪情节对立起来的观点就陷入"唯数额论",这可能使"刑事司法、执法呈现极大的形式主义和机械化的倾向,将复杂的犯罪行为和精密的司法活动通过一种极为简单、幼稚的方式加以处理"[①]。

综观经济刑法的规定,数额对定罪的作用可反映在以下几个方面:

[①] 陈国庆:《我看刑事司法中"唯数额"倾向》,《光明日报》2001年1月2日。

第一，某些经济犯罪明确规定了构成犯罪的具体数额标准，将达到一定的数额作为构成某种经济犯罪的必要要件。如《刑法》第 140 条生产、销售伪劣产品罪，必须销售金额 5 万元以上才开始追究刑事责任。《刑法》中，这种具体数额标准的规定固然满足了绝对罪刑法定的要求，但由于物价指数的变化，货币的相对贬值以及生活水平的提高，相同数额的金钱在不同时期所体现的社会危害性并不一样，而为了求得法律的相对稳定又不宜对法律规定的数额数量标准经常修改，以至于司法机关对一些已经达到立法所规定构成犯罪数额的行为人并未追究刑事责任，或者对应适用较重刑罚的被告人予以减轻处罚，其结果必然是"书本上的法律"与"实践中的法律"发生冲突，形成法律二元化现象，法律失去应有的威严。此外，同样数额的金钱对不同人的重要性也存在差异，对一个贫穷、生活来源无着的人实施经济犯罪，其所得数额反映出的社会危害性就比在一个腰缠万贯的大款处获得同样数额的社会危害性大，前者一年的生活费可能只是大款一次美味佳肴的消费而已，这些不同情况应在量刑时酌情考虑。

第二，某些经济犯罪未规定具体的数额标准，但以"数额较大""数额巨大"等模糊数额标准作为定罪要件，如合同诈骗罪等，对这些犯罪而言，数额标准是司法解释规定的内容。

第三，某些经济犯罪将数额与其他情节并列作为构成犯罪的选择要件。例如，《刑法》第 217 条规定的侵犯著作权罪，是指行为人以营利为目的，侵犯他人著作权，违法所得数额较大或者有其他严重情节的行为。此种情况下，数额犯与情节犯并列，互为补充。行为人违法所得虽然没有达到较大数额，但有其他严重情节（如非法经营的数额巨大）则仍然可以构成犯罪。

第四，某些经济犯罪没有提到数额标准，而是以"情节严重""获取不正当利益"作为罪与非罪的界限。司法解释将数额作为"情节严重""不正当利益"的选择情况。例如，《刑法》第 182 条规定的操纵证券交易价格罪，以获取不正当利益和转嫁风险为要件，根据相关《追诉标准（二）》的规定，"不正当利益"主要还是非法获利数和转嫁风险造成的损失数额。①

第五,数额是某些案件此罪与彼罪的界限。例如,行为人冒充国家工作人员招摇撞骗诈骗财产的,一般情况下以冒充国家工作人员招摇撞骗罪处理,但如果行为人骗取财物数额巨大,则应以诈骗罪处理。

可见,数额在定罪中对正确区分罪与非罪、此罪与彼罪有重要的意义。但数额并不是绝对的,有些案件虽达到一定的数额,但其他情节轻微的,也可不以犯罪论处。例如,《追诉标准(二)》虽然对多数经济犯罪规定了数额、数量标准,但"考虑到某种行为社会危害性的程度不能仅仅以数额为标准来判断,还需要从其他方面进行全面把握,因此,《追诉标准(二)》根据《刑法》规定的精神,十分注意从其他情节加以规定。如果某一犯罪的追诉标准列有多种情形的,则只要具备其中之一就可追诉"。②如《刑法》第158条规定的虚报注册资本罪,《追诉标准》第3条规定,涉嫌下列情形之一的,应予追诉:"(一)法定注册资本最低限额在六百万元以下,虚报数额占其应缴出资数额百分之六十以上的;(二)法定注册资本最低限额超过六百万元,虚报数额占其应缴出资数额百分之三十以上的;(三)造成投资者或者其他债权人直接经济损失累计数额在五十万元以上的。"同时规定:"(四)虽未达到上述数额标准,但具有下列情形之一的:1.二年内因虚报注册资本受过二次以上行政处罚,又虚报注册资本的;2.向公司登记主管人员行贿的;3.为进行违法活动而注册的",也应追诉。相反,有的案件从数额标准看已经达到了构罪条件,但其他情节轻微的,仍可不作为犯罪处理。③

---

① 司法解释对此种情况的数额规定,实际上是定量规定,将数额作为考察情节是否严重的因素,因此,从犯罪形态的归属上看,并不是数额犯而是情节犯。
② 罗庆东等:《最高人民检察院、公安部〈关于经济犯罪案件追诉标准的规定〉的理解和适用》,姜伟主编《刑事司法指南(2001年第3辑)》,法律出版社2001年版,第136页。
③ 如2013年最高人民法院、最高人民检察院《关于办理盗窃刑事案件适用法律若干问题的解释》第8条规定:"偷拿家庭成员或者近亲属的财物,获得谅解的,一般可以不认为是犯罪;追究刑事责任的,应当酌情从宽。"

二、经济犯罪的涉案数额、数量与量刑

经济犯罪数额不仅是定罪的主要依据,也是量刑的主要根据之一。数额的多少与行为社会危害程度的轻重是成正比的。因此,数额尺度与量刑的轻重是紧密联系的,许多条文都建立了经济犯罪数额与量刑的一一对应关系。

从《刑法》规定的经济犯罪数额与量刑的关系来看,往往根据不同的数额幅度确定相应的量刑幅度。有以下几种规定方法:

第一,抽象地以数额较大、数额巨大、数额特别巨大三个数额幅度作为轻重法定刑幅度的依据。许多犯罪确定有三个幅度:数额较大、数额巨大、数额特别巨大。"数额较大"通常被称为"起点刑数额",既是构成犯罪客观方面的条件,又是判处较轻法定刑的根据;"数额巨大"是判处较重法定刑(中等量刑幅度)的依据,通常是5年以上有期徒刑的刑罚幅度;"数额特别巨大"是判处重刑特别是判处无期徒刑和死刑的重要依据。抽象规定数额的不足,是比较模糊的,容易引起歧义。

第二,规定不同处罚标准的各种具体数额。如《刑法》第140条规定:"生产者、销售者在产品中掺杂、掺假,以假充真,以次充好或者以不合格产品冒充合格产品,销售金额五万元以上不满二十万元的,处二年以下有期徒刑或者拘役,并处或者单处销售金额百分之五十以上二倍以下罚金;销售金额二十万元以上不满五十万元的,处二年以上七年以下有期徒刑,并处销售金额百分之五十以上二倍以下罚金;销售金额五十万元以上不满二百万元的,处七年以上有期徒刑,并处销售金额百分之五十以上二倍以下罚金;销售金额二百万元以上的,处十五年有期徒刑或者无期徒刑,并处销售金额百分之五十以上二倍以下罚金或者没收财产。"具体数额与量刑对应,固然满足了严格罪刑法定的要求,但缺陷是过于机械、繁杂。正如有学者指出的:"分则条文直接规定了定罪量刑的具体犯罪数额范围,如果这类条文众多,

定罪量刑的具体数额就会千差万别,这势必导致分则条文显得庞大、繁杂,不够简练,而且这种模式不便于对刑法典的修改。这些具体犯罪数额一般都是以人民币形式出现,随着时间推移,当货币贬值或经济已有较大发展时,这些用以定罪或量刑的具体数额将需要提高,在这类情况下,不得不逐条修改其数额,较为麻烦,且由于牵涉条文多,有损刑法典的权威性。"

第三,明确规定具体的数量,并根据犯罪行为的不同方法,不同的犯罪对象,不同的数量,规定不同的法定刑。如《刑法》具体规定了走私、贩卖、运输、制造、非法持有鸦片、海洛因等毒品,以及种植大麻等毒品原植物犯罪的各种不同的数量及与之相应的刑罚。又如《刑法》第206条规定,伪造或者出售伪造的增值税专用发票的,处3年以下有期徒刑、拘役或者管制,并处罚金;数量较大或者有其他严重情节的,处3年以上10年以下有期徒刑,并处罚金;数量巨大或者有其他特别严重情节的,处10年以上有期徒刑或者无期徒刑,并处罚金。这种立法形式,既考虑数额或数量,又考虑其他犯罪情节,具备其中之一即可。

第四,将数额作为判处罚金的基数依据。例如,生产、销售伪劣产品的犯罪,其罚金的数额就是"销售金额"的50%以上2倍以下。应当指出,虽然数额是经济犯罪主要的量刑情节,但量刑情节应该是包含犯罪数额在内的犯罪各种情节主观和客观因素的统一,数额只是决定罪轻罪重的一个界限,就经济犯罪的本身特点来看,法定的、酌定的经济犯罪量刑情节外延远不是数额能够包括的。因为经济犯罪不仅给国家、集体和个人的经济利益造成损害,而且危害国家正常的经济活动,败坏社会风气,衍生其他危害后果,这种客体的复杂性,决定了数额只能在一定程度上反映行为的社会危害性,而不能绝对化。当然,经济犯罪必然造成一定的财产损失,在所有量刑情节中,数额应具有突出的地位。因此,对经济犯罪的量刑,既不能脱离数额,又不能完全拘泥于数额,不能将经济犯罪情节与犯罪数额简单画等号。对经济犯罪的量刑,应将被告人涉案财物数额结合犯罪的社会危害程度、犯罪动机、目的、犯罪方式等各种因素综合分析,判处适当的刑罚。

思考题

1. 如何理解数额、数量在经济犯罪定罪量刑中的作用与意义?
2. 经济犯罪数额的计算方式有哪些?
3. 怎样理解经济犯罪罪量与量刑的关系?

第九章
经济犯罪的出罪事由

经济犯罪刑事司法实践证明,经济犯罪的定罪问题是十分复杂的实践难题,而为了公平公正地进行司法认定,在考虑入罪侧面的同时也要充分顾及出罪侧面的认定。经济犯罪出罪事由属于经济刑法中的特有概念,既具有《刑法》中一般出罪事由的共性特征,也具有自身的特殊性。目前,学界对于什么是出罪,什么是出罪事由远未达成共识,对于经济犯罪出罪事由的概念、类型和特征等问题更是鲜有论及,而以上方面恰恰就是经济犯罪出罪事由的特殊性所在。正是因此,一方面,学界对于经济犯罪出罪事由的概念、类型和特征等尚未展开系统深入的研究,并因此导致经济犯罪出罪事由理论的零散而粗放,从而未能收到较好的司法成效,相反地,却成为引起实践中诸多争议的理论渊薮。另一方面,由于司法工作人员对经济犯罪出罪事由的重视程度不够排或把握不准,实践中出现了随意出罪或者该出罪而不出罪等司法不公现象。长此以往,就会给社会公众留下经济犯罪司法不公的印象,从而有损国家法律权威、司法公正,最终不利于社会主义市场经济的健康安全发展,也不利于我国社会主义刑事法治建设。有鉴于此,拟对经济犯罪出罪事由的概念界定、类型划分、特征阐释以及适用评析等经济犯罪出罪事由理论的基本问题展开刑法教义学分析。

第一节　经济犯罪出罪事由的概念界定

从经济犯罪出罪事由这一概念的语义结构来看，只有准确厘定什么是出罪，什么是出罪事由，才能给经济犯罪出罪事由下一个较为妥当的定义。

一、什么是出罪

出罪是广为学界所争议的一个语词，不同学者有着不同的理解，可谓见仁见智。在古代中国，法官责任制度通过法官的自保心理而影响司法，"重出罪"还是"重入罪"是司法的重要指挥棒。所谓"出入人罪"是指判无罪之人有罪，或轻罪重判；所谓"出人罪"是指判有罪之人无罪，或重罪轻判。"出入人罪"始于《秦律》之"失刑"，即审判"不直"。秦汉开创了"缓深故，急纵出"，唐宋以降"重入轻出"，明代则背离唐宋传统，"重出轻入"。其中，唐代创造的"重入轻出"的法官责任原则，使法官责任成为公正实施刑法的保障，这在人类历史上是罕见的。[1]尽管本文所说的出罪与之不尽相同，但是这一原则无疑对于今天的刑事司法实践也是十分有借鉴意义的。另外，在英美刑法中，也存在着类似入罪和出罪的表达词汇，即"inculpate"和"exculpate"。夏勇教授认为，出罪是指司法定罪活动中把有罪归为无罪的情形。[2]陈兴良教授则明确指出，出罪和入罪是罪刑法定司法化的两个侧面。[3]另有学者主张"出罪"不是一个法律术语，而是一个法学研究中的词汇。"入罪"是出罪的先决条件。[4]还有学者专门就出罪事由中的出罪给出界定，认为出罪事由

---

[1] 周永坤：《出入罪的司法导向意义——基于汉、唐、宋、明四代的比较研究》，《法律科学》2015年第3期。

[2] 夏勇：《试论"出罪"》，《法商研究》2007年第6期。

[3] 陈兴良：《入罪与出罪：罪刑法定司法化的双重考察》，《法学》2002年第12期，第31—34页。

[4] 杨明：《程序法出罪功能研究》，法律出版社2011年版，第190页。

中的出罪，是指裁判者依据《刑法》及司法解释中的明文规定，或者依据刑法理论，通过《刑法》的犯罪判断机制，将进入犯罪评价体系、初步具备犯罪概貌特征的行为排出犯罪圈之外。[1]另有学者认为，出罪是刑事司法机关依据法律或者法理，对进入刑法视野的犯罪行为进行评价，而最终做出不追究刑事责任的结论的司法过程和刑法解释过程。[2]其指出，出罪是司法活动。古代律文中使用的出罪并不包括通过立法活动将一种行为非犯罪化。出罪是就司法活动的结果而言。出罪体现着司法的能动性。[3]综上可见，学界从不同角度或者立场对出罪做出了各异的概念界说，远未达成一致，仍有待在进行深入探讨的基础上予以更加合理的界定。

我们认为，所谓出罪，是指因存在某种特定事由而将本应或本可以作为犯罪论处的行为不认为是犯罪，或不予刑事处罚的刑事司法活动。大多数人认为出罪和出罪事由密切相关，因此研究出罪事由的概念就首先需要探明出罪的准确含义。形式上构成犯罪，才是出罪，本身不构成犯罪，就不是出罪。换言之，有罪才能谈得上出罪，如果没有构成犯罪则不存在出罪。因此，某行为如果按照《刑法》分则条文的规定理应可以入罪，而实际上并未进行入罪，其实质应在于对该种行为当一定条件出现时，如阻却事由的存在，而对其予以合法化，也即非刑事化，即不认为是犯罪。这一观点受到国外"合法化"思想的影响，在一定程度上"出罪"与"合法化""非刑事化"类似。即虽然"合法化"没有普遍的定义，非刑事化方法主要关注行为是如何被制裁或惩罚，有必要扩大制裁以外的非刑事化方法并给予定罪的其他方式更多考虑以促进国家控制。这种非罪化处理是走在刑事司法程序的前面的，如果实体审查不认为是犯罪，即可出罪，就不用介入刑事司法程序。我们认

---

[1] 方鹏：《出罪事由的体系和理论》，中国人民公安大学出版社2011年版，第14页。
[2] 杜辉：《刑事法视野中的出罪研究》，中国政法大学出版社2012年版，第15页。
[3] Jordan Blair Woods, "Decriminalization, Police Authority, and Routine Trafic Stops", *62 UCLA L. Rev. 672*, 2015.

为,出罪是指因存在某种特定事由而将本应或本可以作为犯罪论处的行为不认为是犯罪,或不予刑事处罚的刑事司法活动,但要注意的一点是,这并非就是主张不管某一行为本身构成犯罪抑或不构成犯罪经认定后均可予以出罪,尽管这种理解似乎是较为全面的。当前,这种试图将学界争论纷纭的诸如出罪的前提必须是先入罪、不能入罪何来出罪等立场进行某种突破确实是较为困难的。这是因为,学界曾认为,司法实践中的定罪是一个认定过程,其认定的结果包括入罪和出罪两种结论。构罪与否跟出罪与否二者并不矛盾。因此,从定罪的过程来看,出罪必须构罪是没有必要的。构成犯罪根据特定事由可以进行出罪,不构成犯罪自然而然是应出罪的。但是这一观点容易引起争议,毕竟不构成犯罪自然就出罪的提法有语义不明或矛盾的缺陷,也许这样的表述仅是出于辩护人的立场。另外,也有学者持类似观点。例如,有论者就指出,《刑法》分则中罪名都可以根据"但书"进行出罪认定,既可以在行为明显不该当构成要件的基础上予以出罪,也可以在行为该当构成要件的情况下,起到转化为其他出罪事由而实现合法化的作用。[①]我们认为,一般地,这种"不该当构成要件的基础上予以出罪"的提法似乎是让人难以认同的。另有学者认为,出罪是指刑事司法机关依据法律或者法理,对进入刑法视野的疑似犯罪行为进行评价,而最终做出不追究刑事责任结论的司法过程和刑法解释过程。[②]我们认为,这种进入刑法视野的疑似犯罪行为的提法有其合理性,如前所述,该行为是否犯罪行为尚有待司法认定。综上所述,我们主张,比较契合当前刑事司法实际的是,可能入罪或出罪的行为应具有形式上入罪的可能,而不论其实质上是有罪还是无罪。不构成犯罪自然而然是应出罪的观点实为少数,尚有待理论与实践的双重检验。也许学者们的争论不会就此而停歇,有罪方能出罪依然是学界的一种主流观点,毕竟如此认识出罪才更符合我国刑事司法活动的思维逻辑和习惯。

---

① 储陈城:《"但书"出罪适用的基础和规范》,《当代法学》2017年第1期。
② 杜辉:《"出罪"的语境与界说》,《理论导刊》2012年第12期。

二、何谓出罪事由

方鹏在其《出罪事由的体系和理论》书中先后多次论及出罪事由的概念或内涵,例如,他认为,裁判者据以出罪的理据即是出罪事由。出罪事由,在认定犯罪时,将进入犯罪评定圈的行为排除出去、使其不被判决为有罪所依据的事实和理由。所谓出罪事由,即犯罪成立的消极要素,等等。[1]其观点有以下不足:事实和理由的说法具有模糊性,"行为最终没有给出犯罪,何言入罪、出罪"的质疑是不必要的,认为裁判者的自由裁量权的出罪事由来源已溢出了刑法实体法层面的出罪事由的范围。此外,张明楷教授认为:"犯罪论不可能考察一切无罪事由……如果一个行为完全符合犯罪的成立条件他不可能排除犯罪的成立;所以现实表明,一个行为的某个方面与犯罪的某个侧面相似而事实上无罪时,才可能成为排除犯罪的事由。"[2]对于张明楷的观点,我们认为,恰恰相反,如果一个行为完全符合犯罪的成立条件可能排除犯罪的成立,可以是因为法定的出罪事由,也可以是因为超法规的出罪事由,甚至可以是因为司法工作人员的自由裁量权等程序性出罪事由等。张明楷的事实上无罪时,才可能成为排除犯罪的事由的主张,也不予赞同。如前所述,行为构罪与否与出罪与否并不矛盾,行为无罪经司法认定后予以出罪也是一种相对的形式上的出罪,与行为有罪经司法认定后予以一种实质上的出罪形成互补关系,这才是出罪的全面展现。不可以仅将行为有罪作为出罪的唯一行为样态,行为无罪予以出罪自是理所当然的事情,否则极易出现冤案错案。综上,根据前述出罪的概念界定,我们认为,所谓出罪事由,是指刑事司法活动中据以认定某种行为不认为是犯罪,或不予刑事处罚的某种特定事由。

---

[1] 方鹏:《出罪事由的体系和理论》,中国人民公安大学出版社2011年版,第12页。
[2] 张明楷:《犯罪论体系的思考》,《政法论坛》2003年第6期。

三、经济犯罪出罪事由的概念厘定

要准确界定经济犯罪出罪事由,必须对经济犯罪作出合理界定。关于经济犯罪的概念,如前文所述:"经济犯罪是指在市场经济运行环节中,违反国家经济法律(法规),破坏市场经济秩序,依照经济刑法规定应当受到刑罚处罚的行为。"[1]因此,根据我国经济犯罪的实际情况,对经济犯罪的范围亦作限缩解释,仅限于"破坏社会主义市场经济秩序罪"。在此基础上,所谓经济犯罪出罪事由,就是指在经济犯罪刑事司法活动中据以判定某一经济(经济犯罪)行为不认为是犯罪或不予刑事处罚的某种特定事由。

对于经济犯罪出罪事由的概念可以从以下几个层面进行理解:第一,经济犯罪出罪事由是针对经济犯罪这一特定对象的刑事司法活动而言的,具有对象的特定性。与一般的《刑法》中的出罪事由不同,经济犯罪出罪事由的适用对象仅限于我国社会主义市场经济活动中的经济犯罪行为,具有自身的特殊性,这种特殊性应与社会主义市场经济自身的特点和规律相联系,例如,应充分考虑对市场经济秩序的保护,要有利于促进市场经济健康、安全、有序的发展而不是形成阻碍等。因此,并不是《刑法》中所有的出罪事由都适应于经济犯罪的出罪判断与出罪认定,对于经济犯罪出罪事由的范围应作出合理的界分和选定,进而类型化限缩出经济犯罪出罪事由的特定类型。第二,经济犯罪出罪事由是据以判定某一经济(经济犯罪)行为不认为是犯罪或不予刑事处罚的理据,具有目的或机能的专属性。这一点是针对经济犯罪出罪事由的作用、目的或机能而言的。经济犯罪出罪事由的功能在于实现经济犯罪刑事司法活动中的出罪认定和出罪判断。第三,经济犯罪出罪事由是经济犯罪据以作出出罪认定和出罪判断的某种特定事由,具有自身的特殊性。经济犯罪出罪事由仅是我国《刑法》出罪事由中适用于经

---

[1] 孙国祥、魏昌东:《经济刑法研究》,法律出版社 2005 年版,第 33 页。

济犯罪出罪认定和出罪判断的一部分出罪事由和出罪理论。因此,经济犯罪出罪事由具有自身的特殊性。具体包括哪些事由和理论,在下文经济犯罪出罪事由的类型界分中再作进一步论证。

第二节　经济犯罪出罪事由的类型划分

研究经济犯罪出罪事由类型的目的在于明确哪些情形可以归结为经济犯罪的出罪事由,从而为经济犯罪司法实践中的出罪判断和出罪认定找准理论依据和可靠保证。有学者曾就《刑法》中的出罪事由类型进行过梳理,将出罪事由区分为正当化的出罪事由、可宽恕的出罪事由、不可罚的出罪事由三大类别。[①]与之不同,我们认为,根据不同的标准或依据,可以将经济犯罪出罪事由分为基本类型、特有类型、抽象类型、程序类型以及其他类型等五种情形。

一、经济犯罪出罪事由的基本类型

所谓经济犯罪出罪事由的基本类型就是指经济犯罪出罪事由的具体类型,其划分根据在于其在经济刑法中是否有生动的具体体现。如同经济犯罪不同于《刑法》中的其他犯罪一样,经济犯罪的出罪事由也会有别于诸如自然犯罪或其他类型犯罪的出罪事由。然而,经济犯罪又属于犯罪的一个基本类型,亦不能完全脱离犯罪的某些共同特征。因此,经济犯罪出罪事由虽有其特点,但也不能脱离刑法中一般的出罪事由而存在。我们认为,诸如罪刑法定原则等出罪事由可以作为经济犯罪出罪事由的基本类型。具体包括:(1)罪刑法定原则(《刑法》第 3 条的规定);(2)犯罪概念上的出罪事由

[①] 方鹏:《出罪事由的体系和理论》,中国人民公安大学出版社 2011 年版,第 2 页。

(《刑法》第13条的"但书"规定);(3)法定的犯罪构成要件上的出罪事由;(4)法定的排除社会危害性的行为(《刑法》第20条规定的正当防卫和第21条规定的紧急避险);(5)相对出罪事由(《刑法》第37条规定);(6)《刑法》中规定的两种程序终止事由:超过追诉时效和自诉人放弃诉权(《刑法》第87条、第88条、第89条的相应规定);(7)其他情形(如《刑法》第11条、第68条、第449条的相应规定);(8)超法规的排除社会危害性的行为(依照法律的行为、执行命令的行为、正当业务行为、自救行为、经权利人同意的行为或被害人同意或者承诺、推定的承诺、被害人自我答责、抽象危险犯缺乏实质的危险、法益侵害的修复或防止等行为);(9)经济犯罪刑法解释中规定的出罪事由。

上述经济犯罪出罪事由的基本类型根据是否有刑法立法的明文规定为标准,又可以相应分为法定的出罪事由和非法定的出罪事由,亦称为规范的出罪事由与超规范(法规)的出罪事由。前者是指《刑法》中有明文规定的出罪事由,上述(1)到(7)的情形即为法定的出罪事由。后者是指《刑法》中虽未规定,但规定在其他法律中可以进行援引而进行出罪的相应规定。这种"超规范"的提法仅侧重于超出《刑法》规范的规定之意,并非没有任何法律依据。非法定的出罪事由包括部分没有被类型化的违法阻却事由和责任阻却事由,[①]上述(8)和(9)的情形即为非法定的出罪事由。

二、经济犯罪出罪事由的特有类型

所谓经济犯罪出罪事由的特有类型,旨在强调该类型划分的依据在于是否为经济犯罪所独有。上述9种经济犯罪出罪事由的基本类型体现出经济犯罪出罪事由的多样性,但从中并不能看出经济犯罪出罪事由的独特性。换言之,这些出罪事由的类型其他犯罪也可能具有,而非经济犯罪所特有,

---

[①] 张明楷:《刑法学(第5版)》,法律出版社2016年版,第193—196页。

从中并不能看出经济犯罪出罪事由的特殊性。因此,究竟经济犯罪出罪事由有无自身所独有的出罪事由类型,而使其与一般的犯罪出罪事由相区别呢?通过比较分析,我们认为,在经济犯罪出罪事由中,被害人自我答责、抽象危险犯缺乏实质的危险、法益侵害的修复或防止、期待可能性和违法性认识可能性等虽可以体现出经济犯罪作为法定犯罪的特征,有一定的特色,但尚不足以反映经济犯罪出罪事由的独特性。除此之外,经济犯罪刑事政策中的出罪事由、企业合规计划等特定事由可以说是为经济犯罪出罪事由所特有。

(一)经济犯罪刑事政策中的出罪事由

由于经济行为与经济政策关系密切,特定的经济政策在一定意义上也就是相应的经济犯罪刑事政策。因此,特定的经济政策在特定条件下也会对某一经济行为的入罪与出罪起到较为关键的评价作用,可以作为特定的出罪事由,进而影响定罪。出罪事由在经济犯罪的刑事政策中也有着较为生动的体现,同时,作为出罪事由的特定的经济政策也体现出经济犯罪出罪事由的独特性。

(二)企业合规计划或适法计划、守法计划

关于企业合规计划的概念目前学界未有统一的界定,有论者认为,所谓企业合规计划,又称作适法计划、守法计划,是指企业或者其他组织体在法定框架内,结合组织体自身的组织文化、组织性质以及组织规模等特殊因素,设立一套违法及犯罪行为的预防、发现和报告机制,从而达到减轻、免除责任甚至正当化的目的的机制。企业合规计划的机能主要在于预防企业犯罪,在许多国家已经成为法定的辩护理由或判断企业刑事责任的决定性因素之一。当前学界对于企业合规计划尚处于理论引入阶段,距离形成合规计划的实效还有很长的路要走。如果有效实施合规计划的企业实施了某种犯罪行为,在制定有适当的法律奖励措施的情况下,可以对该企业予以减轻、免除责任甚至实现正当化。正是在此意义上而言,企业合规计划可以视作经济犯罪特定的出罪事由。另外,经济犯罪刑事政策中的出罪事由、企业合规计划亦可以归类为非法定的出罪事由。

三、经济犯罪出罪事由的抽象类型

相对于具体的经济犯罪出罪事由的基本类型而言,经济犯罪出罪理论有其理论上的抽象性,对于此类出罪事由,我们将其称作经济犯罪出罪事由的抽象类型。其划分根据即在于从理论的深度来揭示经济犯罪出罪事由,并从理论层面寻求其司法适用的合理路径。主要包括以下两大类型：第一类是阻却违法性出罪理论,包括:法益衡量说;目的说或目的论思想;被允许的危险说;社会相当性理论;实质的违法性理论、可罚的违法性理论;抽象危险犯缺乏实质的危险;法益侵害的修复或防止;被害人自我答责;可罚性理论等。第二类是阻却有责性出罪理论,包括:期待可能性理论和违法性认识可能性等。

如同对各经济犯罪出罪理论的理论蕴涵众说纷纭一般,学者们对于各出罪理论在定位上也存在较大分歧。不同的蕴涵解读或理论定位充分反映出学者们不同的刑法思想和价值立场,各有其合理性或局限性。对各出罪理论在定位上的基本立场亦是在犯罪化问题上所持立场的体现,旨在说明出罪或正当化的缘由。[①]我们认为,将法益衡量说等理论统一视为经济犯罪的出罪理论,实质上是超法规的经济犯罪出罪事由。因而,各出罪理论有自身的理论自洽性,同时也或多或少地有各自的理论局限性。其一,法益衡量说有其自身的缺陷与不足,正是在为正当防卫或紧急避险提供所谓的正当化根据的过程中暴露出自身的理论缺陷,因此,勉为其难地作为正当化行为的根据是法益衡量说的不能承受之重。有鉴于此,仅将其视为独立的经济犯罪出罪理论之一。其二,社会相当性理论自身作为一种出罪理论,也可以作为一种超法规违法阻却事由,至于能否将正当化事由的原理统一到社会

[①] 道格拉斯·胡萨克:《过罪化及刑法的限制》,姜敏译,中国法制出版社 2015 年版,第 101 页。

相当性理论上来,持保守的立场。其三,如同其他出罪理论一样,期待可能性具有出罪机能,因而是可以用之于司法实践中的出罪认定和出罪判断的。对于认为期待可能性是整体可宽恕出罪事由的理论基础的主张,还是持保守的立场。期待可能性作为一种出罪理论,可视作一般的超法规出罪事由才较为妥当。其四,考虑到我国《刑法》倾向于认为客观处罚条件为独立的犯罪成立条件,我们认为,不具有客观处罚条件则阻却违法和刑罚的发动,客观处罚条件或可罚性可以作为独立的出罪理论。其五,对于违法性认识可能性,亦可作为出罪理论用于出罪判断时的理论依据。最后,对于目的说、被允许的危险说、实质的违法性理论、可罚的违法性理论、被害人自我答责等学说的理论定位学界也不无争论,但比较而言,这几种理论的争议没有法益衡量说等理论分歧大,或者尚未达到学术争论的白热化,故在此不作展开。此外,我们认为,采多元论的立场,将法益衡量说和社会相当性理论均作为独立的出罪理论,二者各有其理论自洽性与合理性,不会产生所谓的作为违法阻却事由本质上的矛盾。

四、经济犯罪出罪事由的程序类型

根据实体与程序的区别,程序性经济犯罪出罪事由或司法出罪事由即为经济犯罪出罪事由的程序类型。从实体与程序的区分上划分,可以将经济犯罪出罪事由划分为立法出罪事由和司法出罪事由。前者即立法中规定的出罪事由,与规范的出罪事由类似,包括法定的出罪事由;后者即在司法过程中存在的出罪事由,与程序性出罪事由类似,包括超法规的排除社会危害性的行为、经济犯罪刑法解释中的出罪事由和经济犯罪刑事政策中的出罪事由等。

五、经济犯罪出罪事由的其他类型

除上述四种主要类型之外,理论上还存在着其他一些分类。例如,根据大陆法系刑法中犯罪成立条件的阶层理论,可以将经济犯罪出罪事由分为构成要件该当性阻却事由、违法性阻却事由、有责性阻却事由与刑罚阻却事由。其中,构成要件该当性阻却事由包括:犯罪概念上的出罪事由和法定的犯罪构成要件上的出罪事由。违法性阻却事由包括:罪刑法定原则、法定的排除社会危害性的行为、其他情形等。张明楷教授还根据违法阻却的根据,将违法阻却事由进一步划分为:基于法益性阙如原理的违法阻却事由与基于优越的利益原理的违法阻却事由。① 有责性阻却事由包括:相对出罪事由、《刑法》中规定的两种程序终止事由、超法规的排除社会危害性的行为、经济犯罪刑法解释中规定的出罪事由、经济犯罪刑事政策中规定的出罪事由等。另外,与违法性阻却事由与有责性阻却事由相对应,陈兴良教授提出了罪体排除事由与罪责排除事由的概念等。值得注意的是,经济犯罪刑法解释或刑事政策中规定的出罪事由可能既有违法性阻却事由,又有有责性阻却事由,亦即可能存在一定交叉现象。

第三节 经济犯罪出罪事由的特征阐释

在前文经济犯罪出罪事由系统梳理的基础上,进一步分析其类型化特征。一方面,经济犯罪出罪事由的主要特征是经济犯罪出罪事由特殊性的具体体现,可以彰显出经济犯罪出罪事由与《刑法》中一般出罪事由的区别和联系。另一方面,分析经济犯罪出罪事由的主要特征的目的还在于研究经济犯罪出罪事由的特殊性所在,只有明确和掌握经济犯罪出罪事由的特点才能够有针对性和有根据地开展司法实践中的经济犯罪出罪认定和出罪判断。经济犯罪出罪事由虽来源于《刑法》中一般的出罪事由,有着不可分

---

① 陈兴良:《张氏叔侄案的反思与点评》,《中国法律评论》2014年第4期。

割的必然联系和共同点,但是也鲜明地呈现出多样性、零散性、独特性和开放性等四个方面的显著特征。其中,多样性和零散性是经济犯罪出罪事由的形式特征,独特性和开放性是经济犯罪出罪事由的实质特征。

一、经济犯罪出罪事由的多样性特征

如前所述,我们认为,亦可将我国经济犯罪出罪事由具体分为以下四个类型,即法定的经济犯罪出罪事由、非法定(超法规)的经济犯罪出罪事由、经济犯罪出罪理论和刑事司法程序性出罪事由等。如果再进一步细分,又可以涵括法定的经济犯罪出罪事由和非法定(超法规)的出罪事由,立法经济犯罪出罪事由和司法经济犯罪出罪事由,经济犯罪构成要件该当性阻却事由、经济犯罪违法性阻却事由、经济犯罪有责性阻却事由以及经济犯罪刑罚阻却事由,具体的经济犯罪出罪事由和抽象的经济犯罪出罪理论等。可见,我国经济犯罪出罪事由的类型是多样的,也是较为全面的,经济犯罪出罪事由的多元化对于经济犯罪司法实践中的出罪认定应是较为有利的。

二、经济犯罪出罪事由的零散性特征

从形式上来看,经济犯罪出罪事由因体系性较弱无疑又呈现出零散性特征。这种零散性具体表现在:在我国经济刑法立法中,经济犯罪出罪事由的立法规定较为分散零散,没有进行相对集中的概括或表述;同时,在我国经济刑法理论中,也难寻系统论证经济犯罪出罪事由理论的踪迹,经济犯罪出罪事由的理论体系尚未系统建立。正是因为经济犯罪出罪事由自身的这种分散不系统的特征,容易在一定程度上造成经济犯罪出罪事由司法适用的某种随意性。当前,这种随意性导致司法实践中存在以下两极化的偏差现象:肆意出罪和不敢轻易出罪。因此,为了避免出现司法偏差乃至错误,经济犯罪出罪事由的零散性是应通过系统化进行逐步克服的,经济犯罪出罪事由的理论体系有待进一步研究和构建。

三、经济犯罪出罪事由的独特性特征

《刑法》中的一般出罪事由基本上在经济犯罪出罪事由中都有或多或少的体现,这一点既体现了经济犯罪出罪事由的特殊性,也符合经济刑法属于《刑法》的有机组成部分的特殊与一般的关系。但是,经济犯罪出罪事由应与一般的《刑法》中的出罪事由有所区别,并因而显示出自身的独特性。经济犯罪出罪事由的独特性不仅表现在出罪事由的特有类型上,还生动地体现在经济犯罪出罪理念和顺应市场经济的发展需要等方面。第一,经济犯罪出罪事由的独特类型彰显其特殊性。经济犯罪出罪事由不仅涵括十种具体的一般的出罪事由类型,还包括非法定(超法规)的经济犯罪出罪事由、经济犯罪出罪理论等。其中,特定的经济政策、企业合规计划或适法计划、守法计划等出罪事由为经济犯罪所特有。经济犯罪属于法定犯罪,其出罪认定不仅依据法定的经济犯罪出罪事由,更需要非法定(超法规)的经济犯罪出罪事由和经济犯罪出罪理论襄助,同时,随着出罪事由理论研究的深入和经济社会的发展变迁,非法定(超法规)的经济犯罪出罪事由和经济犯罪出罪理论将会迎来较大的理论适用空间。第二,经济犯罪出罪理念的指导作用赋予出罪事由适用上的特殊性。实质的犯罪观、刑法谦抑性和人权保障等理念可以作为经济犯罪的出罪理念,在上述出罪理念的指引作用下,经济犯罪出罪事由的司法适用会更加审慎、克制,更加注重保护经济自由,从而既能维护市场经济秩序的稳定和安全,又能保护各市场经济主体的经济自由,促进市场经济的健康发展。

四、经济犯罪出罪事由的开放性特征

结合经济犯罪出罪事由的类型来看,我国经济犯罪出罪事由是较为全面和多样的,但从经济犯罪司法适用的实际情况看,一是理论上对于经济犯罪出罪事由研究相对来说还较为薄弱;二是司法实践中存在过于倚重某一

经济犯罪出罪事由,或者一定程度的滥用,或者对于某些出罪事由的忽视与虚置等适用不平衡现象。因此,基本的判断是,虽然我国《刑法》有着较为丰富的经济犯罪出罪事由类型,但其并未得到理论上的深入研究,也未得到司法实践的妥当适用,因此,我国经济犯罪出罪事由未来发展的前景是广阔的,具有鲜明的开放性特征,随着理论研究的深入和经济社会发展的变迁,新的经济犯罪出罪事由可能会加入现有的经济犯罪出罪事由的大家庭,原有的经济犯罪出罪事由也可能因为时过境迁变得不合时宜而被舍弃不用。申言之,变动不居的经济犯罪行为会促使经济犯罪出罪事由理论常新。

第四节 经济犯罪出罪事由的适用评析

理论来源于实践又服务于实践,关注经济犯罪出罪事由的司法适用即是对经济犯罪出罪事由进行刑法教义学分析的主要使命所在。对经济犯罪出罪事由司法适用的具体情况可以从现状分析和完善路径两个维度作概要梳理和分析。

一、经济犯罪出罪事由司法适用的现状分析

在我国经济犯罪司法认定的实践过程中,主要依据法定的构成要件要素上的出罪事由、"但书"规定以及刑事司法程序性出罪事由等进行出罪判断与出罪认定,而依据超法规的经济犯罪出罪事由和经济犯罪出罪理论进行出罪判断和出罪认定的相对较少。同时,我国刑事司法的实际还表现出一定的机械性、僵化性等特点,缺乏《刑法》应有的适应性和灵活性,以至于出现"入罪容易出罪难"的特有现象。这一现象的产生有着复杂的原因,而经济犯罪出罪事由自身理论上的不足是其中一个极为关键的因素。可以想见,理论上对于经济犯罪出罪事由的一定程度上的忽视,导致定罪实践中对

于出罪侧面的忽略。同时,经济犯罪出罪理论自身的欠缺,导致司法实践中即使进行出罪,也往往因对于如何出罪语焉不详而草草出罪,令当事人难以服判,以致再审申诉不断、迟迟难以结案,既未取得应有的法律效果,也未取得令人满意的社会效果。可见,当前经济犯罪出罪事由司法适用的总体状况是不能让人满意的,造成这一状况的原因大致有以下几个方面:

第一,经济犯罪出罪事由中法定的出罪事由较少,导致司法实践中倚重"但书"规定进行出罪。在"但书"规定中,"情节显著轻微危害不大的,不认为是犯罪"属于《刑法》总则关于犯罪概念的定量规定,如果将其运用到《刑法》分则具体犯罪的出罪认定,则势必与法定的犯罪构成要件上的出罪事由相抵牾。这是因为,理论上对于犯罪概念和犯罪构成要件的理论的界分素来就有争议。我们认为,"但书"规定与法定的犯罪构成要件上的出罪事由理应分属不同的出罪事由,在这种情况下,法定的犯罪构成要件上的出罪事由具有优先适用的地位。尽管如此,即使撇开理论上对于"但书"规定的争论不谈,实践中过多依据"但书"规定进行出罪认定也是不妥当的。

第二,在经济犯罪刑事司法实践中,除倚重"但书"规定之外,就是过多依据刑事司法程序性出罪事由进行出罪判断和出罪认定。实践中,往往出现不该起诉的予以起诉了,一审应进行宣告无罪裁判的推给了二审,甚至再审,等等。这样势必造成有限的司法资源的浪费,既增加当事人的讼累,又克减刑事司法公信力,有损经济犯罪刑事司法的公平正义。

第三,由于司法机关和司法工作人员恪守罪刑法定原则,实践中对于超法规的经济犯罪出罪事由、经济犯罪出罪理论等经济犯罪出罪事由极少适用,从而大大减损了《刑法》适用的灵活性和适应性。对于超法规的经济犯罪出罪事由和经济犯罪出罪理论的司法适用,司法工作人员和司法机关会认为,《刑法》立法中未作出明文规定,司法时即感觉于法无据,有违罪刑法定原则之嫌,缺乏正当性,从而不利于实践中对该类行为性质的认定,不敢轻易地作出出罪认定宣告无罪。多数情况下,为稳妥起见,司法机关仍予以入罪处理。

二、经济犯罪出罪事由司法适用的完善路径

在前述经济犯罪出罪事由司法适用现状分析的基础上，我们认为，可以从以下几个方面对经济犯罪出罪事由的司法适用进行完善：

首先，可以我国正在积极推进的以审判为中心的刑事诉讼制度改革为契机，逐步确立包含出罪理念在内的刑事司法新理念。2016年7月20日，最高人民法院、最高人民检察院、公安部、国家安全部、司法部《关于推进以审判为中心的刑事诉讼制度改革的意见》（法发〔2016〕18号，以下简称"《改革意见》"）中第一条强调："惩罚犯罪分子，保障无罪的人不受刑事追究。"第7条和第9条分别要求依法作出不起诉决定和完善不起诉制度。第15条指出："严格依法裁判……依据法律规定认定被告人无罪的，应当作出无罪判决。证据不足，不能认定被告人有罪的，应当按照疑罪从无原则，依法作出无罪判决。"第16条规定："……进一步规范和加强人民检察院对人民法院确有错误的刑事判决和裁定的抗诉工作，保证刑事抗诉的及时性、准确性和全面性。"等。上述规定从不同角度提倡真正树立疑罪从无、排除合理怀疑、非法证据排除等刑事司法新理念，其中最令人振奋的一点即对于无罪宣告的重视与强调。可以说，正要确立的刑事司法新理念是包含出罪理念在内的，这是在刑事司法理念层面对于出罪和出罪事由的重视，意义重大。

其次，司法机关和司法工作人员可以在司法实践中结合具体的司法案件注重对经济犯罪出罪事由理论的研究，并积极运用到实践中进行检验，就经济犯罪出罪事由适用的法律效果和社会效果进行全面的司法考量和对比分析，从而使经济犯罪出罪事由理论不断得到充实、发展和完善。司法机关和广大司法工作人员中有许多刑法理论方面的专家学者，他们掌握着来自司法办案实践的第一手资料，比纯粹的理论研究者开展实证研究更有发言权，因此是有理论研究的可行性的。果真如此，理论工作者和司法工作人员

实现横向联合,形成研究合力,势必能够推动经济犯罪出罪事由理论向纵深发展。

最后,在司法实践中,除适用法定的经济犯罪出罪事由进行出罪,还须积极尝试将超法规的经济犯罪出罪事由和经济犯罪出罪理论运用到经济犯罪司法认定中去。总体来看,经济犯罪出罪事由供不应求,难以满足经济犯罪司法实践的出罪需求。因此,要改变这一尴尬处境,在刑事司法实践中,就必须改变那种倚重"但书"规定或刑事司法程序性出罪事由进行出罪认定的单一局面,逐步扩大采用超法规经济犯罪出罪事由和经济犯罪出罪理论的适用范围去进行相应的出罪认定和出罪判断,这将是未来经济犯罪出罪事由理论发展和适用的主要路径。

思考题

1. 如何理解经济犯罪出罪事由的概念?
2. 经济犯罪特有的出罪事由类型有哪些?
3. 如何在经济刑法司法中正确适用经济犯罪出罪事由?

第十章
经济犯罪的刑罚配置

在我国经济犯罪研究领域中,经济犯罪的刑罚应当如何进行科学合理的配置,仍是一个存在较大争议并值得探讨的重要课题。经济犯罪刑罚的配置既包括立法配置,也涵盖了司法配置。针对经济犯罪刑罚配置存在的问题,有学者比较客观地评价认为,我国现行《刑法》对生命刑和自由刑配置偏重、财产刑配置粗略、资格刑配置残缺,所以无法有效地遏制经济犯罪和很好地贯彻宽严相济的刑事政策。[1]从既有研究成果看,此前学者们多着重于从刑事政策以及刑法价值的理论层面来提倡对经济犯罪的刑罚进行合理配置。[2]但受刑事政策和刑法价值的樊篱束缚,这些研究大多存在一种局限性,即抽象而笼统,且片面追求公平,而忽略刑罚制度的经济意义。有鉴于此,我们对经济犯罪的刑罚配置,在刑事政策、刑法价值等传统研究的基础上,还需要进一步融入法经济学的论证分析。

具体问题在于:当前我国经济犯罪刑罚的配置在法经济学的视域下究竟存在哪些违背法经济学基本原理的问题?在法经济学的视域下又应当如何对其进行科学合理的重构,从而以最低的刑罚成本获取最大的刑罚效益,使刑罚的预防与威慑作用得以实现?本章尝试立足于法经济学的研究进路,对这些重要问题展开分析,在遵循成本——收益理论所体现的效益原则

---
[1] 万国海:《论我国经济犯罪刑罚配置的完善》,《政治与法律》2008年第9期,第36页。
[2] 庄华忠:《论我国经济犯罪的刑事政策》,《政治与法律》2007年第4期,第47—51页。

的前提下,着力探寻合理有效的预防和惩罚经济犯罪的刑罚措施,进而实现经济犯罪刑罚的科学合理配置。

第一节　经济犯罪刑罚配置的法经济学分析

法经济学作为一门横断法学和经济学两大领域的新兴综合学科,日渐成为一门显学,随着现代"法经济学"的产生,法律逐渐成为一个正式的、科学的、可以量化的领域。①法经济学能够极大地拓展我们对于经济犯罪刑罚配置的研究视域,引领法学步入新的研究境界。我们之所以力倡将法经济学视域导入经济犯罪刑罚配置问题的研究,主要基于以下具体缘由:

长期以来,在关于我国经济犯罪刑罚配置问题的研究中,学者们主要从刑罚的谦抑性原则、刑罚轻缓化的国际趋势、经济犯罪的非暴力性质以及宽严相济刑事政策等角度出发进行批判与反思,往往将不易把控和感知的原则、理念或刑事政策作为刑罚实施的评价标准,却忽视了从根本上对刑罚的实际效益作出具体评判。尽管诸如公平、正义等各种价值理念以及刑事政策是法律所蕴含的重要内容,但是我们无法否认法律之中也隐藏着深刻的经济逻辑,这种经济逻辑由于弥补了传统法学分析的形式化、抽象化、教义化缺陷而更加富有可信度与说服力。

此外,经济分析在经济刑法中之所以能被应用,关键在于刑罚具有成本性和代价性的客观事实。②首先,刑罚配置有其深层次的经济逻辑内涵。从侦查、起诉到审判,再到刑罚执行,各个环节均需付出相应的成本代价。譬如自由刑的执行,需要建立监狱系统并配备监管人员、开展相应的监管工

---

① [美]尼古拉斯·L.吉奥加卡波罗斯:《法律经济学的原理与方法:规范推理的基础工具》,许峰、翟新辉译,复旦大学出版社2014年版,第3页。
② 胡启忠等:《经济刑法立法与经济犯罪处罚》,法律出版社2010年版,第166—167页。

作,被监禁罪犯的生产力流失也是一种机会成本,所有这些均属于刑罚的成本。其次,犯罪行为也有其成本,而刑罚的作用之一即在于提高犯罪成本,让行为人实施犯罪得不偿失,同时也对潜在的犯罪分子产生警示效应,进而有效地预防和遏制犯罪。最后,国家通过对刑罚资源的配置,投入财产刑、自由刑或死刑等刑罚成本来惩罚罪犯,而罪犯自身也为犯罪行为付出了高昂代价,最终的结局是罪犯确实被处以罚金、投入监狱服刑或被执行死刑,以此来证明和维护刑罚的威慑作用。由此观之,法经济学的经济理性逻辑也同样彰显于经济犯罪的刑罚分析之中。另外,经济犯罪本身所呈现出的贪利性特点,也使法经济学成为适合经济犯罪刑罚配置的主要分析工具。现代刑罚的价值取向是在追求公平与正义的同时兼顾刑罚的经济效率,而法经济学视域下的分析正好与此高度契合,既重视效率,又兼顾正义,并不会有碍于正义的实现,而是提醒我们在追求正义的同时也应考虑为之付出的代价,因此,从法经济学的视角来分析经济犯罪的刑罚配置具有特殊的价值与意义。

就此而言,法经济学这一较为新颖独特的理论分析工具,能够为分析我国经济犯罪刑罚配置问题提供具有经济理性的研究视域。立足于法经济学的视域来剖析经济犯罪的刑法配置问题,可以说在很大程度上突破了以往学者们多从刑事政策以及刑法价值等抽象层面分析探讨的局限,具有更为明确、可操作性更强的优越性,因而,法经济学可从一个特定角度帮助我们拓展思维、展开新型研究,助益我们对于经济犯罪刑罚配置的反思与重构。需要说明的是,尽管法经济学视域下分析得出的某些结论可能与既有的研究成果相同或相似(事实上,不同的分析视角往往具有许多相通之处而最终殊途同归),但分析论证的视角、路径之不同也决定着分析论证结果价值的差异。当然,从法经济学的视角对经济犯罪刑罚所作的分析也并不意味着逸脱了宽严相济的刑事政策以及公正性、谦抑性、人道性等刑法价值,因为任何刑罚的设置都应以刑法价值为赖以支撑的理论根基。换言之,经济犯罪的刑罚配置除应在法经济学视域下进行检视之外,还必须遵循刑事政策、刑法价值等基础逻辑。

在法经济学视域下对经济犯罪刑罚的配置进行反思与重构,与刑罚效益最为直接密切相关的核心理论即是成本——收益理论。除此之外,法经济学视域下的刑罚经济分析理论还有价格理论、公共选择理论、博弈论等基本理论,但囿于篇幅,且因它们与刑罚配置关联较小,故不再运用这些理论来展开分析,事实上这也并不会在根本上影响本文论证结论的妥当性。尽管成本——收益理论在法社会学中也被提倡,例如有学者认为在社会学方面应该提出关于成本和收益之间正确关系的问题,[1]但在法经济学视域下,应重点将其运用于具体法律问题分析,才是更契合而妥当的。在法经济学的众多理论中,成本——收益理论是法律经济分析的主要工具。意大利法学家贝卡利亚在其《论犯罪与刑罚》中就运用成本——收益理论分析了法律的行为问题,提出了"犯罪与刑罚均衡原理"。

通常而言,刑罚的经济分析本质上就是对罪刑互动的成本——收益进行分析,事实上,《刑法》中的罪刑设置,特别是刑罚制度,基本上都是围绕成本——收益理论而展开。[2]成本——收益理论主要通过比较成本与收益而对行为或制度作出其是否合理的评价。一方面,犯罪分子犯罪有其成本——收益问题,犯罪的发生正是犯罪分子在进行犯罪成本——收益的比较、核算之后所作出的行为选择。另一方面,国家在进行刑罚运作时也需考虑成本——收益问题,力求以最少的刑罚成本获取最大的刑罚收益。申言之,刑罚的创制与适用必然会耗费一定的立法成本与司法成本,甚至还会发生因刑罚适用不当而支付的国家赔偿等成本。而刑罚的收益则是指对犯罪分子处以刑罚而达到的社会效果,着重表现为对犯罪的有效惩罚与预防。

---

[1] [德]托马斯·莱塞尔:《法社会学导论(第6版)》,高旭军等译,上海人民出版社2014年版,第208页。

[2] 王利宾:《刑罚的经济分析》,法律出版社2014年版,第86页。

就国家层面而言,应当对刑罚成本和刑罚收益进行核算,尽可能投入最少的刑罚成本而获取最大的刑罚收益。恰如有学者所言,刑罚的配置与适用应当考虑评估和计算成本效益的问题,力求以最小的支出获取最大的刑罚效果。[①]

总而言之,我国经济犯罪刑罚配置的重构需要将法经济学视域下的成本——收益理论这个十分有力的分析工具充分运用进来,遵循效益性原则,有效地确保经济犯罪刑罚配置体系更加科学合理。

第二节 经济犯罪刑罚配置现状之反思

我国当前经济犯罪刑罚配置的现状,总体而言,正如有论者所概括指出,目前我国经济犯罪刑罚配置的针对性较差,苛严的刑罚与严峻的经济犯罪防治形势之间矛盾重重。[②]因此,我国经济犯罪的刑罚配置存在不少需要改进与完善之处。基于法经济学的视域来分析审视,可以更加明确我国当前经济犯罪的刑罚设置在投入巨大刑罚成本的同时却没有获得良好的刑罚效益。因此,我们需要深入考量的问题是:目前经济犯罪的刑罚配置是否科学合理?其在某些方面是否违背了法经济学成本——收益理论的基本原理?兹从以下几点进行反思性论述:

一、以自由刑为中心对轻微经济犯罪的刑罚规制缺乏经济性

一直以来,自由刑在我国刑罚体系中处于核心地位,具体到经济犯罪而言,通常在我国刑罚配置体系中,对于较轻的经济犯罪可判处管制、拘役或

[①] 冯玉军:《法经济学范式》,清华大学出版社 2009 年版,第 437 页。
[②] 黄烨:《困境与重构:论我国经济犯罪刑罚配置的应然选择》,《郑州大学学报(哲学社会科学版)》2011 年第 44 期。

三年以下有期徒刑。在《刑法》分则第 3 章"破坏社会主义经济秩序罪"中，有管制法定刑的占该章全部条文的 8.6%，而可以适用拘役的则占该章全部 92 个规定法定刑条文的 85.8%。此外，几乎在每一条关于经济犯罪的法律条文中，均对三年以下有期徒刑这一短期自由刑作了规定。总体而言，即使在轻微经济犯罪中，也依然是以自由刑为中心进行刑罚规制。但其实，对轻微经济犯罪配置短期自由刑，在很大程度上缺乏经济性。

一方面，对轻微经济犯罪适用自由刑，成本甚为高昂。具体表现为：其一，对轻微经济罪犯实施有期徒刑时，其社会成本主要由执行成本和机会成本构成。执行成本是国家为执行有期徒刑而投入的成本，包括监狱建设维护费用、监狱生产设施投入、监管人员报酬、罪犯生活开支等费用，这些共同构成了执行自由刑的庞大成本。就目前中国监狱系统的平均运转费用来看，国家对一名监狱服刑人员每年支出的费用甚至超过了培养大学生的人均投入。[1]而机会成本则是执行自由刑所必然或可能带来的社会损失，例如罪犯失去自由的这段时间原本可能创造的社会收益。对经济罪犯而言，失去自由就失去了赚钱机会，而经济犯罪者一般均为社会的中高阶层人物，若其具有企业经营者、公司企业或其他单位的工作人员、纳税人等身份，则这种机会成本较为高昂。又如，在监狱中，罪犯"交叉感染"问题难以杜绝，还有一些罪犯在经过禁闭的惩罚后逐步丧失了重返社会的能力或正常的人格，这些负面效应均可算作成本。其二，对经济罪犯实施管制这种限制人身自由的刑罚时，虽然无须将其投入监狱进行关押，免除了运行监狱设施的成本，但却要耗费巨大的监督矫正成本。其三，对经济罪犯处以拘役这种短期剥夺人身自由的刑罚时，除去劳动及报酬方面的机会成本有所不同外，其他方面基本上可以与对轻微经济罪犯实施三年以下有期徒刑的刑罚成本等量齐观。

---

[1] 陈兴良：《宽严相济刑事政策研究》，中国人民大学出版社 2007 年版，第 406 页。

另一方面,对轻微经济犯罪适用自由刑效益较低,难以实现刑罚的特殊预防与一般预防功能。在我国现行经济犯罪刑罚体系中,管制、拘役体现的惩罚性较弱,所以在剥夺罪犯再犯能力方面的威慑效应较差。倘若对轻微经济犯罪处以三年以下有期徒刑,虽然罪犯在被剥夺自由的期限内无法再实施犯罪危害社会,但是短期自由刑矫正与改造罪犯的效果极为有限,通常犯罪分子短期自由刑执行完毕之后,在经济条件与资格条件允许的情况下,出于对自身经济利益最大化的追求,极有可能重操旧业而再次实施经济犯罪。同时,短期自由刑的威慑力较为有限,难以实现一般预防功能。

总而言之,运用短期自由刑来规制轻微的经济犯罪,国家必然需要耗费巨大的经济成本,而且刑罚威慑力较低,付出高昂的成本却收不到良好的效益。因此,实施监禁的成本是非常高昂的,应该以一个低成本去实施处罚以实现威慑作用。[1]根据本文从法经济学角度进行的客观分析可知,我国对轻微经济犯罪配置短期自由刑在很大程度上缺乏经济性。当然,我们并非全然抹杀在经济犯罪较为严重的情形下自由刑所发挥的重要功效。但在某些经济犯罪中以财产刑或资格刑替代自由刑,显然可以有效地节约司法资源,实现刑罚的经济效益与社会价值。

二、刑罚效益较大的财产刑未得到充分关注

财产刑是一种以犯罪人的财产性权益为剥夺内容的刑罚方法,主要包括罚金与没收财产这两种类型:罚金刑主要规定于经济犯罪上,在《刑法》分则第3章"破坏社会主义经济秩序罪"92个法条里面,有84个条文规定了罚金,约占91.3%;没收财产在经济犯罪上的规定相对较少,《刑法》分则第3章的92个条文中,有30个条文对其作出了规定,占该章总罪名的32.6%。财产刑的性质与经济犯罪的性质具有对应性:行为人实施经济犯罪是为了

---

[1] [美]斯蒂文·沙维尔:《法律经济分析的基础理论》,赵海怡、史册、宁静波译,中国人民大学出版社2013年版,第483页。

获取财产,而财产刑是剥夺行为人的财产,两者具有罪与刑的等价性;并且,财产刑也能有效地削减行为人利用财产再进行经济犯罪的可能,因而也符合配刑的适度性。我们认为,财产刑作为与经济犯罪最相对应的刑种,能够通过低廉的成本而获取较大的刑罚效益,其在理论上应当备受《刑法》立法者与司法者的青睐。详言之,罚金刑具有如下优点:较之于自由刑,罚金刑的成本相当低,它以征收一定的金钱为惩罚内容,无须对罪犯人身自由进行强制,因而不需要国家投入巨大的监狱建设与监管成本,而且其纠错成本较低,通过执行回转程序即可完成纠正,可以说其既节省了资源,对社会有所补偿,同时又惩罚了罪犯。[1]而自由刑、死刑等刑罚措施一旦错误,不但不便于纠正甚至无法纠正,而且在损害犯罪嫌疑人权益的同时,国家可能会支付巨额的国家赔偿成本。再者,罚金刑不像自由刑那样容易使罪犯丧失回归社会的能力和健全的人格,这就免去了自由刑负面效应所造成的成本。罚金刑的社会效益则表现在其既惩罚了犯罪,又产生了剥夺犯罪分子犯罪资本的效果,使其重新衡量经济犯罪的利弊而无力再犯,并且,罚金刑能为国家充实国库。与罚金刑的功效类似,没收财产同样是刑罚成本较低而刑罚效益较大。通常,没收财产刑的适用,国家只需支付征收成本便可没收罪犯的部分或全部财产,对于经济犯罪的犯罪人而言无疑具有极大的威慑力。由此观之,相较于自由刑,罚金和没收财产在刑罚效益上具有一定的优越性。

我们认为,即便是在法经济学的维度之外,财产刑也能体现出对经济犯罪罪犯的报应思想,从而满足公众的报应情感,符合刑罚的公正性与普通国民心中的正义观念。也就是说,对于经济犯罪行为人,并非只有科处自由刑才能满足公众的报应情感、符合刑罚的公正性要求。报应正义的核心在于罪刑相适应,而罪刑相适应只要求所犯罪行与刑度匹配即可,因而对经济犯

---

[1] [美]唐纳德·A.威特曼:《法律经济学文献精选》,苏力等译,法律出版社2006年版,第398页。

罪科处财产刑并不必然违反该原则。而且，财产刑还符合刑罚功利性目的的要求，它能在很大程度上预防经济犯罪行为人利用自身财产再度实施犯罪。但事实上，当前，刑罚效益较大的财产刑在经济犯罪刑罚立法配置与司法适用中仍处于相对边缘的位置，因而亟须在经济犯罪的刑法配置中提升其适用地位。

三、针对经济犯罪刑罚效益较高的资格刑设置较少

功利主义大师边沁曾在其著作《立法理论——刑法典原理》中提出，刑罚之苦必须超过犯罪之利才能有效地制止犯罪。[①]资格刑作为带有浓厚功利主义色彩的刑罚方式，用以惩罚和预防经济犯罪是较为有效的，其具有积极的刑事政策价值。我国《刑法》对于经济犯罪的刑罚配置，并未设置专门的资格刑。在我国正式的刑罚种类中，独立的资格刑除了针对外国人的驱逐出境，只有剥夺政治权利。《刑法修正案（九）》第一条规定了刑事职业禁止，该条文虽然在一定程度上类似于资格刑，但严格意义上说，其性质属于保安处分。因此对于经济犯罪而言，我国时下设置的资格刑种类和范围仍过于单一，难以与经济犯罪的罪行特征相对应。事实上，以法经济学视角观之，资格刑具有成本低、效益高的优点。其一，资格刑的执行成本低于自由刑与财产刑，通常只需法院作出一纸生效判决，国家无须投入巨大的财政支出。其二，与国家投入的成本相比，资格刑的收益甚为巨大。一方面，适用资格刑，国家的财政收入没有因此而减少，符合法经济学的帕累托最优原则；另一方面，资格刑对于经济犯罪的罪犯显示出巨大的威慑与剥夺效力。资格刑所剥夺的犯罪人的权利资格，既可以是政治权利，也可以是荣誉资格或者从事一定职业、营业活动的资格。而经济犯罪具有智能性和专业性的特征，其犯罪主体往往具有注册会计师、证券分析师、建筑工程师等特殊资

[①] 陈兴良：《刑法方法论研究》，清华大学出版社2006年版，第465页。

质。这些职业资格作为一种无形资产,对于经济犯罪人而言意义重大,是其从事这些行业并从中获取经济利益的必备条件,倘若剥夺其这种资格,一是可以有效地封堵行为人实施经济犯罪活动的源头,二是日后申请这种资格难度大,甚至犯罪以后终身不可申请,而理性的犯罪人通常极不愿意失去自己所具备的资格,所以资格刑对其而言是一种严厉的惩罚,未必比短期自由刑轻缓。国家剥夺罪犯资格的成本极低,由此获得的刑罚效益却甚大。

四、对经济犯罪适用死刑有悖于经济性

死刑是攸关犯罪分子生命权的最为严厉的一种刑罚,死刑的适用在永久地剥夺犯罪分子再犯能力的同时,也能够有力地威慑潜在的犯罪人。但也有学者认为,死刑的社会效益仍旧是一个未决的问题,其高昂的实施管理成本却是毋庸置疑的。[①]对经济犯罪适用死刑,从死刑的投入角度来看,在考虑死刑的成本时,其实并不像有人所想象的那样只是一剂毒药抑或一颗子弹那么简单,相反,死刑判定与执行的成本极其高昂。首先,涉及程序上的成本,对于经济犯罪类的死刑案件,公安机关和检察院均需投入巨大的人力、物力、财力去侦查与起诉,由于死刑案件的证明标准高于其他案件,对可能判处死刑的罪犯还需要司法机关花费大量的成本去收集证据,而且死刑判决还需要经历较为繁杂的复核与核准程序。其次,关于执行方面的成本,主要表现在从经济罪犯被判处死刑到实际行刑的羁押成本。死刑犯的看管成本较高,比如,为了防止其自杀或者造成其他损害,一般会配备更多警力予以看守。最后,如果行为人被错判死刑,那么由此导致的纠错成本也是一种高昂的成本。

对经济犯罪适用死刑,从投入和产出的比例来看有悖于经济性。其一,如前所述,经济犯罪具有高智能与专业性强的特征,犯罪主体一般有特殊资

---

① [美]罗伯特·考特、托马斯·尤伦:《法和经济学(第六版)》,史晋川、董雪冰等译,格致出版社2012年版,第509页。

质,如注册会计师、证券分析师等,他们往往具有较高素质,对其改造的可能性极大,只要吊销或在一定时期内剥夺其职业资格,或者摧毁他们赖以犯罪的经济基础,其再犯的可能性就会很小,此时根本无须动用代价高昂的死刑。其二,经济犯罪不同于暴力犯罪,财产刑和资格刑能够更具针对性地适用于以贪利性为重要特征的经济犯罪,而用死刑对付经济犯罪则不仅浪费了国家培养这些专业人才的前期投资,而且可能收不到适用资格刑和财产刑的效果。[1]因此,我们认为,对绝大多数经济犯罪而言,适用死刑有悖于经济性。

第三节 经济犯罪刑罚配置之重构

通过以上分析可知,在威慑力相当的情况下,经济犯罪中自由刑和死刑的配置成本较高,而财产刑与资格刑两者均有成本较低而效益较大的优势。可见,从法经济学的视域出发对经济犯罪的刑罚配置问题进行分析具有更强的明确性与说服力。我们力求在最大限度地降低刑罚成本的同时又能增加罪犯犯罪成本,努力实现惩罚、预防犯罪和优化刑罚资源配置的多重效果,而这些均涉及刑罚制度的经济分析。由于我国当前经济犯罪的刑罚配置仍然存在诸多不合理之处,因此我们除了考虑刑事政策以及经济犯罪刑罚轻缓化趋势等因素,还应在法经济学的视域下运用成本——收益理论对现有的刑罚资源进行合理取舍与优化的科学配置。具体构想如下:

一、对轻微经济犯罪减少配置短期自由刑

目前,在我国刑事司法实践中,对经济犯罪的罪犯多数情况下判处自由

---

[1] 杨兴培、李翔:《经济犯罪和经济刑法研究》,北京大学出版社2009年版。

刑,少数附加适用财产刑,对于轻微经济犯罪也是如此。正如前文所述,短期自由刑虽然比长期自由刑和无期徒刑成本低,但与罚金刑和资格刑相比,短期自由刑的成本远高于二者。根据预防犯罪的刑罚目的,我们在处罚时应考虑经济犯罪罪犯的心理特征而选择刑罚的适用。譬如,在经济犯罪罪行较轻时,对罪犯适用罚金刑远胜于适用管制刑。部分轻微经济犯罪的行为人在实施犯罪时,利用的可能是经济管理制度的漏洞,其很可能并不具有反社会的严重危害性,倘若将其投入监狱进行关押改造,似乎并无必要。从社会效益来看,由于短期自由刑时间短,惩罚功能和威慑力并不比财产刑或资格刑强。

正如有论者指出,将非监禁刑更多地配置于轻微经济犯罪,既符合罪责刑相适应的要求,又能优化配置经济犯罪刑罚体系的内部刑种,达到良好的刑罚效果。因此,需要改变以自由刑规制为中心的传统,尽可能地不配置或少配置短期自由刑,进而节约司法成本,这是针对轻微经济犯罪应当采取的刑罚惩治策略。

二、逐步增加财产刑在经济犯罪刑罚中的适用

如前所述,我们主张对轻微的经济犯罪更多地配置非监禁刑,而财产刑无疑是轻微经济犯罪自由刑的良好替代措施。一方面,在当代,经济犯罪所配置的刑罚渐趋轻缓,配置更多的财产刑是犯罪与刑罚同质报应的内在要求,而且有利于实现刑罚的预防功能。[1]概言之,对经济犯罪的罪犯适用财产刑同样具有符合公平观念的报应功能与预防功能。另一方面,经济犯罪具有贪利性的特点,因而对犯罪分子适用财产刑可以大幅度地减少甚至断绝其经济来源,削弱经济罪犯的经济实力,降低他们利用资金链进行再次犯罪的能力,并使其认识到经济犯罪得不偿失,就此而言,应该说判处财产刑

---

[1] 陈兴良、蒋熙辉:《经济犯罪·经济刑法纵横谈》,《江西警察学院学报》2013年第4期。

比判处自由刑更能对行为人内心产生震撼的效果。由此可见，正是由于经济犯罪具有特殊性，财产刑在对经济犯罪的惩治上具有天然的优势，较之于自由刑，更能击中经济罪犯的要害，在很大程度上能减少国家的司法成本，且能以最少的刑罚投入而获取最大的刑罚效果。

以罚金刑的功效为例，对于轻微经济犯罪，法经济学理论认为，罚金刑是比自由刑更有效率的惩罚，只有在罚金刑不足以形成威慑或者罪犯存在财产约束、罚金刑受到限制的情况下，才考虑以自由刑作补充，如此便可大幅节约刑罚成本。对单处罚金的罪犯而言，这意味着不必要对其进行监禁；对国家而言，意味着监禁这项成本被节约，因此罚金的适用是符合帕累托最优的。虽然目前我国财产刑中的罚金刑主要集中在经济犯罪一章，罚金刑所占条文比例并不低，但通常只是附加适用，其在经济犯罪刑罚体系中的地位较低，因此，罚金刑作为轻微经济犯罪自由刑的良好替代措施，应当受到更多的关注。在国外，《日本刑法典》中将罚金和"科料"规定为主刑，《俄罗斯联邦刑法典》也规定罚金刑既可以当主刑适用也可以当从刑适用，且作为财产刑的罚金刑被列在刑种之首，财产刑在俄罗斯司法实践当中是一种被广泛适用且十分有效的刑种。当然，罚金刑与自由刑这两类刑罚优劣互见，有时需要两者相互配合，取长补短。

综上，我们认为，立法者应重点关注经济犯罪财产刑的科学配置，法官在经济犯罪的量刑过程中也应更加注重财产刑的适用。

三、继续完善经济犯罪中资格刑的设置

在经济犯罪案件中，犯罪人往往利用自身拥有的某种特定资格这一优势进行犯罪。从反向思维来看，这一特点提供了预防该类犯罪的绝佳手段，即有针对性地剥夺犯罪人的某种资格或能力。质言之，对经济犯罪行为人适用资格刑符合刑罚等价原则，契合刑罚之报应与预防相统一的目的要求。

我国目前将资格刑的适用主要限定在判处死刑、无期徒刑的场合以及

与政治相关联的犯罪中,《刑法修正案(九)》虽然规定了禁止从事相关职业的保安处分制度,但仍没有设置对经济犯罪而言更加适宜的资格刑,既难以适应社会经济发展的需要,也无法有针对性地惩罚犯罪。比如,对"白领"犯罪适用剥夺政治权利这种资格刑就没有太大的效果,这主要是因为,此类罪犯从事犯罪活动并不依赖于政治条件,而主要是依据自身的经济资格和职业技能。[①]而且,对于某些较为严重的经济犯罪,《刑法修正案(九)》规定的"职业禁止三到五年"的保安处分,其威慑作用也相当有限,在经济利益的驱使之下,犯罪分子很容易在职业解禁后继续从事相关经济犯罪活动。

所以面对日益猖獗的经济犯罪,我们不能忽略和排斥对经济犯罪适用资格刑的重要性,况且,资格刑是成本低、效益高的极为经济的刑罚手段,我们不仅应该对资格刑不断加以完善,而且还要增设适合于经济犯罪的资格刑。我们认为,可以采取如下具体措施来进一步完善资格刑的设置:

第一,继续完善《刑法》,对于严重的经济犯罪,有必要增设较长期限或永久性地剥夺职业资格的专门资格刑。正如有论者指出,将资格刑适用于利用职务之便而实施经济犯罪的犯罪人,对其从事某些经济活动的权利在一定期限内或永久性地予以剥夺,能够带给其巨大的精神压力与痛苦,从而达到有效改造行为人并预防犯罪的目的。

第二,在经济犯罪资格刑的设定上,还应当在将来的刑法修正案中增加剥夺行为人担任一定职务或从事某种活动的资格之规定。譬如:针对妨害公司、企业管理秩序的犯罪分子,可以剥夺其在公司担任一定职务或在其他公司中任职的资格;针对利用国家公权力以及相关职务地位进行经济犯罪的犯罪分子,可以禁止其担任国家或地方自治机关公职的资格;针对走私犯罪,可以剥夺相关人员专门称号、取消在海关活动中有相关优惠的资格;针对利用自己注册会计师、证券分析师等特有资格进行经济犯罪的犯罪分子,

---

① 沈海平:《寻求有效率的惩罚——对犯罪刑罚问题的经济分析》,中国人民公安大学出版社 2009 年版,第 328 页。

可以考虑剥夺其职业资格。此外,针对单位经济犯罪也应设置停业整顿、限制从业资格以及强制撤销等资格刑。①

总之,一方面,在经济犯罪中增设合适的资格刑,可以给予犯罪分子以极大的心理影响,使其意识到犯罪成本高昂,认识到实施经济犯罪得不偿失;另一方面,对犯罪分子适用资格刑,能够有效地限制犯罪分子的资格权利,对其将来从事相关职业与经济活动形成巨大的障碍,进而对犯罪分子的经济生活产生影响,实现国家对经济犯罪的有力威慑与遏制。

四、在经济犯罪中严格限制死刑适用

2011年出台的《刑法修正案(八)》将13种经济性非暴力犯罪的死刑予以取消。在2015年《刑法修正案(九)》出台之前,我国《刑法》分则第3章"破坏社会主义经济秩序罪"所涵盖的115个罪名中,对经济犯罪适用死刑的罪名有生产、销售假药罪,生产、销售有毒有害食品罪,走私武器、弹药罪,走私核材料罪,走私假币罪,伪造货币罪以及集资诈骗罪,共计7个。而《刑法修正案(九)》取消了9个死刑罪名,其中有5个罪名涉及经济犯罪,这可以说是《刑法修正案(九)》所作出的巨大变革,也是我国的刑罚措施逐步向轻缓化过渡所迈出的重要一步。从法经济学的视角看,对经济犯罪适用死刑需要投入巨大的成本,但获取的刑罚效益却不尽如人意。

我们认为,随着刑事司法体制的不断健全和人权保障观念的日益加深,国家对死刑会持更加审慎的态度,对生命的尊重与挽留会使诉讼和执行程序延长,所以中国的死刑成本还会继续增加。可以说,《刑法修正案(八)》和《刑法修正案(九)》成批量地取消经济性非暴力犯罪的死刑,也正是契合了对大多数经济犯罪而言适用死刑有悖于经济性这一论见。在非暴力经济型犯罪中,无论是从严格限制或废除死刑的国际大趋势和人道主义的价值判

---

① 王洪青:《附加刑研究——经济刑法视角下的刑罚适用与改革路径》,上海社会科学院出版社2009年版,第230页。

断上看,还是基于本文对死刑的法经济学分析,得出的结论都是在司法实践中对大多数经济犯罪的死刑适用应当持严格限制的态度。

理论研究的不断深入和立法实践的逐步发展,对我国经济犯罪的刑罚配置提出了新的挑战与时代要求。同时,法经济学已然成为一种较为新颖独特的分析和解决实际问题的视角和方法。在刑事政策与刑法价值的基础上,将经济理性的思维运用于经济犯罪的刑罚问题研究,无疑对实现更加科学合理的刑罚配置很有助益。在法经济学视域下对经济犯罪刑罚配置的基本主张,与经济犯罪刑罚轻缓化的国际趋势以及当前我国实行的宽严相济的刑事政策均相契合,而且还有利于实现特殊预防的目的,符合罪刑相适应的基本原则,可为经济犯罪刑罚配置之科学重构提供有力的智识支持。

而要想真正实现以最小且最合理的刑罚成本投入来达到获取最大刑罚效益的目的,则必须在经济犯罪的刑罚中着重考虑刑罚的经济性,将成本-收益理论充分运用于经济犯罪的刑罚经济分析之中。我们需要"对症下药"地重新构造针对经济犯罪的刑罚体系,进而实现对经济犯罪的"标本兼治"。具体而言,需要特别重视财产刑、资格刑在经济犯罪刑罚中的重要作用,而不应该在长期以来以自由刑为主导的经济犯罪刑罚结构中因循守旧。我们认为,还应当区分经济犯罪的具体情形,寻求针对具体行为人的最佳刑种或组合。譬如,对于较轻的经济犯罪,可单处财产刑,或以财产刑与资格刑的结合作为处置方式。当然,谈效益从来都离不开谈公正,"节省社会成本"与"形成有力威慑"两者不可偏废。在经济犯罪的刑罚配置与具体实施过程中,也绝不能一味地追求效益的极端而牺牲同样弥足珍贵的公正。掌控好适当的"度",对两者进行兼顾,才是最为理想的格局。当然,财产刑的数额幅度的设置,资格刑的种类与适用条件的确立,也都是今后学界需要进一步具体研究的重要课题。总之,我们可以肯定的是,在法经济学的视域下充分运用经济理性展开对经济犯罪刑罚配置的反思,有利于对经济犯罪刑罚进行科学合理的重构,进而实现对经济犯罪的有效预防与遏制。

思考题

1. 如何在法经济学的视域下配置经济犯罪的刑罚？
2. 轻微经济犯罪应如何进行刑法治理？
3. 经济犯罪应如何适用财产刑？

参考文献

1. 北京大学《刑事法学要论》编写组：《刑事法学要论》，法律出版社1998年版。

2. ［意］贝卡利亚：《论犯罪与刑罚》，黄风译，中国大百科全书出版社1993年版。

3. ［英］彼得·斯坦、约翰·香德：《西方社会的法律价值》，王献平译，中国人民公安大学出版社1990年版。

4. ［美］博登海默：《法理学：法律哲学与法律方法》，邓正来译，中国政法大学出版社1999年版。

5. 曹顺明：《论单位犯罪的主体范围》，载于志刚主编：《刑法问题与争鸣（1999年第1辑）》，中国方正出版社1999年版。

6. 车浩：《法定犯时代的违法性认识错误》，《清华法学》2015年第4期。

7. 车浩：《阶层犯罪论的构造》，法律出版社2017年版。

8. 陈东升、王春：《全国"刷单炒信入刑第一案"宣判被告人犯非法经营罪获刑——法官详解为何定性为非法经营罪》，《法制日报》2017年6月21日第8版。

9. 陈国庆：《我看刑事司法中"唯数额"倾向》，《光明日报》2001年1月2日。

10. 陈丕显：《在全国人大六届二次会议代表全国人大常委会所作的工作报告》。

11. 陈瑞华:《鉴定意见的审查判断问题》,《中国司法鉴定》2011年第5期。

12. 陈瑞华:《论企业合规的基本价值》,《法学论坛》2021年第6期。

13. 陈瑞华:《实物证据的鉴真问题》,《法学研究》2011年第5期。

14. 陈瑞华:《行政不法事实与犯罪事实的层次性理论——兼论行政不法行为向犯罪转化的事实认定问题》,《中外法学》2019年第1期。

15. 陈甦:《析"构成犯罪的,依法追究刑事责任"》,《人民法院报》2005年8月10日。

16. 陈兴良:《本体刑法学》,商务印书馆2001年版。

17. 陈兴良、蒋熙辉:《经济犯罪·经济刑法纵横谈》,《江西警察学院学报》2013年第4期。

18. 陈兴良:《金融诈欺的法理分析》,《中外法学》1996年第3期。

19. 陈兴良:《禁止重复评价研究》,《现代法学》1994年第1期。

20. 陈兴良:《宽严相济刑事政策研究》,《法学杂志》2006年第2期。

21. 陈兴良:《目授刑法学》,中国人民大学出版社2007年版。

22. 陈兴良:《入罪与出罪:罪刑法定司法化的双重考察》,《法学》2002年第12期。

23. 陈兴良:《违法性认识研究》,《中国法学》2005年第4期。

24. 陈兴良:《我国刑事立法指导思想的反思》,《法学》1992年第7期。

25. 陈兴良:《刑法的知识转型(方法论)》,中国人民大学出版社2012年版。

26. 陈兴良:《刑法方法论研究》,清华大学出版社2006年版。

27. 陈兴良:《刑法教义学的发展脉络——纪念1997年刑法颁布二十周年》,《政治与法律》2017年第3期。

28. 陈兴良:《刑法教义学方法论》,《法学研究》2005年第2期。

29. 陈兴良:《刑法适用总论(上册)》,法律出版社1999年版。

30. 陈兴良:《刑法哲学》,中国政法大学出版社1992年版。

31. 陈兴良:《刑种通论(第二版)》,中国人民大学出版社2007年版。

32. 陈兴良:《形式解释论的再宣示》,《中国法学》2010年第4期。

33. 陈兴良、张军、胡云腾主编:《人民法院刑事指导案例裁判要旨通纂》,北京大学出版社2018年版。

34. 陈兴良:《张氏叔侄案的反思与点评》,《中国法律评论》2014年第4期。

35. 陈兴良主编:《经济刑法学》,中国社会科学出版社1990年版。

36. 陈晏清主编:《当代中国社会转型论》,山西教育出版社1998年版。

37. 陈泽伟:《中央综治办主任:刑事犯罪高发态势短期内难以改变》,《瞭望新闻周刊》2010年4月19日。

38. 陈泽宪:《经济刑法新论》,群众出版社2001年版。

39. 储陈城:《"但书"出罪适用的基础和规范》,《当代法学》2017年第1期。

40. 储槐植:《美国刑法(第2版)》,北京大学出版社1996年版。

41. 储槐植:《我国刑法中犯罪概念的定量因素》,《法学研究》1988年第2期。

42. 储槐植:《刑事一体化》,法律出版社2004年版。

43. 储槐植:《刑事一体化》,法律出版社2005年版。

44. 储槐植:《要正视法定犯时代的到来》,《检察日报》2007年6月7日。

45. 储槐植、宗建文等:《刑法机制》,法律出版社2004年版。

46. 川端博:《刑法总论二十五讲》(中译本),中国政法大学出版社2003年版。

47. [日]大谷实:《刑事政策学》,黎宏译,法律出版社2000年版。

48. [日]大塚仁:《刑法概说(总论)》,中国人民大学出版社2003年版。

49.〔日〕丹宗昭信、伊从宽:《经济法总论》,吉田庆子译,中国法制出版社 2010 年版。

50. 但伟:《妨害对公司、企业的管理秩序罪的定罪与量刑》,人民法院出版社 2001 年版。

51. 道格拉斯·胡萨克:《过罪化及刑法的限制》,姜敏译,中国法制出版社 2015 年版。

52.《德恒证券非法吸存案开庭证监会复函成重要证据》,《中国青年报》2005 年 6 月 8 日。

53.《德隆刑事第一案 2 000 多笔委托理财的背后》,《21 世纪经济报道》2005 年 5 月 30 日。

54.《邓小平文选(第 2 卷)》,人民出版社 1993 年版。

55. 杜辉:《"出罪"的语境与界说》,《理论导刊》2012 年第 12 期。

56. 杜辉:《刑事法视野中的出罪研究》,中国政法大学出版社 2012 年版。

57. 杜磊:《行政证据与刑事证据衔接规范研究》,《证据科学》2012 年第 6 期。

58.〔意〕杜里奥·帕多瓦尼:《意大利刑法学原理》(注评版),陈忠林译,中国人民出版社 2004 年版。

59. 杜宇:《再论经济犯罪的概念》,《学术交流》2003 年第 10 期。

60.〔美〕杜赞奇:《文化、权力与国家:1900—1942 年的华北农村》,王福明译,江苏人民出版社 2008 年版。

61.《法国刑法典(中译本)》,中国人民公安大学出版社 1995 年版。

62. 方鹏:《出罪事由的体系和理论》,中国人民公安大学出版社 2011 年版。

63. 冯玉军:《法经济学范式》,清华大学出版社 2009 年版。

64.〔德〕冈特·施特拉腾韦特、洛塔尔·库伦:《刑法总论 I——犯罪论》,杨萌译,法律出版社 2006 年版。

65. 高铭暄:《经济犯罪和人身权利犯罪研究》,中国公安大学出版社 1995 年版。

66. 高铭暄、马克昌:《刑法学(第九版)》,北京大学出版社、高等教育出版社 2019 年版。

67. 高铭暄、[法]米海依尔·戴尔玛斯-马蒂:《经济犯罪和侵犯人身权利犯罪研究》,中国人民公安大学出版社 1995 年版。

68. 高铭暄、王作富:《中国惩治经济犯罪全书》,中国政法大学出版社 1995 年版。

69. 高铭暄主编:《刑法专论》,高等教育出版社 2002 年版。

70. [日]宫本英修:《刑法大纲(总论)》,弘文堂 1935 年版。

71. 宫晓冰:《经济犯罪概念新探》,《中国法学》1991 年第 2 期。

72. 龚培华、肖中华:《刑法疑难争议问题与司法对策》,中国检察出版社 2002 年版。

73. 顾肖荣等:《法人犯罪论》,上海远东出版社 1992 年版。

74. 顾肖荣等:《经济刑法总论比较研究》,上海社会科学院出版社 2008 年版。

75. [日]关哲夫:《论禁止类推解释与刑法解释的界限》,王充译,载陈兴良主编:《刑事法评论(第 20 卷)》,北京大学出版社 2007 年版。

76. 郭立新:《刑法立法正当性研究》,中国检察出版社 2005 年版。

77. 《韩非子·六反》。

78. 《杭州律师叫板最高法院》,《民主与法制时报》2004 年 4 月 24 日第 1 版。

79. 何秉松:《试论我国刑法上的单位犯罪主体》,载于志刚主编:《刑法问题与争鸣(1999 年第 1 辑)》,中国方正出版社 1999 年版。

80. 何秉松主编:《法人犯罪与刑事责任》,中国法制出版社 1991 年版。

81. 何荣功:《经济自由与经济刑法正当性的体系性思考》,《法学评论》2014 年第 6 期。

82. 何荣功:《经济自由与刑法理性:经济刑法的范围界定》,《法律科学》2014 年第 3 期。

83. 胡启忠等:《经济刑法立法与经济犯罪处罚》,法律出版社 2010 年版。

84. 胡启忠:《金融刑法适用论》,中国检察出版社 2003 年版。

85. 胡启忠:《证券法中刑事附属条款适用研究》,《西南民族大学学报》2000 年第 7 期。

86. 华晓东、潘浚:《个人独资企业相关法律问题探析》,《人民法院报》2002 年 10 月 9 日。

87. 黄伯青、黄晓亮:《新公司法背景下虚报注册资本罪的适用与完善》,《政治与法律》2008 年第 1 期。

88. 黄京平:《破坏社会主义市场经济秩序罪研究》,中国人民大学出版社 1999 年版。

89. 黄明俗:《行政犯比较研究——以行政犯的立法与性质为视角》,法律出版社 2004 年版。

90. 黄烨:《困境与重构:论我国经济犯罪刑罚配置的应然选择》,《郑州大学学报(哲学社会科学版)》2011 年第 44 期。

91. [英]霍布豪斯:《自由主义》,朱曾汶译,商务印书馆 2012 年版。

92. 贾宇:《论违法性认识应成为犯罪故意的必备要件》,《法律科学》1997 年第 3 期。

93. 贾宇:《罪与刑的思辨》,法律出版社 2002 年版。

94. 简爱:《权利行使行为的法律评价》,《政治与法律》2017 年第 6 期。

95. 简爱:《我国行政犯定罪模式之反思》,《政治与法律》2018 年第 11 期。

96. 江必新主编:《行政处罚法条文精释与实例精解》,人民法院出版社 2021 年版。

97. 姜明安:《行政法与行政诉讼法(第 4 版)》,北京大学出版社 2011 年版。

98. 姜明安主编:《行政法与行政诉讼法》,北京大学出版社、高等教育出版社 2015 年版。

99. 姜涛:《行政犯与二元化犯罪模式》,《中国刑事法杂志》2010 年第 12 期。

100. 敬大力主编:《刑法修订要论》,法律出版社 1997 年版。

101. [法]卡斯东·斯特法尼等:《法国刑法总论精义》,罗结珍译,中国政法大学出版社 1998 年版。

102. [德]康德:《历史理性批判文集》,何兆武译,商务印书馆 1997 年版。

103. [德]克劳斯·罗克辛:《德国刑法学总论(第 1 卷)》,王世洲译,法律出版社 2005 年版。

104. [德]克劳斯·罗克辛:《德国刑法学总论:犯罪原理的基础构造》,王世洲译,法律出版社 2005 年版。

105. [德]克劳斯·罗克辛:《德国刑法总论:犯罪原理的基础构造(第 1 卷)》,王世洲译,法律出版社 2011 年版。

106. [德]克劳斯·罗克辛:《对批判立法之法益概念的检视》,陈璇译,《法学评论》2015 年第 1 期。

107. [德]克劳斯·罗克辛:《刑法的任务不是法益保护吗?》,樊文译,载陈兴良主编:《刑事法评论(第 19 卷)》,北京大学出版社 2006 年版。

108. 孔祥俊:《从公司脱壳逃债——看公司人格否认的重要性》,《人民法院报》1999 年 2 月 16 日。

109. 郎胜主编:《中华人民共和国刑法释义》,法律出版社 2015 年版。

110. 劳东燕:《价值判断与刑法解释:对陆勇案的刑法困境与出路的思考》,《清华法律评论》第 9 卷第 1 辑。

111. 劳东燕:《危害性原则的当代命运》,《中外法学》2008 年第 11 期。

112. 劳东燕:《责任主义与违法性认识问题》,《中国法学》2008 年第 3 期。

113. 李邦友:《论单位犯罪的定义》,载于志刚主编:《刑法问题与争鸣》1999 年第 1 辑,中国方正出版社 1999 年版。

114. 李奋飞:《论企业合规考察的适用条件》,《法学论坛》2021 年第 6 期。

115. 李建华:《简论经济刑法立法的可行性原则》,《上海市政法管理干部学院学报》1999 年第 5 期。

116. 李建华:《略论外国经济刑法立法形式》,《当代法学》2001 年第 2 期。

117. 李僚义、李恩民:《中国法人犯罪的罪与罚》,中国检察出版社 1996 年版。

118. 李茂生:《风险社会与规范论的世界》,《月旦法学杂志》2009 年第 2 期。

119. 李猛:《从"我"到"我们":霍耐特社会自由观的历史叙事》,《哲学研究》2017 年第 4 期。

120. [德]李斯特:《德国刑法教科书》,徐久生译,法律出版社 2006 年版。

121. 李晓明:《论行政刑法教义学的前提和基础》,《法治现代化研究》2017 年第 4 期。

122. 李玉成:《单位犯罪中"机关"主体界定的若干问题》,载于志刚主编:《刑法问题与争鸣(1999 年第 1 辑)》,中国方正出版社 1999 年版。

123. 李云洁、贺鑫:《王喆合同诈骗案——民间借贷案件引发的诈骗案件中被告人主观非法占有目的的认定》,《天津法院案例评论》2015 年第 4 期。

124. [美]理查德·A.波斯纳:《正义/司法的经济学》,苏力译,中国政法大学出版社 2002 年版。

125. [美]理查德·A.波斯纳:《证据法的经济分析》,徐昕、徐昀译,中国法制出版社 2004 年版。

126. 练育强:《行政执法与刑事司法衔接困境与出路》,《政治与法律》2015 年第 11 期。

127. 练育强:《行政执法与刑事司法衔接制度沿革分析》,《政法论坛》2017 年第 5 期。

128. 梁根林、黄伯胜:《论刑罚结构改革》,《中外法学》1996 年第 6 期。

129. 梁根林:《刑事法网:扩张与限制》,法律出版社 2005 年版。

130. 梁华仁、裴广川:《新刑法通论》,红旗出版社 1997 年版。

131. 林东茂:《经济犯罪之研究》,中央警官学校犯罪防治学系 1986 年印行。

132. 林东茂:《危险犯与经济刑法》,五南图书出版社 1996 年版。

133. 林山田:《经济犯罪与经济刑法》,三民书局 1981 年版。

134. 刘白笔主编:《法人犯罪论》,群众出版社 1992 年版。

135. 刘家琛:《在全国法院审理经济犯罪案件工作座谈会上的讲话》,载最高人民法院刑事审判第二庭编:《经济犯罪审判指导与参考(第 1 卷)》,法律出版社 2003 年版。

136. 刘杰:《经济刑法概论》,中国人民公安大学出版社 2003 年版。

137. 刘凯湘:《民法总论》,北京大学出版社 2006 年版。

138. 刘明祥:《刑法中违法性认识的内容与判断》,《法商研究》1995 年第 3 期。

139. 刘沛谞:《出罪与入罪:宽严相济视阈下罪刑圈的标准设定》,《中国刑事法杂志》2008 年第 1 期。

140. 刘钦铭:《论限时之行政刑法》,台湾地区《军法专刊》第 26 卷第 7 期。

141. 刘生荣、但伟:《破坏市场经济秩序犯罪的理论与实践》,中国方正出版社 2001 年版。

142. 刘树德:《"口袋罪"的司法命运——非法经营的罪与罚》,北京大学出版社 2011 年版。

143. 刘树德:《罪状解构——刑事法解释的展开》,法律出版社 2002 年版。

144. 刘伟:《经济刑法规范适用中的从属性问题》,《中国刑事法杂志》2012 年第 9 期。

145. 刘宪权、张宏虹:《涉信用卡犯罪刑法修正案及立法解释解析》,《犯罪研究》2005 年第 3 期。

146. 刘宪权:《证券、期货犯罪的刑事立法及其完善》,《法学》2004 年第 5 期。

147. 刘星:《西方法学初步》,广东人民出版社 1998 年版。

148. 刘艳红:《"法益性的欠缺"与法定犯的出罪》,《比较法研究》2019 年第 1 期。

149. 刘艳红:《空白刑法规范的罪刑法定机能——以现代法治国家为背景的分析》,《中国法学》2004 年第 4 期。

150. 刘艳红:《企业合规不起诉改革的刑法教义学根基》,《中国刑事法杂志》2022 年第 1 期。

151. 刘艳红:《刑法的根基与信仰》,《法制与社会发展》2021 年第 2 期。

152. 刘艳红:《中国反腐败立法的战略转型及其体系化构建》,《中国法学》2016 年第 4 期。

153. 刘艳红、周佑勇:《行政刑法的一般理论(第 2 版)》,北京大学出版社 2020 年版。

154. 娄云生：《法人犯罪》，中国政法大学出版社 1996 年版。

155. 卢建平：《论行政刑法的性质》，载杨敦先、曹子丹主编：《改革开放与刑法发展》，中国检察出版社 1993 年版。

156. 卢志坚等：《打假成效如何要看刑法"脸色"》，《检察日报》2004 年 6 月 23 日。

157. [美]罗伯特·考特、托马斯·尤伦：《法和经济学（第六版）》，史晋川、董雪冰等译，格致出版社 2012 年版。

158. [美]罗伯特·考特、托马斯·尤伦：《法和经济学》，史晋川、董雪兵译，上海人民出版社 2010 年版。

159. 罗结珍译：《法国刑法典》，中国人民公安大学出版社 1995 年版。

160. 罗庆东等：《最高人民检察院、公安部〈关于经济犯罪案件追诉标准的规定〉的理解和适用》，载姜伟主编：《刑事司法指南（2001 年第 3 辑）》，法律出版社 2001 年版。

161. [英]洛克：《政府论》，叶启芳、瞿菊农译，商务印书馆 2010 年版，第 36 页。

162. 马长生、胡风英：《论新刑法对单位犯罪的规定》，载于志刚主编：《刑法问题与争鸣（1999 年第 1 辑）》，中国方正出版社 1999 年版。

163. 马克昌：《大陆法系刑法论中违法性的若干问题》，载赵秉志主编：《刑法评论（第 1 卷）》，法律出版社 2002 年版。

164. 马克昌：《经济犯罪新论》，武汉大学出版社 1998 年版。

165. 马克昌：《外国刑法学总论》，中国人民大学出版社 2009 年版。

166.《马克思恩格斯全集（第 1 卷）》，人民出版社 1956 年版，第 183 页。转引自卢勤忠：《刑法修正案（六）与我国金融犯罪立法的思考》，《暨南学报》2007 年第 1 期。

167. 马立等：《经济犯罪与经济刑法》，吉林出版事业管理局 1988 年版。

168. 马荣春:《论刑法的和谐》,《河北法学》2006 年第 12 期。

169. 马松健等:《单位犯罪主体研究》,《郑州大学学报》2000 年第 6 期。

170. [美]曼瑟尔·奥尔森:《集体行动的逻辑》,陈郁等译,上海三联书店、上海人民出版社 1995 年版。

171. [法]孟德斯鸠:《论法的精神》,张雁深译,商务印书馆 2007 年版。

172. [法]米海依尔·戴尔玛斯·马蒂:《刑事政策的主要体系》,卢建平译,法律出版社 2000 年版。

173. 苗有水:《〈最高人民法院、最高人民检察院、海关总署关于办理走私刑事案件适用法律若干问题的意见〉的理解和适用》,载最高人民法院刑事审判第二庭编:《经济犯罪审判指导与参考(2003 年第 1 卷)》,法律出版社 2003 年版。

174. [美]尼古拉斯·L.吉奥加卡波罗斯:《法律经济学的原理与方法:规范推理的基础工具》,许峰、翟新辉译,上海复旦大学出版社 2014 年版。

175. 宁利昂、邱兴隆:《"无证收购玉米"案被改判无罪的系统解读》,《现代法学》2017 年第 4 期。

176. [美]诺内特、塞尔兹尼克:《转变中的法律与社会》,张志铭译,中国政法大学出版社 2002 年版。

177. 欧阳本祺:《论行政犯违法判断的独立性》,《行政法学研究》2019 年第 4 期。

178. 青锋:《附属刑法规范的创制性立法问题》,《法学研究》1998 年第 3 期。

179. 邱春艳:《从讲政治的高度共同推进企业合规工作——最高检调研组赴江苏张家港调研企业合规改革试点》,《检察日报》2021 年 5 月 17 日。

180. 任东来:《美国宪政历程:影响美国的 25 个司法大案》,中国法制出版社 2005 年版。

181. 阮方民:《论单位犯罪的概念和构成》,载赵秉志主编:《刑法论丛

（第 3 卷）》，法律出版社 1999 年版。

182. 阮齐林：《刑事司法应坚持罪责实质评价》，《中国法学》2017 年第 4 期。

183. [美]萨缪尔森、诺德豪斯：《宏观经济学》，萧琛主译，人民邮电出版社 2010 年版。

184. [日]山口厚：《刑法各论》，王昭武译，中国人民大学出版社 2011 年版。

185.《商君书·靳金》。

186.《商君书·赏刑》。

187. 沈海平：《寻求有效率的惩罚——对犯罪刑罚问题的经济分析》，中国人民公安大学出版社 2009 年版。

188. 石亚淙：《污染环境罪中的"违反国家规定"的分类解读》，《政治与法律》2017 年第 10 期。

189. 时方文：《我国经济犯罪超个人法益属性辨析、类型划分及评述》，《当代法学》2018 年第 2 期。

190. 时延安：《合规计划实施与单位的刑事归责》，《法学杂志》2019 年第 9 期。

191. 史卫忠、张径楠：《生产、销售伪劣商品犯罪定罪量刑》，中国民主法制出版社 2003 年版。

192. 收锦雄：《论经济犯里数额的立法模式》，《政治与法律》1998 年第 5 期。

193. [美]斯蒂文·沙维尔：《法律经济分析的基础理论》，赵海怡、史册、宁静波译，中国人民大学出版社 2013 年版。

194. [日]松宫孝明：《刑法总论讲义》，钱叶六译，中国人民大学出版社 2013 年版。

195. 宋茂荣、蒋林：《单位犯罪论》，载丁慕英主编：《刑法实施中的重点难点问题研究》,法律出版社 1998 年版。

196. 苏惠渔、游伟:《社会转型时期我国刑事立法思想探讨》,《法学》1994 年第 12 期。

197. 孙春英:《当前经济犯罪呈现五大特点》,《法制日报》2006 年 2 月 14 日。

198. 孙风娟:《最高检发布第二批企业合规典型案例》,《检察日报》2021 年 12 月 16 日。

199. 孙国祥:《初论中国刑法的现状与改革》,《南京大学学报》1988 年第 2 期。

200. 孙国祥:《集体法益的刑法保护及其边界》,《法学研究》2018 年第 6 期。

201. 孙国祥:《经济刑法犯罪化须秉承审慎精神》,《检察日报》2017 年 12 月 17 日。

202. 孙国祥:《经济刑法原理与适用》,南京大学出版社 1995 年版。

203. 孙国祥:《违法性认识错误的不可避免性及其认定》,《中外法学》2016 年第 3 期。

204. 孙国祥、魏昌东:《经济刑法研究》,法律出版社 2005 年版。

205. 孙国祥:《刑事合规激励对象的理论反思》,《政法论坛》2022 年第 5 期。

206. 孙国祥:《行政犯违法性判断的从属性和独立性研究》,《法学家》2017 年第 1 期。

207. 孙军工:《〈关于审理单位犯罪案件具体应用法律有关问题的解释〉的理解和适用》,载最高人民法院刑事审判第一庭、第二庭编:《刑事审判参考(总第 3 辑)》,法律出版社 1999 年版。

208. 孙笑侠:《法权的本质是判断权——司法权与行政权的十大区别》,《法学》1998 年第 8 期。

209. 孙远:《行政执法证据准入问题新论》,《中国刑事法杂志》2018 年第 1 期。

210. 孙运英、邵新:《浅议"构成犯罪的,依法追究刑事责任"》,《法学评论》2006 年第 4 期。

211. 谭兆强:《论行政刑法对前置法规范变动的依附性》,《法学》2010 年第 11 期。

212. 唐稷尧:《经济犯罪的刑事惩罚标准研究》,四川大学出版社 2007 年版。

213. 唐稷尧:《论经济犯罪行为的界定》,西南政法大学博士学位论文,2005 年。

214. [美]唐纳德·A.威特曼:《法律经济学文献精选》,苏力等译,法律出版社 2006 年版。

215. 田宏杰:《知识转型与教义坚守:行政刑法几个基本问题研究》,《政法论坛》2018 年第 6 期。

216. 涂龙科:《改革开放三十年来经济犯罪基础理论研究综述》,《河北法学》2008 年第 11 期。

217. 涂龙科:《经济刑法规范特性研究》,上海社会科学院出版社 2012 年版。

218. 涂龙科:《论经济刑法解释的独立性》,《政治与法律》2011 年第 5 期。

219. 涂龙科:《网络交易视域下的经济刑法新论》,法律出版社 2017 年版。

220. [德]托马斯·莱塞尔:《法社会学导论(第 6 版)》,高旭军等译,上海人民出版社 2014 年版。

221. 万方:《合规计划作为预防性法律规则的规制逻辑与实践进路》,《政法论坛》2021 年第 6 期。

222. 万国海:《论我国经济犯罪刑罚配置的完善》,《政治与法律》2008年第9期。

223. 王潮:《经济刑法的调控力度研究》,华东政法大学博士学位论文,2015年。

224. 王晨:《诈骗犯罪的定罪与量刑》,人民法院出版社1999年版。

225. 王炽:《法院加大对单位经济犯罪打击力度》,2001年7月31日《市场报》。

226. 王钢:《德国判例刑法(分则)》,北京大学出版社2016年版。

227. 王海桥:《经济刑法解释原理的建构及其适用》,中国政法大学出版社2015年版。

228. 王洪青:《附加刑研究——经济刑法视角下的刑罚适用与改革路径》,上海社会科学院出版社2009年版。

229. 王皇玉:《刑法总则》,新学林股份出版有限公司2014年版。

230. 王骏:《违法性判断必须一元吗?——以刑民实体关系为视角》,《法学家》2013年第5期。

231. 王礼仁:《盗窃罪的定罪与量刑》,人民法院出版社1999年版。

232. 王利宾:《刑罚的经济分析》,法律出版社2014年版。

233. 王利明:《建构符合中国国情的法律解释学》,《法制日报》2012年6月13日第11版。

234. 王良顺:《保护法益视角下经济刑法的规制范围》,《政治与法律》2017年第6期。

235. 王禄生:《论法律大数据"领域理论"的构建》,《中国法学》2020年第2期。

236. 王明等主编:《经济犯罪名案精析》,群众出版社2003年版。

237. 王强军:《行政监管实质刑法化及其限制研究》,《政治与法律》2019年第5期。

238. 王松苗:《私营企业,怎样才算单位》,《检察日报》2000 年 12 月 20 日。

239. 王太高:《合法性审查之补充:权力清单制度的功能主义解读》,《政治与法律》2019 年第 6 期。

240. 王文轩:《论刑法中的追缴》,《人民检察》2002 年第 6 期。

241. 王锡锌:《行政过程中相对人程序性权利研究》,《中国法学》2001 年第 4 期。

242. 王琰:《对刑罚理性的追问》,《检察日报》2000 年 11 月 30 日。

243. 王银:《经济犯罪探因》,兰州大学出版社 1988 年版。

244. 王莹:《论法律认识错误》,载陈兴良主编:《刑事法评论(第 24 卷)》,北京大学出版社 2009 年版。

245. 王玉成:《社会变进中之罪刑法定原则》,转引自李建华:《论经济刑法立法权的配置原则》,《国家检察官学院学报》1999 年第 7 期。

246. 王兆忠:《禁止重复评价原则的适用》,《人民司法》2018 年第 4 期。

247. 王振宇:《行政诉讼制度研究》,中国人民大学出版社 2012 年版。

248. 王作富:《经济活动中罪与非罪的界限》,中国政法大学出版社 1993 年版。

249. 王作富:《刑法完善专题研究》,中央广播电视大学出版社 1996 年版。

250. 王作富:《刑法中的"单位"研究》,载赵秉志主编:《刑法评论(第 2 卷)》,法律出版社 2003 年版。

251. [英]威廉韦德:《行政法》,徐炳等译,中国大百科全书出版社 1997 年版。

252. 魏昌东:《中国经济刑法法益追问与立法选择》,《政法论坛》2016 年第 6 期。

253. 魏东主编:《现代刑法的犯罪化根基》,中国民主法制出版社 2004

年版。

254. 魏平雄:《论新时期经济犯罪的原因》,《政法论坛》1987 年第 2 期。

255. [日]我妻荣:《新订民法总则》,于敏译,中国法制出版社 2008 年版。

256. [德]乌尔里希·贝克:《世界风险社会》,吴英姿、孙淑敏译,南京大学出版社 2004 年版。

257. 吴镝飞:《法秩序统一视域下的刑事违法性判断》,《法学评论》2019 年第 3 期。

258. 吴金水:《论单位犯罪的概念》,载于志刚主编:《刑法问题与争鸣(1999 年第 1 辑)》,中国方正出版社 1999 年版。

259. 吴学斌、史风琴:《贪污贿赂犯罪数额起点辨析》,《中国刑事法杂志》1998 年第 3 期。

260. 吴允锋:《经济犯罪规范解释的基本原理》,上海人民出版社 2013 年版。

261. 夏勇:《试论"出罪"》,《法商研究》2007 年第 6 期。

262. 肖宏武、李晓飞:《从行政证据到刑事证据:转换的三重视角》,载何家弘主编:《证据学论坛(第 14 卷)》,法律出版社 2008 年版。

263. 《刑事审判参考(总第 33 辑)》,法律出版社 2003 年版。

264. 熊琦:《刑法教义学视域内外的贿赂犯罪法益——基于中德比较研究与跨学科视角的综合分析》,《法学评论》2015 年第 6 期。

265. 熊选国、牛克乾:《试论单位犯罪的主体结构》,《法学研究》2003 年第 4 期。

266. 徐日丹:《如何让好制度释放司法红利——全国检察机关全面推开涉案企业合规改革试点工作部署会解读》,《检察日报》2022 年 4 月 6 日第 1 版。

267. 徐文文:《行政犯之司法解释与行政法规和行政解释关系论要》,

《法治研究》2014 年第 1 期。

268. 徐武生:《经济犯罪与经济纠纷》,法律出版社 1998 年版。

269. [德]许迺曼:《从下层阶级刑法到上层阶级刑法在道德要求中一种具示范作用的转变》,陈志辉译,《法治国刑事立法与司法——洪增福律师八十五寿辰祝贺论文集》,成阳印刷股份有限公司 1999 年版(台北)。

270. 宣炳昭、李麒:《经济犯罪与刑法完善——1995 年刑法学研究会学术研讨会综述》,《法律科学》1996 年第 1 期。

271. 宣炳昭:《香港刑法导论》,中国法制出版社 1997 年版。

272. 严励:《刑事政策价值目标的追问》,《政法论坛》2003 年第 5 期。

273. 杨登峰:《法无规定时正当程序原则之适用》,《法律科学》2018 年第 1 期。

274. 杨维林:《经济犯罪的法律规制》,吉林大学博士学位论文,2012 年。

275. 杨兴培、李翔:《经济犯罪和经济刑法研究》,北京大学出版社 2009 年版。

276. 杨兴培:《破坏市场经济秩序犯罪概论》,法律出版社、中央文献出版社 2000 年版。

277. 杨兴培、田然:《刑法介入刑民交叉案件的条件——以犯罪的二次性违法理论为切入点》,《人民检察》2015 年第 15 期。

278. 姚龙兵:《如何解读虚开增值税专用发票的"虚开"》,《人民法院报》2016 年 11 月 16 日。

279. [德]伊沃·阿佩尔:《通过刑法进行法益保护?——以宪法为视角的评注》,马寅翔译,赵秉志主编:《当代德国刑事法研究(第 1 卷)》,法律出版社 2017 年版。

280. 于改之:《刑民分界论》,中国人民公安大学出版社 2007 年版。

281.《月旦简明六法》,元照出版有限公司 2010 年版。

282. 张波:《论刑法修正案——兼谈刑事立法权之划分》,《中国刑事法杂志》2002 年第 4 期。

283. 张国轩:《经济犯罪、商业犯罪、财产犯罪的罪刑关系研究》,《政治与法律》2003 年第 2 期。

284. 张军:《最高人民检察院工作报告——2021 年 3 月 8 日在第十三届全国人民代表大会第四次会议上》,《检察日报》2021 年 3 月 16 日第 1 版。

285. 张明楷等:《刑法新问题探究》,清华大学出版社 2003 年版。

286. 张明楷:《法益初论》,商务印书馆 2021 年版。

287. 张明楷:《犯罪论体系的思考》,《政法论坛》2003 年第 6 期。

288. 张明楷:《实质解释论的再提倡》,《中国法学》2010 年第 4 期。

289. 张明楷:《外国刑法纲要》,法律出版社 2020 年版。

290. 张明楷:《刑法的基本立场》,商务印书馆 2019 年版。

291. 张明楷:《刑法的基础观念》,中国检察出版社 1995 年版。

292. 张明楷:《刑法学(第六版)》,法律出版社 2021 年版。

293. 张明楷:《刑法学(第七版)》,中国政法大学出版社 2024 年版。

294. 张明楷:《刑事众法的发展方向》,《中国法学》2006 年第 4 期。

295. 张明楷:《行政刑法辨析》,《中国社会科学》1995 年第 3 期。

296. 张明楷:《诈骗罪与金融诈骗罪研究》,清华大学出版社 2006 年版。

297. 张明楷:《自然犯与法定犯一体化立法体例下的实质解释》,《法商研究》2013 年第 4 期。

298. 张绍谦:《我国法人犯罪立法的回顾与展望》,《武汉大学学报》1995 年第 6 期。

299. 张守良、崔杰:《"两法衔接"机制中行政执法信息准入标准研究》,《中国刑事法杂志》2012 年第 9 期。

300. 张书清:《民间借贷的制度性压制及其解决途径》,《法学》2008 年第 9 期。

301. 张淑芳:《行政法援用研究》,中国政法大学出版社 2008 年版。

302. 张天虹:《经济犯罪新论》,法律出版社 2004 年版。

303. 张小虎:《刑法的基本观念》,北京大学出版社 2004 年版。

304. 张小宁:《经济刑法机能的重塑:从管制主义迈向自治主义》,《法学评论》2019 年第 1 期。

305. 张小宁:《论制度依存型经济刑法及其保护法益的位阶设定》,《法学》2018 年第 12 期。

306. 张亚逸:《公司犯罪追诉的新路径:以美国暂缓起诉协议为中心》,《苏州大学学报(法学版)》2020 年第 3 期。

307. 赵秉志:《新刑法教程》,中国人民大学出版社 1997 年版。

308. 赵秉志、游伟:《中国法学会刑法学研究会 1993 年年会综述》,《中国法学》1994 年第 1 期。

309. 赵秉志、于志刚:《中国台湾地区之单行刑法要论》,《湖南省政法管理干部学院学报》2001 年第 1 期。

310. 赵秉志主编:《犯罪总论问题探索》,法律出版社 2003 年版。

311. 赵秉志主编:《刑法改革问题研究》,中国法制出版社 1996 年版。

312. 赵长青:《经济刑法学》,法律出版社 1999 年版。

313. 赵长青:《确立经济犯罪的新概念》,《现代法学》1989 年第 2 期。

314. 赵长青:《社会主义市场经济与刑法改革走向》,载《市场经济与刑法》,人民法院出版社 1994 年版。

315. 赵国强、陈兴良:《论经济犯罪的内在结构》,《法学评论》1989 年第 6 期。

316. 赵旭东:《企业法律形态论》,中国方正出版社 1996 年版。

317. [日]芝原邦尔:《经济刑法》,金光旭译,法律出版社 2002 年版。

318. 中共中央马克思恩格斯列宁斯大林著作编译局:《马克思恩格斯全集(第 37 卷)》,北京人民出版社 1971 年版。

319.《中国法制报》,1987年1月23日版。

320. 周光权:《违法性认识不是故意的要素》,《中国法学》2006年第1期。

321. 周光权:《刑法诸问题的新表述》,中国法制出版社1999年版。

322. 周光权:《行为无价值论的中国展开》,北京法律出版社2015年版。

323. 周光权、郑大好:《侵犯商业秘密罪中的损失如何计算》,《检察日报》2004年8月5日。

324. 周林军:《经济规律与法律规则》,法律出版社2009年版。

325. 周密主编:《美国经济犯罪和经济刑法研究》,北京大学出版社1993年版。

326. 周枏等:《罗马法》,群众出版社1983年版。

327. 周旺生:《立法论》,北京大学出版社1994年版。

328. 周漾沂:《从实质法概念重新定义法益:以法主体性论述为基础》,《台大法律论丛》2012年第3期。

329. 周宜俊:《"经济违法行为的刑法介入"研讨会纪要》,载游伟主编:《华东刑事司法评论(第7卷)》,法律出版社2004年版。

330. 周永坤:《出入罪的司法导向意义——基于汉、唐、宋、明四代的比较研究》,《法律科学》2015年第3期。

331. 周佑勇、刘艳红:《行政刑法性质的科学定位(上)——从行政法与刑法的双重视野考察》,《法学评论》2002年第2期。

332. 周佑勇:《司法判决对正当程序原则的发展》,《中国法学》2019年第3期。

333. 朱慈蕴:《公司法人人格否认法理研究》,法律出版社1998年版。

334. 朱铭元:《纪检监察证据向刑事证据转化刍议》,《人民检察》2006年第22期。

335. 祝强:《对我国经济犯罪立法的宏观思考》,西南政法大学硕士学位论文,2004年。

336. 庄华忠:《论我国经济犯罪的刑事政策》,《政治与法律》2007年第4期。

337. 庄乾龙:《环境刑法定性之行政从属性——兼评〈两高关于污染环境犯罪解释〉》,《中国地质大学学报(社会科学版)》2015年第4期。

338. 最高人民法院刑事审判第一庭、第二庭编:《关于单位犯罪后,犯罪单位发生分立、合并或者其他资产重组等情况的,以及犯罪单位被依法撤销、宣告破产等情况下,如何追究刑事责任及裁判文书中应如何表述问题的意见》,《刑事审判参考(总第31辑)》,法律出版社2003年版。

339. 最高人民法院刑事审判第一庭、第二庭编:《如何认定单位犯罪直接负责的主管人员》,《刑事审判参考(总第33辑)》,法律出版社2003年版。

340. [日]佐伯仁志:《刑法总论的思之道·乐之道》,于佳佳译,中国政法大学出版社2017年版。

341. 平野龍一『刑法総論Ⅰ』有斐閣、1972年。

342. 神例康博「経済刑法の保護法益について——制度依存型経済犯罪における制度的法益と個人的法益の関係」、川端博等編『理論刑法学の探究(8)』、成文堂、2015年。

343. 神山敏雄「経済刑法の概念」、神山敏雄等編『新経済刑法入門(第2版)』成文堂、2013年。

344. 芝原邦尔『経済刑法研究(上)』有斐閣、2005年。

345. Ashworth, A., *Principles of the Criminal Law*, 3 edn, Oxford: Oxford University Press, 1999.

346. A.T.H Smith, "Error and Mistake in Anglo-American Criminal Law", *The Anglo-American Law Review*, vol.14, no.1 (1985).

347. Hassemer, *Theorie und Soziologie des Verbrechens*, 1973.

348. Hefendehl, *Kollektive Rechtsgüter im Strafrecht*, 2002.

349. Heyes, A., "Implementing Environmental Regulation: Enforcement and Compliance", *Journal of Regulatory Economics*, 2000.

350. Jay M. Feinman, *LAW101: Everything You Need to Know About the American Legal System (2 Edition)*, London, Oxford University, 2008.

351. Jordan Blair Woods, "Decriminalization, PoliceAuthori-ty, and Routine Trafic Stops", *62 UCLA L. Rev. 672*, 2015.

352. Ralf Glandien, *Der Verbotsirrtum um Ordnungswidrigheitenrecht und im Nebenstrafrecht*, 2000.

353. Roxin, *Strafrecht Allgemeiner Teil*, Bd. I, 4. Aufl., 2006.

354. Shavell, S., "The Optimal Structure of Law Enforcement", *Journal of law and Economics*, 1993.

355. Skogh, G., "Public insurance and accident prevention", *International Review of Law and Economic*, Feb 1982.

356. Vgl. Frister, *Strafrecht Allgemeiner Teil*, 5. Aufl., 2011.

357. Vgl. Hefendehl, *Kollektive Rechtsgüter im Strafrecht*, 2002.

358. Vgl. Welzel, *Studienzum System des Strafrechts*, ZSTW 58(1939).

图书在版编目(CIP)数据

经济刑法专论 / 李睿著. -- 上海 : 上海社会科学院出版社, 2024. -- ISBN 978-7-5520-4579-6

Ⅰ. D914.04

中国国家版本馆 CIP 数据核字第 20247FK424 号

经济刑法专论

著　　者：李　睿
责任编辑：袁钰超
封面设计：杨晨安
出版发行：上海社会科学院出版社
　　　　　　上海顺昌路 622 号　邮编 200025
　　　　　　电话总机 021－63315947　销售热线 021－53063735
　　　　　　https://cbs.sass.org.cn　E-mail:sassp@sassp.cn
照　　排：南京理工出版信息技术有限公司
印　　刷：上海新文印刷厂有限公司
开　　本：710 毫米×1010 毫米　1/16
印　　张：15.5
插　　页：1
字　　数：214 千
版　　次：2024 年 12 月第 1 版　2024 年 12 月第 1 次印刷

ISBN 978－7－5520－4579－6/D·741　　　　　　　　　定价:78.00 元

版权所有　翻印必究